没有教不好的孩子
只有不会教的妈妈

刘 丽◎编著

——80后家长教子手册——
优化教子理念　成就孩子一生

跟上孩子脚步，读懂孩子心理；让妈妈在轻松中获得启迪，让孩子 在欢乐中感受教育。

妈妈点石；孩子成金！即使是上班族妈妈，从此免受教子之苦。

天津科学技术出版社

图书在版编目(CIP)数据

没有教不好的孩子 只有不会教的妈妈 / 刘丽编著.一天津：
天津科学技术出版社，2010.11
ISBN 978 - 7 - 5308 - 6142 - 4

Ⅰ.①没…　Ⅱ.①刘…　Ⅲ.①家庭教育　Ⅳ.①G78

中国版本图书馆 CIP 数据核字(2010)第 228885 号

责任编辑:张　萍
责任印制:白彦生

天津科学技术出版社出版
出版人:蔡　颢
天津市西康路 35 号　邮编 300051
电话(022)23332490(编辑部)　23332391(发行)
网址:www.tjkjcbs.com.cn
新华书店经销
天津泰宇印务有限公司印刷

开本 710×1000　1/16　印张 15　字数 179 000
2014 年 1 月第 1 版第 2 次印刷
定价:30.00 元

前　言

那双推动摇篮的手，就是推动世界的手。对于一个人来说，一生中最重要的教育，是来自家庭的教育。妈妈，是孩子的第一任老师；妈妈，是孩子最亲密的朋友；妈妈，也是孩子成长的领路人。你可以教会孩子说第一句谎话，也可以教会孩子做一个诚实的好孩子。

俗话说："十年树木，百年树人"，教育是每个父母都十分关心的话题。培养一个健康优秀的孩子是每个父母的心愿。在科技高度发达的今天，孩子已经比以前有了很多进步，但是仍然有很多问题困扰着家长。

"金无足赤，人无完人"，对于孩子来讲也是一样。孩子身上难免会出现这样那样的缺点，而作为妈妈，怎样教育好孩子，帮助孩子改掉身上的缺点和毛病，无疑是头等大事。

本书就是一本写给天下妈妈的育儿读本，通过一个个实际案例讲解浅显的道理，力图让每一个妈妈都能从中有所感悟。

有位教育专家曾经说过，"没有种不好的庄稼，只有不会种庄稼的农夫；没有教不好的孩子，只有不会教孩子的妈妈。"妈妈是孩子的第一任老师。引导孩子走向成功，是天底下妈妈义不容辞的责任。

一个孩子个性塑造和健康成长，与妈妈有很大关系。本书就是从妈妈在教育孩子中，对孩子一生的影响这个角度来阐述的。并且指出了有些妈妈错误的教育方式，尤其值得注意。

好妈妈并不好做，社会在不断发展，教育也在不断更新理念。一些传统的教育方法已经不适合教育现代的孩子，有些旧的教育理念甚至与社会脱节了。然而，无论教育方法怎么改变，妈妈在教育孩子成为身心健康的人方面切不可掉以轻心。

做一个好妈妈,需要从塑造孩子好品德、打造孩子好身体、纠正孩子不良心态、激发孩子学习兴趣几方面入手,帮助孩子改掉身上的坏毛病,让孩子健健康康、快快乐乐地成长。

日本教育家池田大作说:"尊重孩子,孩子便学会尊重人。"生活中,有的妈妈常常会与孩子因为一点小事发生冲突。这些冲突除了会让妈妈感到气愤,说出一些伤害孩子自尊心的话之外,也会让孩子感觉很受伤,甚至他们会边哭、边伤心地冲着妈妈大嚷:"我没有你这样的妈妈!"这种逆反的心理和言行就像一把双刃剑,既伤害孩子,也使妈妈痛苦不堪。

孩子出现逆反心理,产生负面情绪,这些都是妈妈要认真反思的,因为妈妈需要读懂孩子行为背后的目的。

作为一位好妈妈,应该教育好、引导好孩子。希望通过本书,妈妈可以有更加明确的教育意识和更加有效的教育方法,让孩子更加从容地迈出走向成功的第一步。

目　录

Part 2　做一个好妈妈,帮孩子改掉坏毛病

Part 3 尊重并了解你的孩子,接纳孩子的负面情绪

Part 1 没有教不好的孩子,
只有不会教的妈妈

女儿放学回家,兴高采烈地对妈妈描述着今天在学校里发生的事情。"妈妈,今天我们班的小丽,就是咱们小区的那个女孩,穿了一件特别难看的衣服,肯定又是她们家什么亲戚的旧衣服不要了给她的。简直太难看了,我当时问她为什么会穿这种衣服,还告诉她,要是换成我,才不会穿呢,太丢人了。"

妈妈听孩子说完,感到非常惊讶,对她说:"你怎么可以这样笑话你的同学呢?"

孩子听了妈妈的话有些不服气,"怎么了,本来就是嘛,她穿那么难看的衣服干吗不让我说呀! 你不也和邻居张阿姨说过小丽的衣服都是别人不要的吗!"

这句话突然提醒了妈妈,原来问题是出在自己身上。于是妈妈对孩子说:"妈妈在背后议论别人是不对的,我们都应该看到并学习别人身上的优点,妈妈和你一起改正好不好?"

● 一、妈妈是孩子最好的老师

妈妈，是孩子的第一任老师；妈妈，是孩子最亲密的朋友；妈妈，是孩子成长的引路人。好妈妈，胜过好老师！

1.妈妈是孩子的灯塔

冰心曾说过："成功的花，人们只惊羡它现时的明艳！然而当初它的芽儿，浸透了奋斗的泪泉，洒遍了牺牲的血雨。"教育并不是一件简单的事情，培养一个优秀的孩子，父母要倾注大量的心血。在培养孩子的过程中，妈妈起着至关重要的作用，她就像大海上的一座灯塔指引着孩子前行的方向。

孩子在成长的过程中难免会出现这样那样的错误，这时候就需要妈妈针对孩子的错误进行批评教育，正确的批评就是最好的引导。

为了引导孩子进入正确的航道，家长应该通晓批评孩子的学问。为什么要批评孩子，家长是知晓原因的，但是往往因为不善于控制自己的情绪，让孩子误认为妈妈是为了解气才批评他的。

事实上，妈妈的批评只是手段而不是目的。妈妈的批评不是为了使孩子心灰意冷，而是帮助他正视自己所犯的错误；批评孩子也不是因为孩子伤害了家长，而是孩子的思想意识中出现了错误。明确这些，家长就应该理智、冷静地对待教育孩子的严肃性。

在批评孩子的过程中，妈妈应该尊重孩子的人格。批评应该是以理服人，而不是以威压人。批评不是纯粹的训话，而是与孩子进行沟通的过程。沟通得好，事半功倍，沟通不好，事倍功半。有些妈妈批评孩子时的表情、动作对孩子构成了强烈的刺激，对孩子造成极大的不良影响，有的孩子会对妈妈的某些气话终生难忘。

作为妈妈，对孩子的错误不纵容、不姑息是正确的，但不考虑方法的讽刺、挖苦却是错误的，因为妈妈责骂孩子是在伤害孩子，在这种情况下孩子很难反省自己的错误。为此，妈妈一定要端正自己的态度，在批评的过程中可以严肃但不可以粗暴。妈妈要让孩子感觉到苦口婆心的说教的确是为了他好，让孩子体会到天下父母心的炽热。

批评的目的，其实就是为了避免孩子以后再犯类似的错误。因此，妈妈在批评孩子的过程中，告诉他应该怎样做才是最重要的。如果孩子从中吸取了教训，明白了道理，妈妈的心血就没有白费。妈妈只是给予孩子引导启发，能让孩子自己去思考，去做决定才是最理想的批评效果。

批评时要慎重，应该做到既严肃又耐心，最重要的是，妈妈必须给予孩子公正、合理的批评。批评要实事求是，妈妈应该在明确了孩子的错误之后给予适当的批评。批评时，一分为二，而不可以全盘否定。事物都有正反两个方面，对孩子正确的意识给予肯定，会让孩子在平和的心态下接受批评。妈妈不能因为孩子的某一个缺点而将孩子全盘否定，否则会伤害孩子的自尊心，同时，自己在孩子心中的形象也会大打折扣。事实上，很多孩子的动机是好的，只是因为方法的不恰当而引起了不良后果，这时妈妈应该肯定其出发点的正确性，并有指导性地为他分析错误的地方，这样，孩子就更容易养成良好的品德。

妈妈作为孩子心中的灯塔，请不要吝啬赞美的话语，因为那些赞美的语言就是灯塔耀眼的亮光，它将照亮孩子前行的道路。妈妈的赞美同批评是孩子端正自己行为的参照点。

妈妈表扬孩子是有利于孩子健康成长的，但是如果表扬不恰当

也会促使孩子产生骄傲的心理。所以说表扬是一门艺术,需要把握好它的度。妈妈的表扬要符合孩子的年龄阶段,避免在对孩子进行表扬时涉及过去不愉快的或失败的事情。妈妈表扬孩子还应该注意符合孩子的实际,不能因为过分热情而给孩子造成太大的压力。妈妈还要根据情况赞美孩子,以防引起孩子的误解。

年龄越小的孩子对自己行为的认识能力越低。当你用成人的眼光去看待孩子的行为时,你会认为没有什么值得表扬的。但你应该意识到,表扬就是对孩子行为的肯定,为孩子划分一条明确的道德线,孩子能从父母肯定的表扬中了解到自己的行为是正确的。父母认为无足轻重的行为可能影响孩子的成长。既然有助于孩子好习惯的形成,妈妈就应该慷慨地给予表扬,年龄越小的孩子,妈妈应该给予越多的表扬,并且随年龄的增长逐渐提高表扬的标准。

妈妈对于孩子的表扬一定要及时,否则起不到强化好行为的效果。在孩子的心中,任何事情的起承转合都有一个时间概念,表扬也是这样,如果事后再对孩子的良好行为进行表扬,会使孩子感到莫名其妙。

妈妈在表扬孩子时要具体指出孩子受到表扬的原因。例如孩子吃完饭后,将碗筷收拾起来,叮叮当当地刷碗。如果妈妈对着孩子说道:"今天表现不错。"孩子可能一头雾水,哪里表现不错,是期末考试的成绩提高了,还是帮助奶奶倒垃圾了,还是因为帮助弟弟辅导功课,妈妈究竟指的是哪一件呢?

如果妈妈对孩子说:"宝贝长大了,知道心疼妈妈了,看,今天帮妈妈洗碗了。刚才还帮弟弟辅导功课,真是弟弟的好姐姐。这学期成绩也提高了,真是太棒了!今天表现不错,有时间奖励你们去看最新上映的动画片。"孩子若是听到这样的表扬一定非常高兴,并为自己的良好表现而感到自豪。以后也会在这些方面继续努力,成为一个爱学习、爱劳动、疼爱弟弟、心疼妈妈、孝敬奶奶的好孩子。

教育孩子要做到表扬与批评有效结合。表扬孩子的时候不仅要

看结果，更要看过程。孩子常常好心办错事，这时，妈妈要对其"好心"进行表扬，对他造成的后果则适当地给予批评。并且妈妈要帮助孩子分析他造成"错事"的原因，并明确告诉他应该如何改进。

妈妈给予孩子的力量是巨大的。在这种力量的帮助下，孩子所有的烦恼都会克服，在快乐的包围下幸福地生活。正所谓成功的孩子是相似的，而失败的孩子却各有各自的原因。所有成功的孩子都会幸运地遇到好的引路人，有的是父母，有的是老师，有的是朋友，还有的是大自然。在众多因素当中，妈妈的作用是最关键的。

对于妈妈来说，让孩子过得幸福是其最大的心愿，孩子的幸福感也是衡量好妈妈的准则。为孩子制造幸福感，妈妈可以采取以下方式：建立相对固定的家庭活动和仪式，比如爬山、生日宴会等。相对固定的家庭活动和仪式，会让孩子对家庭产生必要的敬畏和归属感。妈妈可以和孩子一起合作完成一些有趣的事情，比如养花或者把家里的旧杂志折成星星、穿成帘子等，这些事情都可以成为孩子快乐的源泉。在孩子睡觉之前给他讲一些家庭里的往事，比如爸爸小时候是怎样上学的，妈妈是怎样认识爸爸的等，这些都会对孩子产生很大的感染力，会让孩子感受到亲密和体贴。当妈妈和孩子做游戏的时候，妈妈不能因为对方是孩子而怠慢他。因为孩子很天真，会相信妈妈所说的话，如果妈妈中途退场或者漫不经心会让孩子很扫兴。

妈妈要想培养出优秀的孩子就不得不为孩子操心，对于一个孩子来说，无论智商有多高，情商有多高，没有德商，都不可能创造一个光辉的人生。德商是指一个人的道德人格品质，包括体贴、尊重、容忍、诚实、负责、平和、忠心、礼貌、幽默等各种美德。德商较高的孩子，性情比较善良，富有同情心，责任感比较强，善于换位思考。德商较低的孩子则比较残忍，责任心也不强。为此对孩子应该强化德商教育，最基本的方法就是唤醒和激活他的同情心，引导他体验帮助别人以后的感觉。

在对孩子进行德商教育的时候，妈妈可以遵循宽中有严、严中有

爱的原则,关爱孩子的时候要以孩子的长远发展为出发点。在关心培养孩子的过程中,帮助孩子建立起爱心,在孩子幼小的心灵里播撒友爱的种子,让孩子学会爱别人,这样才能更爱自己的父母。

对于孩子而言,妈妈的言传身教是不容忽视的。妈妈是孩子的第一任老师,所以孩子的言行举止是妈妈潜移默化影响的结果。妈妈以身作则,多为社会奉献爱心,才会产生"榜样"的作用,使孩子心中友爱的种子成长为参天大树。

2.帮助孩子健康成长

每个孩子在成长的过程中都会存在这样那样的问题,作为妈妈不要给孩子贴上负面的标签,要帮助孩子健康成长。如果发现孩子被贴上了负面的标签,不要让他在自己既定的角色中越陷越深,而是要创造机会让孩子重新认识自己,摆脱消极阴影的笼罩。

(1)虚荣心

虚荣心是孩子成长过程中的一大阻碍。有关报道指出,独生子女的虚荣心都比较强,在被调查的独生子女中有20%存在较强的虚荣心。虚荣心有各种不同的表现形式,但基本目的大致相同,即否定现实中的真我,编造一个幻想中的假我,从而抬高自我的身价,使别人对自己刮目相看,受到别人的尊重。

虚荣是人的弱点之一,因为爱慕虚荣的人没有自知之明,不敢面对现实中的自己,总给人展示一种虚伪的假象,喜欢让别人给他戴高帽,奉承他。

从心理学角度而言,虚荣心是一种追求虚荣的性格缺陷,是一种被扭曲的自尊心。虚荣心强的人不是通过自身的努力,而是企图通过贬损别人、打压别人的方式来获得成功。

人不可能一点虚荣心也没有,父母也应该宽容体谅孩子的虚荣心。心理专家指出:"孩子的虚荣心大多出于单纯而强烈的不服输的心理。适度的虚荣心也是激发孩子积极进取的内在动力。"

但过分虚荣往往会导致孩子产生其他心理问题,如忌妒、自卑、敏感等,这些都会阻碍孩子的发展。孩子过强的虚荣心会在平时的生活中时时流露出来,如果父母能够及时捕捉这方面的苗头,那么就可以立刻采取相应的对策对孩子进行教育和开导。

当妈妈发现孩子对自己的能力、水平估计过高,常常在别人的面前炫耀自己的特长和成绩;听到表扬就得意忘形,而对批评则不以为然,拒不接受;对别人的才能熟视无睹,甚至鸡蛋里挑骨头,说三道四,搬弄是非;常在同学和伙伴面前夸耀自己父母的地位或者家境的富足,讲究时髦,追求名牌,以凸显出自己的优越感;不懂装懂,喜欢卖弄,自以为是,如果别人指出了他的错误,他就恼羞成怒,拒绝承认,这时候家长就应该提高警惕,因为孩子已经陷进虚荣的怪圈。

虚荣心强的孩子在成长中经常会出现各种问题,他们为了满足虚荣往往说谎话、情绪不稳定、不认真学习、缺乏意志力。这无疑是一种可怕的不良心理。为了帮助孩子健康成长,妈妈对孩子的这种行为应该加以纠正。

首先,妈妈不要同别人攀比,以免孩子模仿。因为妈妈的一言一行都会影响孩子,所以妈妈应该以身作则,为孩子树立榜样。

其次,妈妈要多给孩子讲道理,要让孩子知道,与别人攀比,拥有名牌衣物,并不意味着拥有了较高的地位,只有依靠自己的努力取得成功,才能获得别人的尊重。要教导孩子学会理性消费,将家里的收入支出讲给孩子听,让孩子明白父母的血汗钱来之不易。

如果孩子的要求是合理的,那么妈妈就可以为孩子创造机会,让孩子用自己的劳动所得获得自己想要的东西。

再次,妈妈要客观评价孩子的行为,不要夸大优点,也不要掩饰缺点。对那些符合道德规范的行为,妈妈应给予适度表扬。对于孩子

的缺点要及时指出,帮助孩子分析原因,并鼓励孩子逐渐克服。

最后,妈妈还要帮助孩子树立正确的荣辱观,也就是对荣誉、地位、得失、面子要持有一种正确的认识和态度。一个人应该有一定的荣誉感,但是如果为了面子"打肿脸充胖子",过分追求荣誉,显示自己,就会使自己的人格受到扭曲。

明智的妈妈不会放纵自己的孩子,更不会去满足孩子日益膨胀的虚荣心。如果妈妈为了孩子的虚荣心处处与别人的孩子攀比,就很难在实质上帮助孩子,会推着孩子朝着错误的方向越走越远。

要消除孩子的虚荣心不是一朝一夕就可以完成的,家长只有以自己的言行在生活中一点一滴地给孩子做出正确的示范,并且通过恰当的机会让他感受到虚荣心过强所带来的烦恼与痛苦,从而自觉地意识到虚荣心过强是不利于自己成长的。

(2)不合群

孩子在三四岁的时候就有了与小伙伴相处的愿望,这就是孩子最初的社交需求。如果家长阻止孩子的这种社交行为,就是对孩子的压抑,时间久了会使孩子形成孤僻性格,一旦与人相处就会不合群。此外,一些自尊心过强和过弱的孩子在集体中也会感觉不适应。

对于那些不合群的孩子,家长应该给予充分的关注。因为孩子不合群往往造成严重的心理障碍,妈妈应该帮助孩子摆脱这种困扰。

无论在幼儿园、小学或中学,总有些孩子不能顺利融入到集体活动中。当今社会对人的社交能力有着较高的要求,孩子不合群会影响孩子社交能力的发展。为了帮助孩子能够顺利成为集体不可或缺的一环,妈妈必须了解孩子不合群的具体原因。

大多数孩子在入托、入学、转校时,因为不适应环境的变化而导致不合群的现象。这种情况下,家长应该帮助孩子认识新环境中的人和物。

还有些孩子不与同龄人一起玩儿的原因是不自信。有的孩子认为自己不漂亮、不聪明,恐怕别人瞧不起自己,害怕和小伙伴们在一

起玩耍，经常蜷缩在小角落里寂寞地消磨时光。遇到这种情况，妈妈在日常生活中应该多称赞孩子，让他发现自身优点。如果孩子明确感觉到自己哪方面能力不足，那么最好帮助他提高这方面的能力，从而培养自信。

与缺乏自信相反，恃才傲物、自命不凡是另一些孩子不合群的原因。对于这种情况，妈妈要引导孩子虚怀若谷并鼓励孩子多注意别人的优点，让他明白"三人行必有我师"的道理。在生活中妈妈要以身作则，在孩子面前要注意言行，不说那些瞧不起别人的话。

有些孩子一直在家中自己玩，不习惯和小朋友一起玩耍，每当参加集体活动的时候，往往不能融入集体，或站在一边观望，或像个木头人似的不知所措。当孩子出现这种情况的时候，妈妈应该用积极的态度去鼓励他、改变他，否则孩子在成长的过程中会出现性格孤僻、胆小怕事等不良心理，影响孩子的心理健康。

孩子是否合群不是天生的，而是通过后天的学习、教育逐步培养的，所以说，为了使孩子在长大以后能有良好的人际关系，就应该从小培养孩子与别人交往的能力，作为妈妈就应该给孩子提供尽可能多的与外界接触的机会。

帮助孩子合群可以从以下几个方面入手。首先要创造条件让孩子与小朋友接触、玩耍，在孩子与小朋友交流的过程中，给予孩子适当的表扬和鼓励，让他有成就感，并建立与人交往的信心。

当孩子与小朋友交往的时候，难免出现矛盾，妈妈要教育孩子犯错后要道歉，不欺负他人，学会宽容别人的错误等必要的文明礼貌的品质。虽然现在的孩子在父母的眼里都很娇贵，但妈妈不要当众"护短"，应该从小培养其面对挫折、适应环境的基本能力和意识。妈妈对于孩子的好习惯应该通过鼓励加以强化，对于孩子身上的坏毛病应该予以批评，这样有利于孩子良好个性的形成。妈妈还要有目的地利用各种机会，锻炼孩子的能力，培养孩子的自信心和活泼开朗的性格。

3.站在孩子的角度看问题

在生活中,妈妈有时会将自己的看法强加给孩子。当妈妈与孩子的观点发生冲突时,总是认为自己是对的,认为孩子是错的。孩子虽然年龄小,但也是有自尊心的。家长若是高高在上,把孩子当成什么都不懂的"小不点",非但不能赢得孩子的尊重和信任,反而会诱发他的反感,他就会找机会来反驳父母,挑战父母的权威,以发泄自己心中的不满。

孩子也像成年人一样有着自己独立的人格,他们渴望被尊重;他们也有着喜怒哀乐等情绪变化,更希望被理解。当妈妈用自己的观点来批评孩子的言行的时候,他就会感到很生气。孩子会伤心,也会心情郁闷,作为妈妈不要忽视孩子的情绪,当孩子的情绪被忽视的时候,孩子很难调整他的行为,进而出现长久的僵持。

美国精神病学家威廉·哥德法劫曾经说过:"教育孩子最重要的,是把孩子当成与自己平等的人,给他们以无限的关爱。"事实证明,妈妈如果片面地站在家长的角度以居高临下的姿态和孩子说话,就会使孩子产生逆反心理。因为孩子希望父母能够给予他们尊重和平等,而不是被看做啥也不懂、一无是处的孩子。

所以,对于父母来说,要想逾越和孩子之间的鸿沟就必须学会站在孩子的角度去考虑问题,设身处地为孩子着想,全面而准确地透视孩子的内心世界。黑尔加·吉尔特勒曾介绍过一种与孩子交谈的方法。比如和年幼的孩子讲话时,最好蹲下来,让你和孩子处于同一高度,使他感到自己的存在,并且你可以用和孩子同样的眼光去观察世界,这样相互之间有利于平等交谈。

在澳大利亚,许多父母都深知这个道理,他们总是蹲下来与孩子

进行沟通。其实,这种蹲下来跟孩子讲话是一种非常有效的肢体语言。它通过无声的语言告诉孩子:父母和你是平等的;父母尊重你的独立人格,遇到事情愿意跟你商量,而不是专制地命令和简单地指责。孩子受到了应有的尊重就会体谅父母的心情,也会对事情本身做出理性的判断,而不是和父母对着干,当然在孩子的内心也会由衷地尊重父母。

玛丽是典型的澳大利亚人,住在堪培拉,有一对可爱的儿女。

一次,全家人外出旅游度假,女儿先跑出去,坐到了汽车里。4岁的儿子跑出来,发现姐姐先坐到了汽车里,很不高兴,嚷嚷着让姐姐下来,否则自己就不去了。玛丽看到后蹲下身子,两只手握住儿子的双手,目光正视着孩子,诚恳地说:"儿子,我觉得你长大了,不会在意坐在哪个位置了。你觉得谁先坐进汽车并不重要,对吗?"小家伙本来打算要哭闹一番的,可是一听妈妈的话,看着妈妈诚恳的目光,就点了点头,钻进汽车并挨着姐姐坐下来。

在外面游玩的时候,儿子和女儿玩得非常开心,相互追逐着。儿子跑着跑着,一不小心摔了一跤。他撇撇嘴马上就要哭出来了。玛丽一看,自然地蹲下来,摸着孩子的头,亲切地说:"你已经不是小宝宝了,是不是?你是个大男孩儿,摔一下没关系的,对吗?你觉得呢?"孩子看着妈妈的眼睛,点了一下头,重复地说道:"对呀,我不是小宝宝了,我是大男孩儿了,大男孩儿不哭!"然后他自己拍了拍身上的土,自豪地跑去玩了。

蹲下身来,和孩子处于同一高度,这对孩子是一种尊重。想想看,如果玛丽不这么做,情景就会完全两样:当儿子因为姐姐先钻进汽车而不愿意坐车时,妈妈站在旁边指着儿子的鼻子说道:"小孩子那么多事,先进去和后进去有啥不一样的?"孩子仰头看着妈妈,不服气地说道:"当然不一样了,姐姐的位置好,我也要坐在好的位置上。"姐姐在一旁不吭声,弟弟开始哭闹起来。妈妈气得来回走动,对孩子训斥道:"就你事多,爱去不去。"于是孩子在地上连哭带打滚。爸爸一看孩

子闹成这个样子,生气地说:"不去了!"就这样,出游计划取消了,一家人闷闷不乐地过了一天。

当孩子绊倒了,马上要哭出来时,妈妈对着孩子大声呵斥:"有什么大不了的,不就是绊了一下嘛,哭什么哭?"孩子扬起脑袋看看妈妈,可能没有哭出来,但是却充满了怨气,带着情绪、别别扭扭地跟妈妈在一起走着,还不时瞪妈妈两眼,再也没有玩的兴致了,甚至还会跟妈妈做对,以发泄心中的不满。这种局面估计做家长的都不愿意看到。

蹲下来,与孩子完全处于一个水平线时,孩子肯定会认真地听你说话,而且更重要的是,能与孩子进行眼神交流。我们都明白,在沟通时,眼神交流是十分重要的。讲话时看着对方的眼睛是一种礼貌,这一点对于孩子来说一样适用。

其实,蹲下来和孩子进行对话不只是一种简单的动作,更强调的是一种心态,父母在与孩子打交道的时候应该放低心态,不要摆出高高在上的架子。有人这样说:"父母因为大,他是俯视孩子的;孩子因为小,他是仰视父母的。因为俯视,父母们往往能看到孩子的外表和举止,却看不清孩子的内心和眼睛;因为仰视,孩子头和脖子累,不可能长久,只能放松头颈,回到人本能的自然的状态。于是,父母和孩子的窗口错开了,视线出现了盲区。"所以,现在的父母,必须先让自己摆脱传统的教子观念,用平等真诚的态度来对待孩子,避免走进教育孩子的盲区。

有人在网上发起一个调查,有多少父母曾经对孩子说过对不起,其中一个网友这样说道:"我的父母从来没有跟我说过'对不起',即使是他们不对!不过,如果我的父母跟我说'对不起',我一定会吓一跳。"父母不是圣人,误解孩子甚至伤害孩子在所难免,最重要的是,一旦发觉自己错了,就要勇敢地承认错误,承担责任。要真诚地对待孩子,平等地和孩子进行沟通交流。

当父母向孩子说"对不起"时,态度要诚恳,用接纳关怀的眼神面

对孩子，坦诚地和他沟通，温柔地摸他的头或给他一个拥抱，这样效果会更好。如果父母碍于情面，说不出道歉的话，可以给孩子写信、写纸条，通过这样的过渡和铺垫，就会逐渐克服心理上的障碍。

有这样一组信件就充分道出了家长与孩子之间沟通的奥妙。有位爸爸错怪了儿子，儿子一见他就梗着脖子不理他，他又说不出"对不起"。想来想去，就给儿子写了一封信。信中这样写道：

"儿子，爸爸又犯了主观武断的错误，没有调查就认定你去网吧了。爸爸的简单粗暴伤害了你的自尊心，但你照顾老爸的面子，没有和爸爸发生正面冲突，而是默默承受着误解，并没有过多的解释和开脱。越是这样，老爸的内心越不安。我郑重地向你道歉：儿子，对不起了！"

爸爸写完后，把信折好，从儿子房门的门缝里塞了进去。

晚上，爸爸要睡觉的时候，门缝里塞进了一个折得很整齐的纸条。爸爸打开纸条，儿子那歪歪扭扭的小字映入了眼帘：

"爸爸，其实我应该提前打电话告诉您和妈妈：我去帮助生病的同学了。可是我同学家里没有电话，我们都太忙了，害得您和妈妈担心了。爸爸的批评也不是多余的。虽然我这次没有去网吧，但以前曾迷恋过网吧。我跟您保证，以后我不去了……"

事实证明，父母若做错了，如果能真诚地向孩子道歉，这样不但不会降低父母的威信，反而会提升父母在孩子心中的形象。父母通过道歉让孩子明白你发自内心的善意及关爱，这样能抚平他们不满的情绪，让他们在良好的互动关系中，学会如何宽容待人。这不仅能够化解亲子矛盾、密切亲子关系，还会影响孩子的性格和认知。

孩子不管大小，都有自尊心，都好面子。心理学家研究得出，孩子的自尊是随着自我意识的发展而发展的，孩子在一岁半便有了自我意识的萌芽，虽然他们没有明显的维护自尊的表现，但是成人若是表情难看，他也决不会笑脸相迎。

所以父母和孩子交往沟通的时候，一定要尊重孩子，要顾及孩子

的面子。孩子也需要长辈对他们的尊重，在适当的时候，给他们留一点情面，会取得更好的效果。

孩子犯了错，家长批评是应该的，但是在批评时应该注意时间、地点，最好不要在公开的场合批评，不要当着小朋友的面批评，否则会伤了孩子的自尊心，使孩子产生反感和抵触情绪，这样的批评会适得其反。家长在批评孩子时一定要注意批评的方式、方法，保护孩子的自尊心，学会给孩子留面子。

4.引导孩子为心中的理想而奋斗

就像《北京欢迎你》所唱的那样：有梦想谁都了不起，有勇气就会有奇迹。梦想就是志向，是孩子在成长的道路上，通过一定知识的积累后，渴望进步的表现。父母应鼓励孩子"种下"自己的梦想，因为有梦想就会产生学习的动力。给孩子一个梦想，可以让孩子在梦想的动力下健康成长，让孩子幼小的心灵中始终藏着一个美好的未来。

对于一个孩子来说，梦想是给未来的自己画像，也是达到未来的地图。梦想对于孩子来说是非常重要的，如何让孩子拥有志向并为梦想努力，是家庭教育中一个值得注意的问题。

因为对于孩子来说，梦想是他们开始掌握时间概念和自我意识萌发的表现，是他们对未来的设想以及对自我的设想。梦想能够丰富孩子的早期阅历，培养其强烈的兴趣和求知欲，能够帮助孩子树立远大的理想。孩子的梦想会随着自身的成长而产生和发展，家长应有意识地进行引导。

（1）树立梦想

妈妈应该仔细观察一下自己的孩子，如果他已经懂事了，却还不懂得未来、梦想是什么意思，或者说出一个理想来，隔三差五又改变

了,在这种情况下,妈妈就应该适时发现他们的兴趣,帮助他们树立自己的梦想,并告诉他们:无志者,常立志,有志者,立长志。

妈妈要想引导孩子树立梦想,就要注意观察孩子的兴趣爱好,在孩子感兴趣的领域建立起最初的梦想。

俗话说:兴趣是最好的老师,兴趣是一个人力求认识、掌握某种事物,并经常参与该种活动的心理倾向。有的人对研究自然知识兴趣浓厚,有的人倾向于情感世界,活跃于人际关系领域;有的人则倾向于理智世界,在数学、公式、演算、设计等方面流连忘返;有的人则对技术感兴趣,对修理、车、钳、刨、摄影津津乐道。

如果发现孩子在某一方面具有相应的兴趣,妈妈就应该着力培养。例如发现小孩喜欢搭积木,就可以对给他讲一些建筑工程师的故事。当孩子搭得又高又快时,应该鼓励孩子在此基础上,搭出款式多样的建筑物。家长可以和孩子一起玩儿,没准儿孩子的梦想就是从搭建积木中开始的呢。

兴趣对孩子的成长有不可忽视的作用,建立在兴趣之上的梦想,是很科学的。美国内华达州的麦迪逊中学曾经给学生出过这样一个题目:比尔·盖茨的办公桌有5个带锁的抽屉,分别贴着财富、兴趣、幸福、荣誉、成功5个标签,盖茨总是只带一把钥匙,而把其他4把钥匙锁在一个抽屉里,请问他带的是哪一把?

同学们看到这道题目后,各抒己见,答案五花八门。后来一位同学访问该校网站时看到了盖茨的回函,上面只有这样一句话:在你最感兴趣的事物上,隐藏着你人生的秘密。所以家长应注意观察孩子的喜好,从孩子的兴趣中,帮助孩子培养志向。

妈妈还要在生活中培养孩子的未来意识。如果孩子还没有时间概念,妈妈可以让孩子看看他以前的照片,以前的玩具,以前穿过的衣服,当然,随着孩子对时间的概念有越来越多的感性认识,孩子也会逐渐产生未来意识,虽然开始可能较为朦胧,但只要妈妈适时引导,孩子对自己未来的概念就会逐渐明了。当孩子有未来的概念时,

就要帮孩子设想一下自己未来的样子，和孩子一起设想长大后会做什么工作，这样就可以帮助孩子树立自己的梦想。

在一个公园里，几个八九岁的孩子正在高兴地玩耍，一个坐着轮椅的小孩在角落里远远地看着他们。这时，有个老人拿着许多氢气球进公园来卖。那几个孩子纷纷跑到老人跟前，每人买了一个气球，然后把它们放飞到空中，兴高采烈地追逐着跑远了。轮椅上的小男孩羡慕地看着这些孩子，难过地偎依在妈妈的身边，轻轻问妈妈："我长大后一定会比他们差吗？"那位母亲看到孩子的表情，就推着轮椅走到老人跟前，让小男孩挑了一个喜欢的气球放飞在空中，然后妈妈用手拍了拍小男孩的后脑勺，说道："记住，气球能升起来不是因为它们的颜色和形状，而是气球内充满了氢气。一个人的成败不是因为有没有健全的四肢，关键是你的心中有没有梦想和自信！"那个轮椅上的小男孩听后深受鼓舞，长大后成了一名著名的画家。

有人曾经说过：生命就像一段又一段的旅程。拿在手中的地图越清晰，这段旅行就可能越顺利。帮助孩子树立正确的理想可以帮助孩子超越自我，让孩子主动学习，并让孩子有前进的动力。同时，妈妈也应该告诉孩子：理想不等同于空想，它需要孩子以吃苦耐劳的精神去追求，那么孩子就会为了实现理想付出自己最大的努力。所以帮助孩子树立理想是很有必要的。

（2）坚持梦想

帮助孩子树立理想之后，就要帮助孩子坚持梦想，去为孩子的梦想铺路。因为梦想就像一面旗帜一样召唤着奋斗者不断向前，如果有了梦想而不去坚持，梦想就形同虚设。

五岁的亮亮对动物世界比较感兴趣，每当看到电视上播放《动物世界》，就会非常认真地看，还缠着妈妈给他讲动物的故事。妈妈虽然不懂得这些，但是她发现孩子对此感兴趣，于是去书店帮孩子买来相关的图书和光盘，跟孩子一起看，一起研究。妈妈还不时地对亮亮说："儿子，这些小动物多么有趣啊，如果你把这些都学会，长大了就可以

当动物专家了！"

"妈妈，动物专家都做什么啊？""就是研究这些动物呀！""好，那我就当动物专家啦！""不过，你得好好学习这些知识，要懂得好多知识才能当动物专家呢！"亮亮听了点了点头，更加努力地学习这些知识了。

为了让亮亮更多地了解动物知识，妈妈还趁放假期间，带他去动物园看动物。还带他参观海洋馆，观看海豚表演，买了好多小动物的卡片帮助他认识动物的习性。这些不但丰富了孩子的知识储备，也坚定了他的梦想。

妈妈在知道孩子的梦想之后，不但要给予肯定和支持，还要帮助孩子去实现那些可以实现的梦想，让孩子认识到自己的能力，体会到成功的喜悦。而且，妈妈还要引导和帮助孩子改掉一些学习中的毛病、问题，帮助孩子认识到学习的重要性。

如果孩子的梦想还不清晰，妈妈可以引导孩子将自己的梦想清晰地描述出来，并自己制订实现梦想的计划。

家长帮助孩子树立了梦想之后，就像在孩子幼小的心灵里种下了一颗理想的种子，但不能坐等收获，在这期间还要伴随"成长"，要与孩子共同探讨研究实现梦想的必要条件以及努力的方法，并将学习的意义建构在每一个梦想上。另外，妈妈可以经常与孩子一起温习他的梦想。对于孩子来说，理想的种子一旦在心中生了根，就会转化为学习的动力，而且这种动力将会持续到孩子的理想得以实现为止。如果孩子没有理想，就不知道自己现在的学习有什么意义，那么即使是遇到一点点困难都会使他产生放弃的念头。

帮孩子树立理想时，一定要注意到孩子自己的兴趣，切不可把自己的想法强加到孩子的身上。为人父母，要顾及孩子特别的才能及梦想，做他的"助梦者"。妈妈能给孩子最好的礼物，就是告诉他："上天在你身上，赋予了特别的能力和目的，你的父母有责任帮助你去发掘，并且追求这份独特的潜能。"等到孩子逐渐长大成熟时，妈妈可以

慢慢地引导他有关教育和选择职业的方向，从而使孩子一步一步地向自己的梦想靠近。

正如一位诗人所说的："理想是石，敲出星星之火；理想是火，点燃希望之灯；理想是灯，照亮夜行之路；理想是路，引你走向黎明。"

成功需要理想，只有心中拥有一个伟大的理想，人们才会生活在希望之中，并能不断地创造出奇迹。成功者多出于梦想家之中，拥有理想与否，也是衡量一个人能不能成功的标准之一。童年是孩子树立理想的最佳时期，聪明的妈妈会精心呵护孩子的理想，只要家长对孩子的理想给予欣赏、呵护、引导，那么孩子就多了一份成功的自信。

5.增强孩子学习的自信

（1）建立自信心

随着孩子年龄的增加，孩子所学内容的难度在增加，孩子会产生一定的自卑心理，性格内向的孩子更是感到沉重的压力。由于学习不再像以前那样轻松了，他们甚至会误认为是自己"笨"造成的。因此，在这个时候，妈妈应该让孩子正确而全面地认识自己，并帮助他们重新建立起自信心。

现在有的家长衡量孩子能力的唯一标准是学习分数，学习好的孩子满面金光，学习不好的孩子灰头土脸。如果孩子不能以正确的态度对待自己就会产生自卑心理，丧失自信心，这种心理不利于孩子形成健康向上的性格。

玲玲是个性格内向的小学生。有一段时间，她的成绩下滑得很厉害，因此，她感到很沮丧。

终于有一天，玲玲哭着跑进了妈妈的房间，很伤心地对妈妈说："妈妈，我想退学。"妈妈看到女儿这个样子还以为是被别的孩子欺负

了，赶快抱住玲玲询问原因。玲玲不好意思地说："我感觉我比别人笨，有些科目越学越差，比过去倒退了好多。"

妈妈抚摸着孩子的头安慰说："我觉得你的学习情况并没有像你所说的那么糟糕，这一个月来，你的总体成绩虽然比以前稍有退步，但有些科目进步也很明显。在我的心目中，你是个勤奋而又成功的孩子。"

"真的是这样的吗？"玲玲用不自信的眼光看着妈妈问道。

"真是这样的！如果这样发展下去，只要你能弥补某些课程的缺陷，你一定会重新取得优异成绩的。"妈妈停了停又继续说："在我小的时候，人们都认为我是个笨孩子，那时我真的很难过！但是后来我就摆脱了认为自己笨的想法，你现在的情况比我当时强多了！"

经过这次对话之后，玲玲不再灰心丧气了，她凭借着自己的努力取得了令人刮目相看的成绩。

由以上例子可以看出玲玲的妈妈在教育孩子上是很科学的。当玲玲只盯着自己的缺点看时，妈妈让她看到了自己的优点，并从她的优点入手，帮她找回了学习的信心。

孩子的自信心除了来自他们的自我激励外，还需要来自父母的赏识和鼓励。其实每个孩子都会有这样的表现，家长说他聪明，他就聪明；家长说他笨，他真的就会变笨，这就是所谓的"暗示"作用。

为了避免孩子缺乏自信，妈妈要善于发现和培养孩子的特长，使孩子在某一方面具备令其他孩子羡慕的特长，即使孩子在学习上成绩不理想，也不至于在别人面前落得一无是处。这种特长给孩子带来的自信反过来既有利于促进孩子提高学习成绩，又有利于培养孩子的综合能力。

提高孩子的自信心还有一个重要的方法，那就是当着他人的面夸奖孩子。这样能够极大地提高孩子的积极性和自信心。但是当着他人的面夸奖孩子是要讲究技巧的。当着他人的面夸奖，妈妈欣赏孩子的努力，而并非学习成绩，会使孩子产生持久的努力欲望。妈妈巧妙

地引导孩子看到自己的优势,能够极大地提高孩子对学习的自信心。

(2)避免消极的心理效应

为了保持孩子积极向上的心态,妈妈最好不要让一些消极的心理效应影响孩子。也许大多数妈妈还没有意识到,妈妈在教育孩子时,常常会表现出一些消极的心理,而这些消极的心理对孩子自信心的建立和提高有着重大影响。

在生活中,很多妈妈常常会抱怨孩子的缺点,如"马虎""不专注""记忆力不好"等,其实这就是一种定式效应,即妈妈对孩子产生了固定的看法,每当评价孩子的时候,都会受到这种固定看法的影响。比如,妈妈总会这样教育孩子:"你总是这样粗枝大叶""你总是这样东张西望""你总是这样丢三落四"。这样的抱怨让孩子认为自己就是带有这些缺点的人,天长日久就理所当然地认为自己就该这个样子,从而破罐子破摔,消极的心理从此挥之不去。

影响孩子自信心的心理效应还有一种,那就是光环效应。所谓的光环效应就是以偏概全,也就是说,由于孩子出现了某些缺点,就掩盖了孩子的所有优点,认为孩子"一无是处"。如果孩子不小心打碎了一个茶杯,妈妈就这样训斥孩子:"你笨手笨脚的,什么事都做不好,长大了也是个没有用的人"。

妈妈对待孩子的这种态度是绝对不客观、不公平的,同样,这两种消极的心理效应,很容易让孩子失去学习、生活的自信心,并且很有可能使孩子陷入自卑中不能自拔。妈妈为了避免这种情况的发生,就该用寻找孩子"闪光点"的态度去看待孩子,打破自己对孩子的定式效应。在孩子面临挫折的时候,妈妈更要寻找孩子的闪光点,这样孩子才能对自己产生信心。

(3)陪读应该慎之又慎

由于现在的家长对孩子的教育都很重视,他们希望孩子的学习成绩好,但又不相信孩子的能力,于是出现了"陪读"现象。妈妈每天

都要辅导孩子做作业、为孩子检查作业，孩子的学习也成了妈妈的重要任务，殊不知"陪读"现象是毁灭孩子学习信心和学习兴趣的最大"杀手"。

我们都知道，爱玩是孩子的天性，他们总想快点把作业做完，然后安心出去玩，于是很多坏毛病便从他们的作业中体现出来。例如粗心马虎、不认真思考问题、考虑问题不全面……如果没有妈妈的参与，孩子就得挨老师的批评。

但是妈妈的陪读行为剥夺了他们承受自然后果的权利。孩子做作业，很多家长都会进行全面检查，一旦发现错误马上督促孩子改正，即使某个字写得不规范也要求孩子重写一遍。孩子对于家长的这种做法并不十分赞同，因为他们没有独立完成作业的成就感，也不会产生独立学习的积极性，而是产生了依赖父母的矛盾心理。孩子会懒得去认真思考了，有时他们懵懵懂懂地在妈妈的教导下将错误改正过来，却不知道自己错在哪里。遇到困难，孩子往往就会绕过去，而且他们会理所当然地这样想："反正平时都是妈妈帮我解答，这次还是老规矩。"做作业时，本来有时间认真完成的，孩子用三分之一的时间就交差了，心里想："反正妈妈会帮我纠正错误。"作为家长想一想，孩子这样的学习状态能取得好成绩吗？

长期这样，孩子就在妈妈的帮助下形成了各种坏毛病。而事实也证明，当孩子对妈妈的陪读有了依赖时，他们学习的兴趣和学习的信心就会明显降低。由此可见，对于"陪读"，家长一定要谨慎。

自信不是天生的，需要妈妈对孩子从小就给予正确的引导，使孩子逐渐相信自己的能力。妈妈要帮助孩子建立起自信，引导孩子走好人生之路。

妈妈要学会鼓励孩子，让孩子尝试着去做力所能及的事情，使他在通过努力获得成功的过程中不断获得自信。孩子天生具有初生牛犊不怕虎的劲头和好奇心，妈妈可以在确保孩子安全的前提下，引导他去尝试身边的各种事物，让孩子在尝试或探索中了解事物，增强自

身的能力，从而增加孩子的自信。比如孩子在 5 岁的时候喜欢剪纸，妈妈就可以教他剪一些简单的窗花，这样既满足了孩子剪纸的兴趣，同时又给他带来了快乐，而且在成功之后也会使孩子相信自己的动手动脑能力。

妈妈要学会有意识地让孩子承担一些责任。很多妈妈因为孩子年幼而代替孩子做许多事情，如帮助孩子装书包、削铅笔。妈妈过分溺爱孩子，容易造成孩子缺乏责任感和自我约束力，孩子的自信就很难建立起来。所以，妈妈应该根据孩子情况有意识地让他承担一些责任，如让孩子铺床叠被，采用这样的方法不仅能够锻炼孩子的动手能力，还可以让孩子在劳动的过程中获得充分的自信，使孩子相信他可以做好许多事情。

孩子的自信主要来源于外界的认同和赞扬，孩子正处于自信心形成的重要阶段，所以离不开妈妈的肯定和赞扬，孩子有了自信就勇于接受更多的挑战，以获得更多肯定，从而更好地锻炼自己的能力。

二、妈妈决定孩子的一生

妈妈给孩子多大舞台，孩子就能有多大成就。犹如一句谚语所言："那双推动摇篮的手，就是推动世界的手。"一个人一生中最早接触到的教育大都来自妈妈，妈妈对孩子的重要性不言而喻——妈妈不经意的一句话就可能决定孩子的未来！

1.义无反顾地支持孩子

孩子在没有独立的生活能力以前，可以说是个弱者。而他眼中的强者就是自己的父母，弱者的梦想是需要强者的支持和保护的。只要义无反顾地站在孩子的立场为孩子考虑，让孩子感觉到你不仅是他的家长而且是他的好朋友，亲子关系才能融洽，家长与孩子的沟通才能顺畅，孩子才可能全力以赴成为妈妈的骄傲，否则家长与孩子之间将出现重重矛盾。

例如，学校举行篮球比赛，刘亮亮每天放学以后都会和队友们一起练球，所以回家的时间有些晚。妈妈知道了这件事情，就坚决反对孩子参加比赛。

刘亮亮很为难地看着妈妈说："如果不去的话，老师会责怪我的，因为我是篮球队的主力。"刘亮亮身高体壮，动作敏捷，是篮球队里的佼佼者，老师和同学都指望着他为班集体争光呢，但是和队友一起练

习了一周后,自己的梦想被妈妈的一席话打破了。妈妈说:"依我看分明就是你想打篮球玩,还借口将自己说得这么重要,明天我就去学校找你的老师,将这件事说清楚,不能因为你的贪玩影响学习。"

妈妈的话让刘亮亮心情低落,仿佛蒙上了一层灰蒙蒙的尘埃。在妈妈的干涉下,他退出了学校篮球队。于是他开始了与妈妈的冷战,一个月都不和妈妈说话,更不能集中精力去学习,经常一个人坐在窗边默默发呆,学习成绩一落千丈。

妈妈看到这种结果后急得像热锅上的蚂蚁,她怎么也没有想到孩子会产生这样的情绪,更不知道如何才能消除孩子的这种不良情绪。

现代教育学家约翰·杜威说过:"做孩子永远的支持者,永远爱孩子,永远赏识孩子,而没有任何附加条件,这样才能让他真切地体会到父母的爱。"上文所举例子中的妈妈就没有认识到这一点,站在了孩子的对立面,一心注重孩子的成绩而不顾孩子的兴趣爱好,她没有真正理解孩子的内心,爱的方式发生了错误。当她强迫孩子退出篮球队的时候,也是亲子关系转入危机的时刻。如果这位妈妈能够支持自己的孩子,鼓励孩子在篮球比赛中好好表现,孩子则会对妈妈深怀感激,认为妈妈是最理解自己的人,他也会努力学习以证明打篮球并不影响自己的学习成绩,从而获得妈妈更多的支持。

《焦点访谈》曾经做过一个报道,是关于一个农村的母亲让孩子实现上学梦的故事。这个孩子学习成绩优异,在奥数比赛中取得了骄人的成绩,然而家庭的贫困让他陷入失学的困境。他考上了重点中学,但家里却没有钱供他读书。爸爸让他放弃学业打工挣钱,妈妈却不同意这个决定,并坚持卖掉了家里的一头驴才给他凑齐了学费。

孩子渴望上学,尽管家庭困难,生活没有保障,但母亲还是支持孩子去上学,这就是对孩子真正的爱护。孩子得到了母亲这样的支持和厚爱,自然也会尽全力去报答自己的母亲。

无论发生了什么事情,家长支持孩子的行为都不应改变。这样,

才能让孩子真切感受到、真正体会到家长的良苦用心。父母可以表扬或者批评孩子的一些行为,但必须要让孩子明白你们是他最忠实的支持者。父母无条件的支持会让孩子变得很快乐,会让孩子感觉到确确实实的家庭温暖。

现实生活中,孩子追寻梦想的时候总是很兴奋的。但是,为理想奋斗的过程中,难免会遇到挫折和困难,而孩子也许扛不住这些打击,这时候就需要家长尽力去帮助孩子支持孩子,让他平静地面对这些困难。

小勇是学校里有名的乒乓球健将,市里举行运动会,小勇报了名,想给妈妈带来一个惊喜。但是,在比赛的过程中,他因为求胜心切,发挥失常,打得一塌糊涂。比赛结束,小勇没有取得任何名次。

正当小勇万分失落的时候,妈妈来到了他的身后。小勇很难过地望着妈妈说:"对不起,妈妈,我没有打好这次比赛。"妈妈微笑着抚摸儿子的脑袋,然后说:"孩子,妈妈知道你很喜欢打乒乓球,积极参与是对的,不要太在意名次,妈妈永远支持你做喜欢做的事情。"

妈妈的支持和理解对小勇产生了巨大的影响。第二年又有此类的比赛,小勇又参加了。这次,他没有紧张,而是超常发挥,战胜对手获得了冠军。小勇之所以能转败为胜是因为他觉得自己的身后永远有母亲温暖、关切、支持的眼神。这样的支持让他失败以后仍然可以继续努力,最终成就了自己。

由于孩子的思想很活跃,简直是天马行空,很多妈妈对于孩子接近幻想的理想不置可否,认为这些想法是天方夜谭,他们只知道要求孩子实际一些,以学习为重。殊不知这样做泯灭了孩子追求理想的信心。高尔基说过:"爱孩子,这是连母鸡都会做的事。"爱孩子是父母的本能,但是怎样去爱,却需要相当的智慧。真正爱孩子的父母,懂得支持孩子的梦想,因为孩子有了梦想就等于插上了飞翔的翅膀。

有位乡下小学的老师给学生布置了一件任务,他让同学们好好想一想自己的理想是什么,如果实在想不出,可以同家长商量。整整

一个下午的时间,孩子都在为自己的理想进行深思熟虑。最后老师将孩子们聚在一起逐个询问他们的理想是什么，并且将询问的结果记录下来,后来在开家长会的时候进行调查,发现只有三分之一的妈妈支持自己的孩子。

若干年后,老师千方百计将这帮学生再次聚在了一起,孩子们有的功成名就,容光焕发,有的默默无闻,身心疲惫。这位老师有个惊奇的发现,凡是儿时的理想得到家长支持的学生95%都成就了自己的事业,而那些儿时理想遭到父母反对的只有5%的人取得了不凡的成绩。大家在一起聊天的时候,那些成功的人非常感谢自己的父母和老师,认为自己的梦想正是得到了他们的呵护才有了今天的开花结果。

看来聪明的父母,在教育孩子的时候,懂得支持和爱护孩子的梦想。即使孩子很快就忘记了那个梦想,父母也应该鼓励孩子为自己的理想而努力。父母对孩子梦想的尊重和支持会换来孩子无限的感激,所以对于父母要求自己的事情,他也一样会加倍努力完成。

相信孩子,支持孩子,正确引导孩子,鼓励孩子坚持自己的理想,帮助孩子成为一个有所作为的人,是每个家长应该做到的事情。

2.积极引导代替惩罚

对于那些不服管教的叛逆孩子,家长与其粗暴地把孩子揍一顿,或者通过限制孩子的权利和自由来惩罚孩子,不如通过积极的方式正确引导孩子。没有哪个孩子会喜欢被家长教训。冗长的训导会令孩子厌烦,剥夺权利的强行手段会令孩子更加叛逆。每个孩子都希望妈妈把他当成独立的个体去尊重,而不是成为妈妈的附属品和出气筒。所以妈妈要想得到孩子的配合不妨口气委婉、和气些。当然要求孩子做的事情也要考虑孩子的实际能力,不能要求孩子去做一些在他这

个年龄阶段不可能独立完成的事情。调动孩子的积极性去做自己力所能及的事情，这就是良好的引导方法，能够有效地化解孩子的抵触情绪，较为完美地实现自己对孩子的教育目的。

下面这个故事就体现了积极引导比严厉惩罚具有更好的教育效果。因为惩罚使得家长与孩子站在了对立面，而积极引导则表示家长与孩子是站在一起的，他们可以携起手来共同解决孩子成长中所出现的所有难题。

任先生有个 10 岁的儿子叫小豆豆。小豆豆聪明机灵但是贪玩好动，每天放学回家就急着跑出去和小伙伴们玩耍，并且很晚才回家，这样一来就耽误了学习，于是早晨天还没亮他就从床上爬起来赶写作业。由于时间紧促，他总是慌慌张张错漏百出。

后来任先生发现了这一情况，就禁止孩子放学后往外跑，并且没收了孩子的溜冰鞋。小豆豆刚开始的时候大吵大闹，哭了很长时间，后来就慢慢服从管教了，但是情绪很坏，虽然孩子在睡觉之前能够把作业完成，可是出现的错误更多了。任先生接到老师的电话，老师说，孩子最近上课总是走神，并且学会了扰乱课堂，这样的结果出乎任先生的意料。

任先生和张女士为了使孩子能够以正确的态度对待学习，于是向一位教育专家进行咨询。听了专家的一番话，他们才发现自己在教育孩子上存在很大问题。回家后他们与儿子小豆豆进行了一次轻松而友好的谈话，小豆豆对妈妈说："我被你们严加看管，就像监狱里的犯人一样没有自由，觉得生活很没意思，做任何事情都打不起精神，所以就在班上捣乱，制造笑料引人注目。"任先生没有直接动怒，张女士则用很委婉的语气向儿子道歉，并且耐心地倾听孩子的心声，征求孩子的意见。这时小豆豆主动跟父母说："要不这样吧，每天我都好好学习，提高效率，放学后在楼下和伙伴们玩一个小时，然后回家吃饭，饭后写作业，然后睡觉。如果赶上下雨天，我就提前写作业，饭后看会儿电视就睡觉。"任先生和张女士看到孩子这么会计划，就问儿子怎

么不早点把这个计划和妈妈说。他不好意思地说："我想多玩一会儿嘛。"张女士这才意识到孩子毕竟是孩子，没有那么强的意志力，需要妈妈给予正确引导和监督。

自从制订好这个计划以后，小豆豆的作业从来没有落下过，并且出错率也大为降低，学期末时成绩优异。小豆豆高兴地对妈妈说，这个学期玩得很开心，学习成绩也不错。妈妈说："制订计划，认真遵守，玩得开心，学得踏实，你又这么聪明，成绩肯定会好。"

一般来说，青春期的孩子更容易逆反。孩子进入青春期后，心理迅速发展，各种复杂的情况接踵而至，让孩子们应接不暇，内心会产生强烈的排斥情绪。由于他们心理的巨大改变，从最初的对外界关注转变为对自己关注，强烈的自尊心让他们变得很叛逆。作为妈妈不能动不动就惩罚孩子，因为这不是通过惩罚就能管教好的。妈妈应该积极调整自己的心态，以平等之心去对待孩子，承认他是独立的一分子，多给孩子一些关怀。通过对孩子的了解采取适当的方式教育孩子，站在孩子的角度去看问题。只有和孩子做朋友，才能够及时与孩子沟通，赢得他们的信任；只有多给孩子自由的空间，孩子才会真正敞开心扉。如果妈妈企图让孩子无条件服从，那么面对的只能是孩子的冷面孔与不合作。

对孩子最好的教育方式是在适当的时候，用适当的方式给他们适当的引导，而不是教条式的说教。教条式的说教会激起孩子的反感，加深母子间的矛盾，而如果凡事顺从、包办，则会让孩子肆无忌惮。最好的办法就是细心地观察孩子的表现，适当地加以开导，让他们在各种困难和挫折中成长、成熟，逐渐尝试人生的苦难，明白事理，也让他们慢慢地学会理解和忍让。

问题孩子一般出现在两种极端教育的家庭：第一种是极端放任的家庭教育，妈妈没有时间管孩子；第二种是溺爱的家庭教育，妈妈不敢管孩子。这两种极端都可能让孩子缺乏抵御外部诱惑的能力，一旦孩子受到不良影响时，又没有正确引导，他们就会误入歧途，并且

在错误的道路上越走越远，同时也形成一些错误的思想，心理开始畸变。在非正常的外界因素的影响下，这些孩子潜意识里就会产生强烈的反抗。

这时，妈妈不能通过惩罚与孩子硬碰硬，而是应该寻找其产生逆反心理的原因，并积极采取措施阻断不良因素对孩子影响的途径，而且还要用耐心、爱心和对孩子的信心来影响孩子，引导孩子。建议妈妈和孩子建立平等的友谊关系，并且尊重孩子的自主权和隐私权；家庭中遇到什么事情多与孩子商量，倾听他的意见，并积极地引导，转化他不成熟和片面的认识。这样可以帮助孩子逐渐改掉坏习惯，走向正常发展的道路，走出叛逆的阴影。

作为一个好妈妈不要盲目地惩罚孩子，而要正确地引导孩子，让孩子意识到自己的做法是不对的，尽快调整好心态，在人生道路上留下光辉的足迹。

有些孩子在成长的过程中受不良因素的影响，逐渐成为拜金主义者，他们喜欢用金钱衡量所有的事情，认为自己一旦付出了就应该有回报。妈妈面对这样的孩子不必骂孩子利欲熏心、唯利是图，也不必认为孩子太贪财不顾情分，而是应该引导孩子树立正确的价值观。

有个叫杰克的小男孩，在8岁的时候就已经懂得了用金钱去衡量一切。在这个孩子的眼中有价值的东西就是价格高的东西，如果价格不高，他就会毫无兴趣。

有一天早晨，杰克在桌子的盘子里放下一张小纸条。他的妈妈发现了纸条，令她难以置信的是，纸条上写道：妈妈应该付给杰克跑腿费3美分，倒垃圾2美分，扫地板2美分，小费1美分，总计8美分。读了以后，妈妈瞬间恢复了平静，她笑了笑没有说什么，只是把一张纸条和8美分又放在了盘子里。

小杰克看到钱后，把钱迅速塞进口袋里，并想着该用这笔钱买些什么东西呢，这时他又看到盘子里的纸条。小杰克打开纸条，只见上面写着：杰克应该付给妈妈，怀孕十个月免费，喂奶水免费，出水痘时

照顾他免费,教育他免费,买衬衫、鞋子、玩具免费,一日三餐免费,漂亮的房间免费,总计0美元。小杰克看完后愣住了,几分钟后,他掏出那8美分交到了妈妈的手里。从此以后,小杰克总是积极地帮助妈妈做事。

例子中的妈妈是位很聪明的家长,她看到那个小纸条后没有气急败坏地惩罚孩子,而是用独特的方式引导孩子,在无声无息中让孩子明白了道理,促使孩子主动改正了错误。

3.常和孩子一起度过有意义的时光

在对孩子的教育和培养中,做妈妈的重要的一点是和孩子一起做一些事情,比如游戏、劳动、洗手洗脸、扔垃圾、吃饭、养花养草等。这对孩子身心的发育和发展能起到很好的作用。

节假日休息时,田太太经常会带着儿子和楼下邻居的小伙伴一起做游戏,并且她还常会在游戏里加入一些新的内容,比如成语接力或者是歇后语接力,或者是英语单词接力。因为孩子们的英语程度有限,田太太并不勉强他们。

在这样的游戏中,孩子们学会了很多东西。在参与儿子游戏的时候,田太太经常教育儿子说:"要懂得与做游戏的人合作,要有团队精神、团队意识,这样才能配合好团队的步伐,才能在游戏中取得胜利。"

田太太虽然自己有车,但是带着儿子出去玩的时候,她会坚持坐公交车。儿子有时会问妈妈:"为什么我们自己不开车?"

田太太对儿子说:"因为妈妈开车开累了,也想坐一坐司机叔叔开的车。"

当然,这并不是田太太的本意,因为她希望儿子能在公交车上学到更多东西。公交车是一个大环境,而这样的环境是一直在学校里学习的儿子接触不到的。

每次上公交车以前,田太太就会对儿子说:"今天我们要进行让座比赛,赢的人可以决定去哪里吃饭。"

这样的决定常常让儿子兴致勃勃。让座游戏让儿子学会了友善待人、礼貌谦让。去动物园玩时,常常会有比儿子小的孩子挤在人群中看动物,这时候田太太发现,儿子常常会帮助这些孩子往前站,或者干脆主动把好位置让给那些比他小的孩子。看到儿子这么做,田太太非常感动。儿子的行为证明了孩子在做游戏的过程中学了很多。

家长教育孩子,要懂得寓教于乐,也就是说只要有时间就要和孩子待在一起,和孩子一起做游戏,这样可以让孩子学到很多东西。要知道,孩子天生喜欢游戏,把枯燥的知识融入游戏中,或者把有教育意义的事情融入游戏中,能让孩子又快又好地学习。而且有些游戏还可以益智。

家长和孩子待在一起,并不是要逼迫孩子不停地学习,家长要教会孩子怎样玩游戏,怎样从游戏中获取知识和有效的信息。孩子可以单纯地把游戏看做是游戏,但是家长却不能这样做。尤其是平日里比较繁忙的家长,更要把握和孩子待在一起的机会,让孩子多学、多玩、多动脑筋。

教育并不只是学习,教育包括很多东西。学校的教育可以让孩子学习到知识,而家长的教育可以为孩子以后的人生服务。家长在教育孩子的时候,不应该只着重知识教育这一方面,也要重视德育。和孩子做游戏,从生活的点滴中教育孩子,和孩子一起参加有意义的活动,会让孩子受益无穷。

● 三、错误的教育，比不教育更糟糕

　　教育孩子需要智慧，孩子不是靠打骂、溺爱就能教好的。英国的教育思想家洛克很早就提到过，家庭教育一定要慎重又慎重，不可以掉以轻心。他说："教育上的错误和配错了药一样，第一次弄错了，决不能指望用第二次和第三次去补救，它们的影响是终生清洗不掉的。"所以，妈妈在教育自己的孩子之前，确实有必要知道一些常识性的东西，至少应该知道，自己的教育方式是否正确，教育孩子时一定不要犯哪些错误。

1.唠叨式教育

　　在家庭教育中，有一种常见的现象：那就是妈妈对孩子不断地叮嘱，不断地提醒，不断地督促。其实，这种唠叨在教育中起不了什么作用。一项权威的跨国比较研究表明，不论是中国、日本还是美国的孩子，最不能忍受的是母亲的唠叨。面对喋喋不休的妈妈，他们先是以沉默来表示自己的不满，倘若母亲仍未停止训斥，他们只能"揭竿而起"——顶嘴反抗了。

　　国内媒体也报道，天津市妇联儿童部从千余名儿童心理问卷调查中得出结论：九成以上的孩子认为母亲"太唠叨"，希望妈妈少说两句。长期听到母亲唠叨之后，一些孩子产生了强烈的逆反心理和抵触

情绪,有的夜不归宿,甚至离家出走,更严重的是因为妈妈的唠叨而出现自杀、自残或杀人倾向,其中女孩尤为突出。心理专家也说,母亲教育孩子应该身教重于言教,要用自己的行动去影响孩子。

唠叨是愚蠢的家教方式之一。孩子在家里总是不停地被数落:"你怎么不好好学习啊?""你怎么不做作业啊?怎么只知道玩啊?""你怎么总看电视啊?""你这次考试怎么考这么点分啊?"这种唠叨常常带有谴责性质,破坏孩子的学习状态,把孩子积极性的火苗扑灭了。

不知是爱子心切,还是对孩子的期望过高,不少妈妈对孩子的唠叨实在是太多。"有作业吗? 作业是多还是少? 作业做了吗?""不要看电视了,快去学习!""学习要用心,不要三心二意!""不读好书,长大你能做什么?"……妈妈们使用频率最高的是不是这些话? 孩子在家里的一举一动都成了妈妈的唠叨对象。弄得孩子站也不是,坐也不是;左也不是,右也不是。经常的反复的唠叨,会扰乱孩子的心情,使孩子黯然神伤。孩子忍无可忍,粗暴回应,结果是母子两败俱伤,耿耿于怀。过度的唠叨,非但收不到效果,而且使孩子容易逆反、暴躁和伤心,并与妈妈疏远关系,直至对妈妈不理不睬,把母子关系彻底搞僵。对于心理脆弱的孩子,过分的唠叨还是他们做出过激行为的导火索。

一般来说,唠叨可以分为以下几种情况:关心呵护式的唠叨、催促命令式的唠叨、批评式唠叨和发泄不满式唠叨。

(1)关心呵护式的唠叨

做妈妈的,没有不疼爱自己的孩子的。舒心的妈妈每次在女儿去学校前都会说,"舒心,到学校要吃饱、睡好,晚上一定要盖好被子。""还有,吃饭时候要多吃点,别心疼钱,还有……"舒心总是不耐烦地听妈妈唠叨着,心却早已飞到了学校。离开妈妈多好,不用再听她的唠叨了,耳根子也清静了。舒心妈妈怎么也不能理解自己这么疼爱女儿,女儿却不喜欢在家里的感觉。

其实,妈妈的唠叨都是出于对孩子的一片爱心和苦心,出于母性的"习惯成自然"。不少妈妈,对自己的孩子总是不放心、不信任,觉得

对孩子唠叨一番,心里会踏实一些,舒坦一些;仿佛自己不唠叨,孩子就会生活上不会自理,一塌糊涂,学习上放任自流,荒废学业。

不过,做妈妈的千万不要忘记,随着孩子日益长大,孩子已渐渐有了自己的自尊、个性、主见和自信。所以孩子自有他的认识、想法、打算和行动,相信孩子有足够的计划和自制力,大可不必放心不下,时不时来唠叨一阵。如果孩子不乐意接受,妈妈再多的唠叨又有什么用呢?

(2)催促命令式的唠叨

"吃完饭赶快练琴""都几点了,还在看电视""还睡懒觉,要迟到了,快点",这种出于催促的命令式唠叨,在日常生活中被妈妈经常用到。有的孩子性格活泼,顽皮贪玩。在妈妈眼里看来就是"不听话""不自觉""不好管教"的孩子。

阳阳为了看动画片拖延了洗澡时间,妈妈开始对着阳阳喋喋不休地"攻击":"阳阳你怎么又不听话了?忘了上次老师在幼儿园为什么批评你了?就是因为你不遵守时间。老是犯这样的错误,以后你该怎么办啊?"妈妈看阳阳眼睛还盯着电视,生气地说:"阳阳,快去洗澡,昨天不好好画画,今天又不听话,想挨揍啊?"终于,阳阳含着眼泪去洗澡了。

妈妈认为阳阳需要人催促,像皮球一样,踢一下才会动一下。于是,"该洗澡了""到睡觉时间了,该上床啦!""不要在外面玩得太久,几点前要回家!"的命令声在孩子耳边定时响起。当然,对于还没有养成良好作息习惯的孩子来说,妈妈适当的催促是应该的。但是,当催促过多时,孩子就算听从你的话了,也会在内心对你产生抵触或怨恨情绪,疏远了亲子关系。孩子心里长期潜伏着这种负面情绪对身心健康不利,难以养成开朗的性格、宽阔的胸怀和积极的处世态度。

(3)出于习惯的批评式唠叨

于娜一直在同学面前抱怨自己老妈,似乎一天不唠叨就不舒服,

不习惯。在家习惯了对丈夫唠叨，自然也会对其他成员不停地唠叨。于娜妈妈就是属于那种喜欢说个不停的人。

她整天对孩子唠叨不停："你怎么又做错了，今天我不检查出来，明天本子上又一个红叉，怎么这么粗心！""不懂的问题要去问老师，知道吗？你什么时候能让人少操心？""这次怎么才考 88 分呀，平时就知道玩，说了多少次了，要专心听课，心思跑到哪儿去了？！还听周杰伦的歌！"

类似于娜妈妈这样，把唠叨紧紧挂在嘴边，怕孩子不上进，怕还会再犯错。但效果往往是，与孩子疏远了心理上的情感距离，孩子更加不愿意听妈妈的话。甚至还会产生逆反的心理。比如妈妈在唠叨自己笨，没考好的时候，孩子可能就会产生"破罐子破摔"的心理。

（4）出于发泄的不满式唠叨

现代社会，作为女性，作为母亲，工作上的压力也很大。生活中的不愉快，人际关系的紧张，家庭的不和睦(夫妻关系紧张、婆媳关系不好等)，对孩子的期望值太高等，都会影响到妈妈的情绪，而妈妈的情绪又直接影响到孩子。

东东每次最怕妈妈问起成绩，一旦没考好，妈妈就对他大发脾气："你看你，怎么就这么笨！人家李豆都比你考得好！怎么就这么不争气！气死我了！""你怎么就这么没出息呢，长大了去扫马路算了！"

其实东东妈妈是在发泄自己的情绪，孩子成了她的出气筒，根本体会不到孩子的心情，不考虑孩子的心理承受力，受伤的只能是孩子。

唠叨的原因有很多，但是无论是关心式、命令式、发泄式还是习惯式唠叨，对孩子的成长都有一定的影响。孩子听多了重复单调的话，首先会产生心理疲惫感，进而产生厌倦感。接着就是满不在乎，正面的效果微乎其微，负面效果却呈倍数增长。做妈妈的，别真的像孩子喜欢上那首《妈妈之歌》中唱的那样："起床、起床，快起来！去洗脸、去刷牙、记得梳头！会热吗？会冷吗？你就这样穿着出门吗？别忘

了钢琴课在今天下午,所以你要练习!出去外面玩,别玩太疯,别闹太凶。今晚不准玩电脑!我说了算!我是你妈……"这样的教育,妈妈们应该深思,别让浓浓的母爱换回的是孩子的反感。

2.溺爱之下无健儿

"溺",词典上解释为"淹没"的意思。人被水淹死了叫"溺毙",如果父母的爱泛滥起来,那也会"淹没"孩子的,这就是溺爱,是一种失去理智,直接摧残儿童身心健康的爱。

有一个老掉牙的故事,大意是说一个妈妈太溺爱孩子,当孩子犯了小错误时候,做妈妈的没有适时地说服制止,却纵容孩子继续犯错误,最后孩子成了罪人。当孩子上断头台的时候,他的最后一个要求是吃妈妈一口奶。妈妈哭着来满足孩子的最后一个要求,结果孩子把妈妈的奶头咬了下来,说:"妈妈,我恨你,如果不是当初你溺爱我,我也……"

当下,尽管报刊、杂志、广播、电视经常提醒,专家、学者一再忠告人们不要溺爱孩子,但问题并没有解决,溺爱仍然普遍存在。原因何在呢?根本原因在于家长没有真正懂得什么是溺爱,分不清教育爱和溺爱的界线,掌握不了方法和分寸。以下4种溺爱的形式是最典型的实例,做妈妈的可以思考自己是否也是一个溺爱孩子的家长。

(1)特殊待遇

星期六早晨,妈妈把她精心准备好的早餐放到了桌子上,可5岁的安安却一点也不领情,闹着要吃鸡蛋。妈妈马上给他炒了一盘鸡蛋,可这时安安又吵着要吃果酱面包了。好不容易弄好了果酱面包,妈妈还没坐下来,安安又提出了新的要求:"鸡蛋都是我的,你们不许吃。"看到安安马上就要哭出来的表情,做妈妈的马上让步了。

在那些溺爱孩子的家庭里，常常会看到类似的场面。许多妈妈都会为自己辩护说："我只是希望让孩子得到最好的。"但是事实却是：过多的爱只会害了孩子。妈妈对孩子这样特殊的溺爱犹如"甜毒品"，虽然表面上似乎香甜可口，但其实，它就像毒品一样，会对孩子的成长造成不良影响。孩子在家庭中地位高人一等，处处得到特殊照顾，例如安安这样吃"独食"，好食品想要一人享用……这样的孩子自我感觉特殊，习惯高人一等，必然变得自私，没有同情心，不会关心他人。

（2）包办代替

小明 3 岁了，虽然年龄小，可是每次回家，他特别喜欢帮家里人开门或是帮忙拎东西。但是，家人总觉得孩子小做不好，因而小明的"好意"很少能实现。有一天，妈妈从幼儿园接小明回家，一到家门口，小明就赖着妈妈要自己开门。

"这孩子，门那么高，你个头那么小，怎么开得了？"妈妈硬是不肯，小明就在一旁哭闹开了。妈妈也不理小明，自己开了门，把小明拉进了屋子。

平时，小明如果想自己拎大件的物品，或是想到厨房看妈妈煮饭，都被轰出来，"去，去，厨房很脏很危险，自己一旁玩去。""这东西太重了，会累坏小胳膊的，你现在力气还小，长大以后就可以自己拎了……"这样的话语一次又一次在妈妈口中说出。

《重庆晚报》曾经报道过这样一件事情：为了让娇生惯养的女儿找个好工作早日独立，重庆单亲妈妈付林雯费尽了心思，可万万没想到的是，21 岁的女儿在选择工作时居然要求妈妈先去帮她试岗，母女二人的做法在所在社区引发轩然大波。

试想，女儿提出如此要求，和妈妈的家庭教育不无关系。孩子小的时候，妈妈如果事事都给孩子包办，孩子长大后，怎么会独立生活呢？

曾采访过一些妈妈，平时有没有要求孩子劳动，有的竟说："我疼

都来不及,还忍心让孩子劳动?"也有的说:"叫'小东西'做事更麻烦,还不如我帮他做了。"所以三四岁的孩子还要喂饭,还不会穿衣,五六岁的孩子还不会做任何家务事,不懂得劳动的愉快和帮助父母减轻负担的责任,这样包办下去,必然失去一个勤劳、善良、富有同情心、能干、上进的孩子。

(3)大惊小怪

文文刚学会走路的时候,跌跌撞撞的,一时平衡没掌握好,摔了个跟头。文文还没哭,妈妈就大呼小叫着冲到孩子跟前,哄着、抱着、吹着、揉着,一边用脚使劲踹地,替孩子出气。经妈妈这么一折腾,文文反倒大放悲声。

本来"初生牛犊不怕虎",孩子不怕水,不怕黑,不怕摔跤,不怕病痛,摔跤以后往往自己不声不响爬起来继续玩。文文的娇气来源于妈妈的心理承受能力差,把一芝麻大的磕碰夸张到西瓜那么大。对宝宝过度保护,而且,对事情的原因往往不分青红皂白,一概怨天尤人,设法找出他人或外界的错。在这种环境中长大的孩子,自然也不能接受一点点的"不顺",心理和感情脆弱,胆小、退缩、狭隘、偏激、习惯于推卸责任。

对这样的宝宝,妈妈聪明的做法是自己先坚强起来,即便是孩子真的摔了、碰了,自己也要沉得住气。因为事已至此,与其哭和抱怨,不如鼓励孩子勇敢地想办法来解决、弥补。让孩子知道这是生活中常有的事,不必大惊小怪。当然,趁机教给孩子自我保护的方法,他会印象深刻。

(4)积极护短

童童上幼儿园的头几天,几乎天天带"伤"回来,不是胳膊被小朋友划了一道,就是手上被抓破点皮;即便没留下痕迹,也会向妈妈诉苦:某某小朋友今天打我了。爸爸说:"以后谁再欺负你,就告诉老师。"妈妈立刻反驳:"告诉老师有什么用?小孩子不长记性,过不了3

分钟就忘了。宝宝听妈妈的,下次谁再打你,你也打他。"说着拿自己当"靶子",抓着童童的手给他示范。在妈妈的教唆下,童童学会了打人,即便小朋友没有动手,童童遇事也多半是"拳头先行"。

生活中,这样的例子太多了。孩子在学校里受了委屈或是被别人欺负,做妈妈的不问青红皂白就要给孩子出气,而且有的家长还时时充当孩子的"保护伞"和"避难所",其后果不仅孩子性格扭曲,有时还会造成家庭不睦。

天真、幼小和"一张白纸"一般的孩子,最需要家长经常性的正确教育和引导。但是溺爱却成了家庭中教育、引导孩子的障碍。孩子常常是在不知道错还是对的心理状态下干自己想干的一切,而家长的这种溺爱,使孩子在长大成人后无法成为一个明辨是非、敢于担当、有责任感的人。

3.动不动就打骂孩子

拿破仑有一次问贡庞夫人:"传统的教育体制好像没什么可取之处,要使人们受到好的教育,我们最需要的是什么?""母亲!"贡庞夫人随即回答道。的确,在对孩子的教育上,母亲发挥着不可取代的重要作用。但是"孩子不打不成器",有的母亲一直存有着这样的观点。

茜茜开始学琴起,妈妈有些急躁。她不认真或不肯练琴,妈妈会忍不住骂她,她反抗了,妈妈会随手拿东西打琴凳,事情过后妈妈心里难免会后悔。但事到临头又忍不住。这样往复多次,茜茜对练琴有些抵触。

一次在书城看书,茜茜拉妈妈到畅销书柜台前,指着上面一本书说:"妈妈,你买这本书吧!你很需要看看的。"

妈妈一愣,是一本《不打骂孩子》,于是就问茜茜:"为什么要妈妈

买这本书？"

"我希望你以后不要打骂我。"茜茜正色道。

"那你不听话怎么办？"妈妈问。

"你跟我讲道理呀。"茜茜说。

"讲道理你未必会听。"妈妈笑道。

茜茜停顿了一下，仰起头来看着妈妈说："以后等我有了宝宝，我不打她也不骂她。"

"那她不听话的时候你怎么办？"妈妈问。

"我会好好跟她讲道理。"茜茜一本正经地说。

茜茜妈妈愣了一下，不打骂孩子的道理自己不是不明白，可真的做起来又实在控制不住。而孩子的这番话语，着实刺痛了自己的内心。孩子回来晚了，作业做错了，考试考砸了，上课没注意听讲，不小心做错事了，都可能会被自己打骂一顿。殊不知，打骂的教育还会培养出阳奉阴违的孩子，表面上服从父母，其实是口服心不服；其次，经常被打骂的孩子容易脾气暴躁，易产生攻击行为。孩子犯错之后，父母要教给孩子的是如何辨别是非对错的思考能力，而不是对其怒骂责罚。孩子希望父母有容许孩子偶尔犯错的雅量，并给孩子将功补过的机会。在这里，我们可以向下面这位年轻的妈妈学习。

尚可是某大学的美术教师，6 年前女儿晨辰呱呱落地的时候，她就给自己提了一个要求：不打孩子、不骂孩子。因为她坚信："发怒将教会孩子发怒，克制将教会孩子克制。"

小晨辰一点一点地长大了，她淘过气、闯过祸……但是尚可每次都能处理好对孩子的教育。

一年前的一天，尚可带着女儿逛商场，女儿忽然不见了。尚可急得手脚冰冷，一番周折后，她终于找到了在商场角落独自玩耍的女儿，当时她没有发火，而是将女儿搂进怀里，问她："为什么自己跑开了？你心里怎么想的？"回家后，电视里正在播放拐卖儿童的报道，尚可就和女儿一起观看，让她自己设身处地地想一想：如果找不到妈

妈，后果会多严重，全家人会多痛苦。

这种"虚拟情景""假想代入"的方法是尚可自己总结出来的"育儿锦囊"。比如有一次，女儿俯下大半个身子趴在阳台栏杆上往下看，尚可赶紧制止了她，然后做了一个小实验：拿一个易碎的玻璃杯，在桌子边缘推倒，让女儿看它滑落、摔碎后的可怕样子。形象的演示让孩子明白：如果自己也像玻璃杯一样从高处摔下，会有多可怕。以后，尚可只要在报纸杂志上看到儿童高空坠落之类的报道，总要特意读给女儿听，加深了孩子防范意外伤害的意识。

当女儿发倔脾气、母女俩僵持不下的时候，尚可会说："好吧，妈妈不说你了，你想一想，如果你在幼儿园出了这样的错，老师会怎样批评你呢？"女儿自尊心很强，她会马上缠着妈妈问个明白。

还有一次，女儿把尚可新买的贵重口红弄断了，尚可虽然心疼，但还是压抑住了火气，索性给孩子示范口红是怎么旋出来的，满足了孩子的好奇心，同时告诉她：小孩不能用大人的化妆品，否则，长大以后皮肤会变得很糟糕，不漂亮了。

尚可认为，不打骂孩子的前提是：妈妈凡事要站在孩子的角度，更多地理解和体谅孩子。当孩子做错事，又实在听不进去道理的时候，理性的冷处理总比盲目发火效果好。尚可的具体做法是：把孩子放在一个安全的地方，任她自己闹一会儿。等到孩子情绪平静下来后，再用孩子能理解的方式，比如童话、自己编的小故事给她讲道理。

尚可还告诉女儿，她也有权利指出大人不对的地方，即便在妈妈批评她的时候，她也可以提出反对意见。如果女儿批评得有道理，尚可会心悦诚服地反过来向女儿道歉。尚可亲身体验到，不打骂、讲平等的理性教育，让她的女儿越来越懂道理了。

经常打骂孩子，肯定会给孩子造成心理阴影，在这种环境下成长起来的孩子，心理是不健康的。尚可的这种教育方法，无疑给很多孩子家长树立了榜样。

4.给孩子贴标签

一位妈妈在日记里写道：

我清晰地记得儿子大卫出生的那一刻。5秒钟过去了，他仍然没有呼吸，我吓坏了。护士拍打他的后背，也没有反应。当时每个人都很紧张。护士说："这孩子是个倔脾气。"他仍然没反应，过了一会儿，他终于发出新生儿的那种很尖的哭声。

我当时的心情难以用语言描述。但是，从那天以后，我发现自己常常疑惑："他是不是真的很倔？"从医院回到家里，我就想，怎么能把护士说的话当真呢？不过是一个愚蠢的女人说的愚蠢的话。想象一下，我们怎么可以给一个出生不到半分钟的婴儿随意贴标签呢？

在随后的几年中，每当我怎么哄他，他都一直哭的时候，每次他不愿尝试一种新食物的时候，每次拒绝睡午觉的时候，每次不肯坐上去幼儿园班车的时候，每次不肯在冷天穿毛衣的时候，一个念头就会在我大脑里闪过："她说得对，他就是倔。"

我实在不应该这么想，我上过的所有心理学课程都提到"自我实现预言"的危害。如果你给一个孩子贴上反应慢的标签，他便开始认为自己就是反应慢；如果你觉得一个孩子淘气，他总会有机会向你显示出他有多淘气。无论如何我们都应该避免给孩子贴标签。我完全同意这个理论，但我还是忍不住把大卫想成一个倔强的孩子。

我常听到孩子的妈妈在聊天时，都会评价自己的孩子：

"鲍勃天生爱欺负人。"

"比利是个受气包，每个人都想从他身上得到好处。"

"麦克在家里就是个律师，他对所有的事情都有独到看法。"

"我真不知道该怎么喂朱丽叶，她那么爱挑食。"

"给瑞奇买什么玩具都是浪费钱,他玩什么玩具都要弄坏。这孩子简直就是破坏狂。"

可以读出,妈妈的日记里流露出的对孩子深深的爱,也流露出妈妈心里藏着的迷惘。孩子就像一张白纸,相信每位妈妈为了孩子都付出了极大的心血,她们把孩子成才看成是自己一生的"目标",所以每位妈妈都毫无例外地希望自己的孩子能得到别人的肯定,而且会不自觉地在谈论中拿别的孩子与之比较。然而在比较过程中,妈妈们经常会有不明智的做法,那就是给孩子"贴标签"。

"贴标签"实际上是对孩子一种变相的"打击",会使孩子变得愈发消沉,很容易使孩子产生反抗心理,造成孩子与妈妈之间的疏远。正所谓"众口铄金",假话说上一百遍就会成真。本来孩子学习成绩不好并非是智力因素所致,也并非无可救药,但是如果孩子一直处于这样一个批评、轻视的言论环境中,不认输、乐观的孩子会把压力化为动力,努力证明自己的实力;而那些自尊心强、内心敏感的孩子则很容易产生"破罐子破摔"的心理,认为自己真的很笨,即使努力也不会学好,慢慢便丧失了进取的信心,变得更加消极。

身为妈妈,不要盲目地拿自己的孩子与其他孩子做比较,更不要断然用成绩或某个单一方面的表象来评价孩子,给孩子打上烙印,贴上标签。如果妈妈总是用这种方式来"刺激"孩子,会让孩子感觉不到尊重和被重视。妈妈不仅要知道"尺有所短",更要知道"寸有所长",善于发现孩子的优点和长处,采用正确的方法挖掘其无限的潜能。

在非洲有个能干的酋长,他的大女儿和二女儿都非常漂亮贤淑,在成年的时候都被人用 10 头牛作为聘礼娶走了;可是他的小女儿既不漂亮,又不贤淑,家里人也都不喜欢她,而且没有人愿意娶她。家里人都对她失望至极,觉得她不可能像两位姐姐那样过上幸福的生活。终于有一天一个外地的青年来了之后,愿意拿出 10 头牛作为聘礼迎娶酋长的小女儿。

过了好几年,酋长去外地看望远嫁他乡的小女儿。出乎他意料的

是,小女儿不仅变得漂亮贤淑,而且还亲自下厨给他做了美味可口的饭菜。酋长感到很奇怪,问女婿是如何把他的女儿变得这样优秀的。女婿告诉他:"因为我一直认为您的小女儿本来就值 10 头牛,也一直用这个标准来要求她。结果不出我所料,她果然像我想象的一样出色。"

许多孩子就像故事中酋长的小女儿一样,看上去浑身都是缺点,可这并不代表他真的比别人差劲。外界环境和各种各样的原因会造成人存在差异,问题并非只出在孩子本身,更多的问题则在于妈妈的教育思想和教育方式。

妈妈是孩子最亲近的维护者,妈妈不相信孩子的能力,就会给孩子带来致命的伤害。不论孩子处于多糟糕的状态,身为妈妈都不要在子女面前流露出鄙视或放弃的态度。好比在一间黑屋子里用手电筒去照,妈妈看到的只是被照亮的部分,而这些并不是孩子的全部。妈妈常常会把一些"问题标签"贴在孩子身上,想一想,一个孩子带着"标签"生活,其个性也必定会受暗示的影响,变得越来越糟糕!

5.贿赂性奖赏的悲剧

心理学家曾经做过一个有趣的实验:在幼儿园挑选了一批喜欢绘画的小朋友,将他们分成两组。A 组的孩子们得到了一个许诺,"如果画得好,就给奖品",而 B 组的孩子们只是被告知"想看看你们画了什么"。两个组的小朋友都按照要求画了画,但从画画的过程来看,A 组的大多被动绘画,绘画兴趣明显降低了,而 B 组的小朋友和以前一样愉快主动地绘画。

这个实验引起了人们的思考,照理说,奖励应该能激发小朋友的绘画兴趣,从而提高绘画水平,为什么会事与愿违呢?

心理学家解释说,奖赏固然可以强化某种行为,但它又是一把双刃剑,可能使人只对奖赏感兴趣而失去对被奖励行为本身的兴趣。

"如果能考出好成绩,我就带你去游乐园。"

"如果你去幼儿园,我就给你买玩具。"

"如果你背下这首诗,我就带你去看电影。"

相信这种"如果你……那么就……"的方法,很多妈妈都使用过。为了让宝宝听话,许多妈妈时常使用这样贿赂性的奖励措施。

从发展心理学的角度讲,随着孩子与其他儿童的交往开始,他们便面临着进入社会生活的挑战。父母跟孩子的关系应该建立在互相信任的基础上。当父母用许诺来强调他们的话,就无异于承认那些没有许诺过的话是不值得重视的。父母们也不应该要求孩子做出不是发自内心的保证,因为这就等于让他签了一张没有户头的支票。对孩子进行物质奖励有时的确是必要的,但底线是不能用"如果……那么……"的方法,将物质满足与服从父母的愿望直接挂钩,把奖励变成了贿赂。

这种"如果你……那么就……"的方法,短期来看会激励孩子为了眼前的目标而努力,但从长远来看,也会给妈妈和孩子带来很多负面效应。

首先,这种方法很少能鼓励孩子持续地努力下去。

单就学习而言,为了鼓励孩子好好学习,很多父母倾向于采用物质奖励的方式,并且对这种方式颇为认同,有些家长甚至说:"给予孩子一定的物质刺激,远远比说教一百句管用得多。"在小学阶段,父母为了让孩子好好学习,给予孩子的多是一些"小恩小惠",买些小玩具、给点小零食,而中学生,父母则多以金钱或昂贵的电子产品,如手机等作为诱饵。

刚开始,这种物质奖励的方式确实有效,孩子一回家就好好看书,温习功课。可是,时间一长,就慢慢地变得不尽如人意了,有些孩子开始出现厌倦学习的情绪,有些甚至把学习作为交换奖赏的筹码,

逼得父母不停地增加奖金的数目,但效果仍然不大。

自然,这种奖赏的真正效果也会慢慢地失效。作为妈妈,如果让孩子养成为获得奖赏才去努力学习的习惯,孩子就体会不到出色完成一项工作之后的激动与兴奋,单纯的求知的快乐可能会逐渐降低。而对于任何事情来说,兴趣才是更大更持久的动力,一旦失去了兴趣,做事的动机就会大大下降。

其次,贿赂性奖赏这种做法,家长每句话传达给孩子的信息,都是在对孩子的能力表示怀疑。比如,妈妈说,"如果你能得三好生",意思是"我不能确定你能"。因此,这种"如果"的假设并不能给孩子以正向的鼓励。

另外,为了得到奖赏,孩子可能会故意犯错,好让父母为了让他们变好而提供奖赏。3岁半的天天像大多数小孩子一样,不喜欢去幼儿园,尤其是逢年过节在家休了一个长假之后,一说要上幼儿园了,天天马上哭得昏天黑地。

妈妈试图好言相劝,动之以情,晓之以理,让孩子甘心情愿地去幼儿园。可苦口婆心地说了半天就是不见效。最后,妈妈拿出了杀手锏:"天天,你如果乖乖地去幼儿园,那么我就带你去买玩具。"于是孩子回应道:"那你现在就带我去买。""好,我现在就带你去,但是买完玩具后就上幼儿园好吗?"孩子点点头,于是"成交",一场孩子的"罢工行为"在妈妈的物质贿赂下结束了。可是天天在尝到了甜头之后,会经常表演这样的把戏,还学会了撒谎,有时候早上谎称肚子疼,不能去幼儿园了。

其实,适当的奖励也不是不可取。但妈妈需要注意,对孩子提出的奖励物质的要求,凡是过分的,一概不要满足。当孩子发生不良行为暂时不去幼儿园时,暂时不要去注意孩子的不良行为,要把注意力转向别处,这个做法被心理学家称为"故意忽视"。这样孩子才不会事事提条件,得不到满足时,孩子也就学会了忍耐。

●四、好妈妈应该具备哪些素质

不用怀疑,几乎每一位母亲都有"当个好妈妈"的愿望。只是,实践中却又有那么多的妈妈会犯这样或那样的错误,轻者给孩子的成长制造了障碍,重者则会让孩子的一生变得遗憾。做个好妈妈,要具备哪些素质呢?

1.要懂家教心理学

妈妈在孩子的人生中起着指导性作用,但有一份调查报告显示,有将近一半的妈妈并没有真正了解孩子的需求,不懂得孩子的心理,因此,在对孩子进行教育的时候存在着许多盲点,这导致了很多教育问题的出现。

妈妈作为孩子最亲近的人应该明白孩子内心深处在想什么,应该能够读懂孩子。而要做到这些就应该掌握家教心理学的基本内容。先了解孩子心理发展的过程,遵循孩子心理的规律,因势利导、趋利避害地对孩子进行细致入微的教育,从而让教育真正落到实处,收到效果。

孩子拥有积极的心态才能拥有美好的未来。积极的心态在孩子成长的过程中有很大作用,因此,妈妈应该加以引导。如果孩子经常

用消极的心态面对生活,妈妈也不用着急,只要用正确的方法引导,孩子仍然可以健康成长。关于如何培养孩子的积极心态,妈妈可以参考如下方法。

妈妈要让孩子产生重塑积极性的信心。如果孩子认同自己的性格是有缺陷的,那么他就会自愿同意妈妈帮助他塑造性格,这样就成功迈出了帮助孩子建立乐观向上性格的第一步。

随着年龄的增长,孩子的自我意识不断增强,也会对自己有一个评价。但是因为孩子的自我分析能力还不是很强,容易在分析自己的时候走极端,所以妈妈要帮助孩子分析并改变他的不良性格。

引导孩子保持自己的性格优势。妈妈可以在日常生活中给孩子讲一些关于积极性格的故事,并引导孩子和开朗的孩子一起学习和玩耍,这样能让孩子很快意识到性格积极的优点,从而愿意积极塑造自己的性格。

妈妈要帮助孩子排除一些心理障碍,调节不良情绪。比如孩子感觉苦闷的时候,要让他尽量发泄,不要让孩子把委屈长期压在心里。对于敏感的孩子,妈妈要尽量少谈他忌讳的话题。

妈妈是孩子的榜样,要想培养孩子的积极心态,自己首先要乐观,因为妈妈对待孩子的态度,往往是孩子形成积极性格的重要因素。如果妈妈经常唉声叹气,专门挑一些不如意的事情钻牛角尖,孩子也会在不知不觉中受到影响,这样对孩子今后的生活很不利。所以妈妈应该为孩子树立一个积极生活的榜样。

乐观是一种积极的生活态度,只有孩子以乐观积极的态度对待生活时,他的未来才会充满阳光。每个妈妈都希望自己的孩子拥有乐观积极的性格,但事实上有许多孩子在很小的时候就已经习惯用悲观的态度看待问题。据调查,这与孩子接受的家庭教育有着直接关系。

孩子的性格是在妈妈的各种言行中一点点养成的。如果妈妈总以悲观的态度面对生活,孩子就只会看到生活的阴暗面;如果妈妈总

以乐观的态度面对生活,孩子自然也就会容易看到生活光明的一面。乐观是为孩子开启光明未来的钥匙。乐观的孩子即使遭受挫折,也会乐观面对,并相信自己有能力改变现在的一切,他知道幸运女神永远站在乐观者的一边。

引导孩子培养乐观的心态也要接受孩子悲观的情绪,妈妈应该允许孩子把悲观的情绪表达出来。如果妈妈在孩子悲伤的时候表现出不接受他的悲伤时,孩子就会把悲伤积累到一起,时间长了,就会产生一些心理问题。因此,妈妈要理解孩子、安慰孩子、缓解孩子的不良情绪。

作为好妈妈不仅要教育孩子乐观,更要教育孩子独立。

玛格丽特·撒切尔夫人被誉为欧洲政坛上的"铁娘子"。她在重大问题上观点鲜明、立场坚定、思路清晰、做事果断,她在很长一段时间里影响着整个欧洲。她的成功就是源于妈妈培养起来的高度自信。

要培养孩子的独立意识就应该注意以下几点。首先要尊重孩子。妈妈在和孩子说话的时候,要认真听孩子讲话,并注意自己对孩子说话的方式和口气。那些能受到妈妈尊重的孩子,大多举止大方、对人友善、自我意识强。

妈妈应该珍惜孩子的独立意识,不要过度保护孩子,并及时给予支持和鼓励。当孩子有独立的要求并得到妈妈的支持时,就会产生自豪和自信的感觉。

从孩子的兴趣上培养其独立的个性是高超的教育方法。妈妈让孩子做事的时候要避免简单的命令,因为这样会让孩子对将要做的事情产生厌恶的感觉,在让孩子做一些劳动时,尽量把劳动游戏化,这样可以让孩子更有兴趣参加。独立的性格和劳动是分不开的,如果孩子坚持参加劳动,就能很快养成独立的性格。

法国文学家巴尔扎克说过:"忌妒者比任何不幸的人更为痛苦,因为别人的幸福和他自己的不幸,都将使他痛苦万分。"由此可见,忌妒本身就是一种不健康的心理状态,是由于自身与他人做比较,并且

发现他人在某一方面比自己强而产生的羡慕、不满和怨恨的一种复杂情绪。每个人都可能会产生忌妒,但大多数人都能进行自我控制,并把忌妒转化为动力。对于忌妒别人的孩子,只要妈妈引导得当,忌妒心就不难克服。只要妈妈向孩子说清楚忌妒的危害性,教育孩子承认和其他人之间存在的差异,并且努力追赶对方。除此之外,家长还要教会孩子客观评价自己,正确看待别人。

常常听到很多妈妈对孩子这样说:"看你这孩子,怎么一点自信都没有。"紧接着就是一番苦口婆心的唠叨。结果孩子往往没有什么改变。由此可见唠叨的效果并不明显。其实孩子的信心最初来自妈妈的信任。如果妈妈没有给予孩子充分的信任,那么孩子要建立自信就失去了保障的基础。孩子的内心都渴望得到肯定和赏识,而妈妈作为孩子的依靠和榜样,要满足孩子的这种心理需求。孩子一旦得到妈妈的肯定和支持,他就会倍感兴奋,内心也会形成一种强烈的信赖感和支持感,这种复杂的内心情感就是孩子自信的源泉。因此,对孩子充满信任是一个好妈妈的基本条件。

另外,妈妈还要让孩子克服一些消极的口头语,不要总是说"我不会,我不行"之类的话。如果一个孩子有自强之心,那么无论外部的评价如何,都很难打击他的信心。

妈妈要鼓励孩子勇于尝试,让孩子说"我行,我能行",经过一些小的挑战逐渐建立起自信心。如果妈妈放手让孩子勇敢地尝试,信心就会在点滴中积累起来。

现在的孩子还存在一个"自私"的问题。说到这个问题,独生子女不免成为关注的焦点。现在国内的大部分家庭只有一个孩子,他们在家中处于中心地位,得到家人的过度关心和过分迁就,在外面不懂得关心别人,在家里不知道心疼父母。要纠正孩子的这一问题,妈妈需要耐心地从多个方面着手。

妈妈首先要放弃溺爱,让孩子分担一些家务和责任,让他从劳动中找寻快乐,体会父母的艰辛。不要认为孩子小、尊贵,就给孩子一些

特殊的待遇，毫无条件地满足孩子的需求，总让孩子觉得与众不同，这样容易养成孩子以自我为中心的性格。为了杜绝这个坏毛病，当孩子提出不合理的要求时，妈妈要坚决拒绝，不可心软。

妈妈还要经常教导孩子学会体谅他人、关心他人，尊敬他人。这样可以培养孩子为人处世的能力。帮助孩子树立助人为乐的精神，教会孩子去帮助别人解决问题，通过实际行动来体验助人为乐。

最后，妈妈应该指导孩子如何与人交往。儿童心理学家研究认为，5岁以上的孩子需要友情和伙伴，他们需要在妈妈的指导下与他人建立友谊。

打败孩子的自私心理，纠正孩子"唯我独尊"的意识，需要从妈妈的教育态度和方法做起。

2.了解鼓励孩子的技巧

有些家长将鼓励孩子简单理解为夸奖几句，其实鼓励孩子是很有讲究的，只有通晓其中的门道才可以收到理想的效果。

我们都知道，打仗要讲究战机，播种要讲究时机。同样，鼓励孩子也要讲究火候。也就是说，妈妈要根据孩子的心理选择和运用最合适的教育方法和手段，在合适的场合和时间鼓励孩子，才能达到最佳的鼓励效果。

那么在日常生活中有哪些鼓励孩子的最佳时机呢？

当孩子遇到困难时，他们往往特别渴望别人的理解和得到问题的答案，而这个时候正是妈妈鼓励他们的最佳时机。当孩子在成长的过程中遇到了困难让他自己去解决，比父母大包大揽要有效得多，父母替孩子去做看似帮助了孩子，实际上帮了倒忙。因为大包大揽的做法不是在鼓励孩子去发现自己的能力，去运用自己的能力解决问题，

而是在否定孩子的能力,使孩子失去获得必要经验的机会,让孩子永远不能自己解救自己。面对遇到挫折的孩子,妈妈应该鼓励孩子在跌倒的地方爬起来,要让孩子勇敢地克服困难,锻炼孩子的胆量。

还有一些妈妈走进了这样的误区,她们想让孩子自己解决困难,但却不给孩子提供必要的指导,反而常常呵斥孩子的无能,这样常常会使孩子失去战胜困难的信心。

在生活中每个孩子都有取得成绩的时刻,如得到表扬、取得高分、获得奖项,这时家长的态度影响着孩子的发展。孩子此时期待的不仅仅是家长的表扬和物质上的奖励,还需要家长一同分享成功的快乐。让孩子感觉到,父母对自己通过努力取得的劳动成果是非常尊重的。孩子有了这样一种感觉:"妈妈很尊重我,也很看重我。"在这种心理的影响下,孩子会拿出自己最大的努力去学习,去奋斗。

当孩子犯错误的时候也是教育孩子的好时机。孩子犯错误并不可怕,可怕的是他在错误中没有收获什么。其实,在孩子几岁到十几岁这个年龄段,要想孩子从错误中有所收获,往往需要成人的指导。

所以,当孩子犯错的时候,妈妈不要把它看做是一种麻烦,而应该这样来想:"鼓励孩子的时刻到了!这样,孩子才能在错误中有所悟、有所得。"

中国有句古话叫做"背后教子",这种观念已经深入人心,但是家长对孩子的所有教育不见得必须在背后进行,家长如果能够在人前鼓励孩子,往往能够起到更好的教育效果。例如,如果妈妈能够当着孩子的同学或老师的面,对孩子进行鼓励效果会更佳。

孩子也有自己的交际圈,他也开始注重自己的面子,也很在意别人对他的评价,重视自己在同学和小伙伴中的"名声",所以妈妈当着小伙伴的面鼓励孩子,肯定要比在背后鼓励孩子的效果好得多。

对于还未长大的孩子来说,最令妈妈头痛的事情莫过于孩子不与自己合作了。因为如果孩子不与妈妈合作,那妈妈所有的教育都是无效的。所以当孩子主动表现出合作行为时,妈妈要及时鼓励他,以

促使他的合作行为最大限度地延伸下去。所以说，妈妈要使孩子在别人面前变得听话、懂礼貌，妈妈就必须在做客前做客中对孩子做一些相应的指导，并且在做客后及时对孩子的表现做出评价。而此时，妈妈的鼓励将给孩子留下深刻的印象。

鼓励孩子不仅要讲究时机，而且还要坚持原则。首先要肯定孩子积极的方面，这样能帮助孩子建立信心，当孩子对自己的表现开始满意时，他才会更努力地去改正自己的错误，以求做得更加完美。妈妈越是善于发现孩子的优点，越是鼓励孩子，孩子的闪光点越多。

当孩子面对很难的一件事情时，尽管他已经很努力了，但仍然没有做好，这时妈妈应该看重孩子的努力和进步。每个孩子的能力都是有限的，期望一个原本能力不是很强的孩子能够立即做好一件事情，是不切实际的。为了避免孩子再次受到伤害，妈妈帮助孩子制订切实可行的目标是非常重要的。

从小的进步开始，妈妈不断地鼓励孩子，给孩子提供表现的机会，当孩子体验到成就感时，孩子努力下去的劲头就越来越大。有了努力的积极性，任何一个孩子最终都将走向成功。

当一个人的能力有所发挥，并且受到别人的肯定时，他便会感觉到自己很有价值。对于需要别人肯定和鼓励的孩子来说更是如此。只要妈妈用心就会发现每个孩子身上都有其独特的气质和才能。妈妈肯定孩子的能力，真诚地鼓励孩子，就可以使孩子对自己的能力充满信心，从而会尽自己的最大努力把能力最大限度地发挥出来。

为了更好地鼓励孩子，妈妈还要注意孩子的语言习惯。语言常常是一个人态度的体现。不管成人还是孩子，有时我们所说的一些话常常使人感到沮丧、灰心或失望。当孩子说出消极的语言时，妈妈的鼓励是最好的解决方法。

鼓励孩子，并不是简单地说一句"我相信你能行！"就能达到鼓励孩子的目的，更多的时候，鼓励需要很多技巧，巧妙地运用这些技巧可以让孩子健康地成长。

大多数的孩子都会有一定的权力欲望，当他们被赋予一定的权力时，他们的积极性便会被极大地调动起来。所以说，让孩子做决定，是对孩子的信任和尊重，更是鼓励孩子对自己充满信心、去更加完善自己的一种方法。

大多数的孩子都会有自己的特长，做妈妈的要善于发现孩子的特长，并学会接纳孩子所提供的信息和资源。妈妈接纳孩子的建议，也是尊重和鼓励孩子的一种表现，孩子会从妈妈的鼓励中体会到自我价值感。

在孩子做事的过程中，妈妈真诚地鼓励孩子，孩子就会激发做事的热情，并不断自我暗示，心中充满了信念，努力去实现自己的目标。

妈妈鼓励的话，能够使孩子的心中充满信念，这种信念可以支撑他一步一步去实现目标，无论他即将面对的是顺境还是逆境、机遇还是挫折。

俗话说：人非圣贤孰能无过。对于一个正在成长中的孩子来说，犯错误更是在所难免。但妈妈如何对待孩子的错误和失误，却决定着孩子的成长速度。

人们常说：吃一堑长一智。妈妈要允许孩子犯错误，并引导孩子从错误中吸取经验教训。

孩子毕竟年龄幼小历事不多，很多事情即使付出了努力也不见得能达到理想的效果，这时，家长就不应该吹毛求疵地评论孩子做事的结果，而是应该关注孩子在工作的过程中所投注的努力和取得的进步。这样才能使孩子产生战胜困难，持之以恒的决心。

鼓励孩子可以是口头上的表达，也可以是非语言的表情和动作，如默默地注视、点头、微笑、拍拍孩子的肩膀、握着孩子的手等。要想掌握鼓励的技巧，就应该尝试着使用一些表示鼓励的常用语。

当孩子表现出好行为时，妈妈应该说"我很高兴你能这样做""我很欣赏你的做事方式"，这些都是表达接纳孩子的话。当孩子的行为让家长不满意时，妈妈应该说："妈妈爱你，但不喜欢你这样做。""我

虽然不赞同你那样去做,但我想你有你的理由,可以让我知道吗？"

　　妈妈可以不赞同孩子的行为,但绝不可以不接纳孩子,接纳孩子是鼓励孩子的一个非常重要的前提条件。

　　当孩子因为激动或情绪失控而大喊大叫时,妈妈应该帮助孩子了解和表达自己的情绪,可以心平气和地这样问孩子:"你想说些什么？""你真的这样认为吗？"面对孩子的这种负面情绪,妈妈最应该做的就是认同孩子的感受。

　　在很多时候,孩子并不能全面地认识自己的表现,常常给予自己片面的评价。这时,妈妈要做的就是引导孩子客观、全面地认识自己。妈妈是孩子心中最亲近的人,孩子总是容易接受妈妈的评价。妈妈客观、全面的评价能够使孩子正确认识自己,从而能够用积极、乐观、不骄不躁的态度对待学习和生活。

　　当孩子对自己的表现不满意时,妈妈要努力寻找孩子的优点,让孩子看到希望;当孩子露出骄傲的情绪时,妈妈要帮助孩子客观地分析他的表现,让他认识到自己的不足。时常和孩子谈谈心,例如,你对自己今天的表现很不满意,你认为自己在哪几点上做得不好呢？从而帮助孩子分析原因,纠正错误。

　　妈妈的态度在很大程度上影响着孩子认识自己的态度,如果妈妈经常对孩子说:"我相信你能够做得很好",孩子就有动力争取更出色的表现,从而显得坚强、勇敢、乐观、有能力。

　　同样是鼓励,但妈妈的侧重点不同,所起到的鼓励效果也就不一样。如果妈妈只注重结果,就会让孩子倍感压力,如果妈妈注重孩子的努力和进步则会产生截然不同的效果,妈妈为了孩子的努力而感到自豪,孩子也会更加重视努力,从而心甘情愿地去继续努力。面对孩子的努力,家长可以说:"我发现你比以前细心多了,我能了解你为此而付出的努力"。

　　如果妈妈强调孩子的优点,孩子就会用乐观的心态看世界;强调孩子的优点,孩子的缺点也会变成优点;对孩子表示真诚的谢意,孩

子会从妈妈的谢意中读出动力和鼓励。

当看到孩子作文写得很有水平的时候，妈妈不妨欣慰地说："我很欣赏你写的作文。"当孩子帮你把某件事做得很出色的时候，作为妈妈不妨说："宝贝，谢谢你，我看得出你很有创造才华，好样的！"

对于以上这些鼓励的话语，妈妈可以举一反三地运用。如果妈妈能够坚持，相信孩子的信心会不断增长。

3.调动孩子学习的积极性

每个家长都希望自己的孩子出类拔萃，要想表现得很优秀，不学习是不行的。可是生活中偏偏有相当一部分孩子讨厌学习，在他们看来学习是一种折磨，因为他们对学习没有丝毫的兴趣。面对这样的孩子，家长应该怎样去做才能点燃孩子求知的火花呢？应该怎样去做才能调动孩子的积极性呢？

（1）巧妙设置"陷阱"，激发孩子的求知欲

孩子特别爱问"为什么""这是怎么回事"，妈妈面对孩子的问题，应该耐心地用通俗易懂的语言给孩子解释，如果自己不懂，可以引导孩子从书本中寻找答案，或多带孩子到大自然中去，让孩子对一些物理现象有感性的认识。如果孩子没有问题，妈妈就要主动地给孩子讲，不要认为孩子小听不懂，其实他们在似懂非懂的时候也能了解很多知识。

求知欲往往让孩子爱上学习，取得不凡的成就。著名科学家爱因斯坦小时候是一个沉默寡言的孩子，他在学校的学习成绩也不好，因此有一点自闭的倾向。但是，在叔叔的指导下，爱因斯坦对数学产生了浓厚的兴趣，在求知欲的促使下努力学习数学。后来，爱因斯坦在中学时的数学水平已经超过一般的大学生。此外，爱因斯坦的父母喜

爱文学和音乐，在这样的家庭氛围的熏陶下，爱因斯坦一生都对数学、音乐、文学有着极大的兴趣。

心理学家哈威特曾经指出，一般而言，在小学接受教育遭受失败的人，其影响会逐渐随着年龄增长而加重。但是，如果一开始就获得好成绩，孩子就会变得爱学习，进而逐步形成良性循环。相反，如果孩子对学习失去信心，学习的欲望就会降低。因此，虽然妈妈在小时候培养孩子的思考力、想象力、记忆力、创造力、思维能力非常必要，但是对于妈妈而言，更重要的是如何巧妙地引导孩子，激发孩子的求知欲望。

心理学家古特奇博士说："父母应该好好应用孩子的好奇心，建立他对书的亲切感。"法国著名的哲学家笛卡尔，同时还是著名的数学家，他从小就具有极强的求知欲。在他小的时候，做任何事情都会求真求实，追根究底，他的妈妈常常称他为"我的小哲学家"。孩子们在学校的生活并不仅仅是学习，还包括游戏、劳动等，其实只要家长用心，就可以在这些与学习看似无关的活动中找到激发孩子求知欲的方法。

要想激发孩子的求知欲，妈妈要给予孩子足够多的自由。当他对一件事物发生兴趣时，就让他专心去做，不要加以干涉。在这些细节中，家长需要捕捉到他的志向，多培养孩子一些兴趣。

孩子在实际生活中更能找到自己感到新奇的东西，让他在这些事情中多积累经验，妈妈不要认为只有书本上的知识才是正统。

在与孩子进行交流的过程中，妈妈要根据孩子的年龄，逐渐提高对孩子所提问题的深度，给孩子留出充分的思考时间，培养他独立解决问题的能力。

（2）化劣势为优势

学习困难的孩子被称为班上的"小尾巴"，在别人看来，他们身上的缺点多于优点。但这并非是问题的关键，重要的是怎样让孩子扩大优势缩小劣势，让劣势转化为优势。在很多人看来这两者的转化似乎

不可能，事实上，这种转化是非常现实的。正所谓"地不畏其低，方能聚水成海；人不畏其低，方能孚众成王"。

作为孩子的精神引领者，妈妈要让孩子变得优秀，首先要让孩子克服心理上的落差，并避免孩子因目前的困境而失去进取心。给他讲一些积极上进的故事，引导鼓励他以客观、乐观的情绪来面对困境，使他认识到身处困境并非一成不变的，只要积极努力，上进的空间比别人更加宽广。

妈妈要想帮助孩子并有效开导孩子就应该着眼于孩子的"闪光点"，采取赞扬、激励的方式使孩子摆脱自卑的心理，激发他们的内在潜能，使他的优点逐渐发展起来。哲学家罗素曾说："明智的表扬对孩子的作用如同阳光对于花朵。"为此，妈妈给予孩子真诚的赞美，能增强他前进的信心和勇气。

妈妈在帮助孩子扩大优势的同时，也要积极缩小劣势。这主要着眼于孩子的缺点，通过不断克服缺点的方式达到转化劣势的目的，要想克服缺点就要查找原因，根据症结开出药方。要克服孩子的缺点不是一朝一夕的事情，需要妈妈付出更多的耐心，告诉孩子：如果一味怨天尤人、自暴自弃，只能永远处于"劣势"，只有敢于面对挑战，才能将"不利"转化为"有利"。因此，妈妈要和孩子一起面对劣势，同时在这个过程中妈妈要做好精神和行为双方面的榜样。

（3）"牧羊式"教育

很多孩子对学习缺乏热情，并不是因为他们个性内向所致，而是因为他们内心的情感长期得不到发泄和释放，久而久之，才丧失了学习的主动性。究其原因，这与教育中的"严格管束"是分不开的。他们整天处于被家长、老师操纵的状态，无法尽情发挥自己的主动性。

事实证明，对孩子管得过严非常不利于孩子在学习中培养主动性和创造性，适度地放任，对孩子的成长、学习是有益处的。过于严格的管教非但起不到应有的效果，还会限制孩子的发展。不如就选择"牧羊式"教育吧，给他们充分的发展空间，让他们在家长的引导下制

订更适合自己的学习计划。各位妈妈不妨借鉴一下：给孩子一个空间,让他自己往前走;给孩子一个时间,让他自己去安排;给孩子一个条件,让他自己去锻炼;给孩子一个问题,让他自己找答案;给孩子一个困难,让他自己去克服;给孩子一个机遇,让他自己去抓住;给孩子一个冲突,让他自己去解决;给孩子一个对手,让他自己去竞争;给孩子一个权利,让他自己去选择;给孩子一个题目,让他自己去创造。

"牧羊式"教育不是放任自流,一旦发现孩子犯了错误还需要妈妈及时给予科学的指导。适度地放任孩子,不仅会提高孩子的生存能力,还能在释放孩子天性的同时,提高孩子的自主学习能力。别像鸡妈妈那样总是将孩子呵护在自己的翅膀下, 要学鹰妈妈让孩子在暴风雨中练习飞行。

(4)挖掘孩子的潜能

大发明家爱迪生小的时候,在学校是公认的"笨蛋",老师都认为他笨得不可救药。但不论外界如何评判他,爱迪生的妈妈却坚决认为自己的孩子很聪明,将来一定会有一番作为, 她亲自调教自己的儿子,时刻鼓励他。爱迪生长大后成为举世瞩目的发明家。如果当初他的妈妈和其他人一样认为爱迪生是一个不可救药的笨蛋, 那么也许就不会有他后来伟大的发现了。如果说爱迪生的拼搏和努力是他成功的途径的话,那么来自妈妈的支持和信任则是他前进的动力。还有巴尔扎克的故事也说明了妈妈的肯定信任对孩子的影响。大作家巴尔扎克小时候被认为文法不通,通过妈妈的鼓励,后来他写出了大量的优秀名作,一跃成为世界文坛大师。

很多例子都说明那些断然在孩子身上"贴标签"的做法是缺乏理智,不负责任的。而那些积极的表扬更能激发孩子的上进心,提高孩子对学习的兴趣。

那些真正懂得教育艺术的妈妈, 在教育中将培养孩子的学习能力放在首位,从学习效率入手,注重日常知识、情感、体验的积累,特别是潜能的开发,将孩子培养成高质量人才,这些都要比学习本身对

孩子今后的发展更有价值和意义。

其实，家庭教育的重点不是重复、强化，甚至代替学校教育，其真正的重点在于培养孩子的学习技巧、良好情操，这也正是家庭教育的根本出发点。真正的素质教育是在学习与生活中找到一个良好的平衡点，作为妈妈，最根本的任务是协调孩子在这两方面的平衡发展，起到一个良好的枢纽作用。在日常生活中要多给孩子留点属于他们自己的空间和选择权，让孩子在宽松的环境中更加自立、自主。

根据调查表明孩子大脑所掌握的知识中仅有 10% 是通过"阅读"得来的，15% 是通过"听"获取的，更多的知识则是亲身经历获取的。

玩是孩子兴趣的表现，而兴趣是探究和发现精神的根源，"玩"和游戏作为一种亲历性的综合活动常常结合用脑和动手双方面的活动。

因此，妈妈不要剥夺孩子玩的权利，否则就会扼杀他们的天性，阻碍他们获取知识的渠道，同时也较易诱发厌学情绪。作为家长，一定要把握好孩子学习与玩耍的度，掌握好平衡点，最大限度调动孩子学习的积极性，让孩子放下负担，轻松快乐地学习，把学习当成自己的爱好和习惯。

4.善于发掘孩子的创造力

对于培养孩子的创造力，许多妈妈很不以为然，但创造力对于每个孩子来说都非常重要。孩子毕竟不是机器人，要有自己的思想。每个孩子都有自己的创造潜力，妈妈应该细心发掘。

在培养孩子创造力的过程中，妈妈需要注意以下两点。

（1）儿童创造力的培养需要物质基础

小孩的体力与心理都需要适当的营养。有了适当的营养，才能产

生高度的创造力,否则创造力就会被削弱,甚至夭折。没有这个基础做保障,儿童就不能有健康的身体,也不可能有健全的心理。正如古希腊哲学家亚里士多德所言:"健全的精神必寓于健全的肌体之中。"

孩子创造力的培养,无疑和智商是有关系的。可以说,智商是孩子创造力体现的前提,好的身体和优良的智商为培养创造力打好坚实的基础。孩子的智商是可以后天提升或增强的。根据近年不少研究显示,拒绝糖分、人造色素和高脂肪的食品,有助于提升智商。据新加坡《联合早报》引述在当地交流的加拿大脑外科医生拉加扁说,人类的智商是可以通过改变儿童的饮食习惯的方法增强的。在纽约小学饭堂实验中,美国科学家曾对纽约一万名资质普通的小学生进行研究,结果发现,当学校禁止饭堂售卖添加糖分的食物,并规定学生不准携带含糖分的食物上学后,学生的成绩显著进步。当研究员禁止学生进食含色素和高脂肪的食物后,学生成绩出现骄人进步。最近也有多国科学家发现,改变儿童饮食习惯后6个月,可以令他们的智商增加零至二十五点。

因此,妈妈在孩子日常的饮食营养上,要注意给孩子营养的食物,在选择食物上,以营养优先。可以参照权威的养生方法,可行的营养食谱或者其他妈妈介绍的经验,尝试着给你的孩子准备一份营养套餐。

(2)孩子创造力的培养需要因材施教

培养孩子的创造力要像园丁一样,首先要认识孩子,发现孩子的特点,像对待花儿一样,予以适宜的肥料、水分、太阳光,并根除害虫,这样它们才能欣欣向荣,否则不能免于枯萎。居里夫人有两个女儿:伊蕾娜·居里和艾芙·居里。居里夫人的家教观是:发掘女儿的某种天赋领域的创造力,而不是死记硬背书本上的死知识。早在女儿们牙牙学语时,居里夫人就开始对她俩的某种天赋进行发掘,她在笔记本上写道:"伊蕾娜在数学上聪颖,艾芙在音乐上早慧。"当女儿刚上小学,她就让她俩每天放学后在家里再参加1小时的智力活动,以便进一

步发掘其天赋才能。居里夫人觉得，伊蕾娜性格文静、专注，迷恋化学并立志要当科学家研究镭，这些正是科学家所具备的素质。而艾芙生性活泼，充满梦幻。居里夫人便先让她学医，然后再引导她研究镭，又激励她从事自然科学，可艾芙对科学不感兴趣。经多次观察，居里夫人发现艾芙的天赋是文艺。这种不断发掘孩子天赋的家教观念，指导着居里夫人通过成功的家教使女儿伊蕾娜·居里因"新放射性元素的合成"而获 1939 年诺贝尔化学奖，也使艾芙·居里成为一位优秀的音乐教育家和传记文学作家。因此，培养儿童创造力要注意选择正确的教育方法。

如今在孩子的兴趣培养上，很多家长很盲目，甚至有的妈妈希望自己孩子"十八般武艺"样样精通，好好的一个周末，钢琴、舞蹈、绘画排得满满的，且不说小小的孩子能不能受得了，起码妈妈应该知道孩子内心到底喜欢什么？

毫无疑问，孩子的创造力不是能逼出来的，这点妈妈要搞清楚。

创造力是一个孩子智力和能力的标志，是能否成才的重要因素。人的创造力的发展开始于婴幼儿期，幼儿期和学龄期是培养和发展孩子创造力的关键时期。此时奠定的基础可能会影响到人生发展的全过程。那么妈妈应该如何培养孩子的创造力呢？

（1）多带孩子到大自然中去

孩子都喜欢去公园或野外玩耍，大自然的奥秘会使他兴奋不已。妈妈应该多带孩子到大自然中去，多看看，多听听，为孩子创造力的开发奠定基础。作为妈妈，不仅应该认真地、科学地回答他的提问，还应该有意识地引导孩子去观察生活中那些容易被忽视的细节，培养孩子的观察力。因为只有认识事物，才能科学地创新。

（2）多和孩子进行对话，多给孩子讲故事

没有不爱听故事的孩子，父母可以挑选一些健康的漫画书、科技书讲给孩子听，引导孩子进入故事，这样他就会慢慢地对书产生兴

趣。从书中获得的各种知识，能让孩子的思维迅速发展，在与孩子说话时，要因势利导，抓住机会，就孩子感兴趣的话题展开对话，这样可以促使孩子启动思维，即兴表述生动的语言。在讲故事的时候，可以给孩子一个开放式的结尾，让孩子发挥自己的创造性思维，结合之前的故事情节，进行合理又有创造性的推断，从而完成故事。

（3）要善于引导孩子去发现问题、提出问题、思考问题

好奇是孩子的天性，喜欢问"为什么"，凡事都想弄个明白。这也是他探索知识奥秘的动力。好奇心愈强，想象力愈丰富，创造力就愈高。家长要引导孩子大胆去想，去发现问题，提出问题，允许他创造性地尝试。面对孩子的"为什么"，最好的方式是先问孩子自己的答案，让他有机会先思考，而不是被动地接收信息。妈妈可以针对孩子的回答继续提出新问题，借此来引导孩子发掘出更多的想法，并一步步地找到答案。孩子的无数个问号中就孕育着创造力的萌芽。

（4）让孩子多做力所能及的事

有的妈妈娇惯、溺爱孩子，怕添乱，不鼓励孩子动手做事。其实，家长应该相信孩子，让孩子动手做一些力所能及的事。给他"拆拆""装装""试试"的自由，即使孩子做错了，也要因势利导，使他不怕失败、勇于进取。鼓励孩子自己动手搞一些小发明，当孩子遇到困难时，要鼓励和启发他想办法克服和解决。在动手的过程中创造性思维也能得到很好的发展。

（5）学会欣赏孩子的每一次表现

孩子眼中的世界是极为精彩的，他们展现自己心灵世界的方式也是极为丰富的。妈妈要学会认真聆听孩子的心声，学会欣赏孩子的每一次表现。哪怕是一个小小的有创意的变化、一句新的词语、一首不成调的歌曲，妈妈都要真心地发出赞叹，鼓励他继续努力。受到肯定后，孩子会很开心，"创作"的灵感就一发而不可收了。

● 五、妈妈应教给孩子的 5 种品质

> 孩子从生下来，就开始受环境和周围人的影响，所谓近朱者赤，近墨者黑，孩子的一切包括品质都是从别人那儿学来的。他接触品质优秀的人就会变得优秀，接触品质低劣的人就会变得低劣。作为一位好妈妈，就要从小培养孩子的良好品质，提高孩子的道德水平，从而塑造孩子高尚的人格，为孩子的未来打造腾飞之翼。

1.勤劳

妈妈应该有意识地培养孩子勤劳的精神。记得老舍写过一篇文章叫《劳动最有滋味》，里面有一句话富有哲理：只要手脚不闲着，就不会走上绝路。细细品读的确如此。人来到这个世界上就要想办法生存下去，要想很好地生存下去就应该勤劳，只有勤劳的人才能有所成、有所得，为社会创造价值，同时获得相应的回报。

勤劳是一种品质，也是一种习惯，只有从小就养成勤劳的习惯才能终生受益。妈妈应该怎样教育孩子从小就学会勤劳呢？这需要在生活的点滴小事中展开锻炼。

（1）要教育孩子热爱和尊敬劳动者

不管是国家领导人还是商业精英以及清洁工人，他们都是劳动者，没有贵贱之分。让孩子认识各行各业劳动的社会价值，并从小立

志做个光荣的劳动者，为社会的发展贡献自己的力量。

（2）要教育孩子爱惜劳动果实

要让孩子知道他吃的、穿的、用的、玩的都是工人、农民等各行各业劳动者经过辛苦劳动创造的，因而要珍惜。家长应该要求孩子：吃饭不掉饭菜，珍惜粮食；随手关灯，低碳生活；节约用水，保护生命之源；爱护图书，重视知识；对家里的各种用品和自己的衣物鞋袜等要爱惜。要让孩子懂得这些用品、物件是经过许多人的劳动才制得的，不能随意浪费。听说有个孩子，他从小生活在南方，知道种水稻是非常辛苦的，所以很珍惜大米，哪怕是一粒米饭，但是对待小麦面做成的馒头态度就不一样了，因为他没见过小麦是怎样种植的，也体会不到麦农们的辛苦，所以不珍惜馒头或其他面食。对于这样的孩子，家长应该耐心给他讲解所有的粮食都来之不易，让他懂得珍惜一切劳动果实。

（3）要培养孩子的劳动习惯

劳动，不仅是为了让孩子掌握一些简单的劳动技能，更重要的是让他们从小就有劳动光荣、不劳而获可耻的观念和勤劳俭朴的品质。妈妈通过讲道理让孩子知道自己的事情自己做。同时妈妈要教孩子学会自己穿衣服，自己系鞋带，自己铺床叠被，自己吃饭，自己洗脸洗手，自己收拾整理玩具等。

有些妈妈可能会说：孩子还小不会做这些事情。不会做没关系，可以学，怕的就是不去做。妈妈要让孩子养成勤学习、勤锻炼的习惯，有了这股韧劲，什么事情都可以学得会。孩子每学一件事情，先由妈妈示范，然后让孩子在妈妈的指导下练习，直到孩子能够真正独立操作。

从孩子的成长规律来看，孩子在两三岁的时候就有了学习的能力，家长就可以教他做一些简单的事情，到五六岁的时候，孩子基本上可以做到日常生活自理了。自己的事情自己做，不仅能够培养孩子的勤劳观念，还能培养他们独立生活的能力，更能促进孩子独立性格

的形成和发展,这样孩子就可以及早摆脱对大人的过分依赖,成为一名独立的社会成员,为将来的发展奠定良好的品质基础。

有些父母认为自己是最爱孩子的,所以承包了家里的所有家务并毫无怨言,他们认为自己承担的越多对孩子的爱就越深。最后导致在蜜罐里长大的孩子连基本的家务劳动都不会做,并且不愿去做,使他成为别人眼中的"白痴"。

其实妈妈可以让孩子做些力所能及的家务劳动。例如,可让他帮忙提东西、拿肥皂、拖地板等;在开饭的时候可让他帮着搬凳子、摆碗筷,饭后可以让他帮助收拾碗筷;让他和自己一起打扫居室卫生,如扫地、擦桌椅等;让他帮助自己择菜、洗菜,给丝瓜、红薯削皮;指使他到超市买油盐酱醋等。做这些事情会让孩子感到十分快乐,他会觉得自己长大了,能帮爸爸妈妈做事情了。

妈妈带着孩子去参加公益劳动或者让孩子跟随集体一起参加公益劳动,都可以帮助孩子培养勤劳的品质。

点点是妈妈眼里的小懒虫,在家里什么活儿都不愿意帮妈妈干,由于习惯了,自己也认为自己挺懒的,他告诉外婆说他天生就是小懒虫,家里的人不能违背天意,这番话弄得外婆哭笑不得。

3月12日是植树节,学校组织6年级学生去某公园的土山上植树,点点也随着大家一同前往。在这次植树的过程中,点点的表现令老师同学刮目相看。由于点点力气很大,所有的活都干得很漂亮。无论刨坑还是搬树苗或者浇水他都是劳动健将。一天下来,点点成了植树集体中的劳模,老师还表扬了他,让同学们向他学习,做一个爱劳动的少先队员。点点劳动了一整天已经很累了,但听到这些表扬看到一排排整齐排列的树木心里美美的。

回到家里,妈妈看到点点疲惫的样子就赶忙问怎么了,点点简单地回答:"植树了"。妈妈不放心,赶紧给班主任老师打个电话,听班主任一说点点今天的表现,妈妈心里乐开了花,她眼中的小懒虫一下子高大起来。

点点看到自己变得勤劳可以给那么多人带来快乐，并且可以使自己变得如此有价值，于是心想：勤劳其实并不难。他暗暗下决心自己要通过行动摘掉小懒虫的帽子，所以在家里开始着手去做一些力所能及的事情。一段时间过后，他发现自己原来不是小懒虫而是一个小勤快。

如今社会上出现了一些啃老族，由于从小懒惰，不体谅父母，所以事事都要父母来替他们操办，他们逐渐成为父母的负担，社会的寄生虫。

王先生夫妇都在政府部门工作，儿子今年已17岁。儿子从小娇生惯养，母亲一味地满足孩子的一切要求，父亲因为工作忙，加上跟妻子关系不融洽，干脆不过问孩子的事，慢慢地儿子学习成绩下滑，结果没考上高中。儿子从小脑子很聪明，他觉得跟母亲要钱花比学习舒坦，就变着花样要钱，到了十二三岁的时候，母亲感到驾驭不了儿子了，如果她不给儿子钱，儿子就在自己的包里偷。孩子再大一些，不给钱，他就拿菜刀威胁。这时，父亲才察觉到问题的严重性，开始管教儿子，但儿子的许多坏习惯已很难纠正。因为孩子已经没有兴趣上高中，又不愿意学手艺或打工，更不懂得如何与人交往，因为怕吃苦也不愿去当兵，家长为这样的孩子愁白了头。可是他们是否应该反思一下自己呢，如果孩子很小的时候，他们就精心培养、科学管教，也许就不会有后来这样的麻烦发生。

还有一个例子，老张夫妇是农民，含辛茹苦把孩子养大，一心想让儿子上大学，结果没考上，只好下血本上了民办大学，孩子不争气，在学校三天打鱼两天晒网，成绩一塌糊涂。毕业时，由于三门课不及格没拿上毕业证。父亲求人帮忙，让儿子去一家企业上班，并为其娶妻，现在儿子儿媳已有了一双儿女，但是，他们独立生活能力差，吃饭靠父母，孩子学费、保险费靠父母，买房也靠父母。他们好像花父母的钱天经地义。

老两口后悔当初对孩子太溺爱，如今不仅指望不上孩子孝顺自

己,还得供养儿子和孙子,这就是溺爱孩子带来的后果。老妈妈满心懊悔地对朋友说:"都说养儿为防老,我却天天有烦恼,养而不教母之过,溺爱有加子不肖。"

由此看来,妈妈从小培养孩子勤劳的习惯是多么重要,这不仅关系到孩子的一生,而且关系到父母的老年是否能够幸福。

聪明的父母疼爱孩子但不溺爱,懂得养育孩子更懂得教育孩子,想着孩子眼下的生活更会想到孩子以后的生活,他们不会在迷迷糊糊的疼爱中葬送孩子的人生与未来。勤劳节俭是中华民族的传统美德,也是老一辈人的传家宝,作为父母一定要义不容辞地传给下一代。

2.感恩

在谈感恩之前先看一个小故事:

妈妈试探着向孩子讨冰激凌吃,孩子很舍得,将冰激凌伸到妈妈嘴边。"宝宝真大方! 妈妈不吃,你吃吧。"一次两次,妈妈屡试不爽,感到很满足。一天,家里来了位客人,妈妈让孩子拿东西给客人吃,孩子也大方地做了,没想到客人却真的吃了,孩子一下子哇哇大哭起来。

其实妈妈不要只是做做样子而已,这样会造成孩子的错觉。对于孩子有意识的、无意识的爱心之举,要及时给予肯定,孩子会从你的笑脸中获得满足感。对于孩子的肯定要注意技巧,评价中一定要将孩子具体的行为和行为带来的结果联系在一起。

为什么要说这个小故事,因为其实感恩就是一种心态,是一种生活态度,是一种精神境界,更是一个人的世界观。感恩,体现了人与人之间交往的准则,也是人与人之间凝聚力的内核。而眼下,感恩心

缺失已经成为当代青少年的致命的性格弱点,妈妈要教会孩子学会感恩,用感恩的眼光看待我们这个世界。

(1)妈妈应该教孩子学会感恩大自然

让孩子看到大自然的美丽,教育孩子要懂得保护环境。在节假日或者休息日,妈妈要经常带孩子到郊外走走,呼吸大自然的新鲜空气。在阳光明媚的春天看油菜花,挖野菜;在酷热难耐的夏天去海边游泳,抓螃蟹;在硕果累累的秋天带孩子去赏菊花,摘苹果;在雪花飞舞的冬天和孩子一起打雪仗,堆雪人。引导孩子在玩耍中感受大自然所赋予人们的快乐。告诉孩子如果没有阳光,就没有温暖的日子;如果没有阳光,就没有我们五彩斑斓、幸福的生活。让孩子知道应该感谢太阳,感谢空气,感谢大自然,感谢万物。

(2)妈妈应该教孩子感恩身边的人

当孩子走在清洁、干净的马路上的时候,可将清洁工人的事例讲给孩子听,让孩子对清洁工人心存感激,感谢他们给了自己美好的生活环境;当孩子觉得学习有进步时,要让孩子知道应该感谢老师的谆谆教诲,感谢同学、伙伴的热心帮助。无论孩子取得了什么样的荣誉,妈妈一定要帮孩子分析需要感谢的人,教育孩子让周围的人都来分享自己的快乐。

当孩子穿着漂亮的衣服,高兴地吃着麦当劳的时候,妈妈要让孩子知道工作的辛苦,让他知道赚钱有多么不容易……从日常的每一件小事中,让孩子逐渐学会感恩。

(3)妈妈要教孩子感恩长辈

妈妈应该告诉孩子,如果没有爷爷奶奶、姥姥姥爷就没有爸爸和妈妈,也就没有他,是他们含辛茹苦地抚养爸爸、妈妈成人,让孩子对爷爷、奶奶、姥姥、姥爷心存感激。当孩子从长辈手中接过新玩具、新衣服、好吃的食品或者礼物时,让孩子学会对长辈说一声"谢谢"……

妞妞现在3岁半,每当爸妈或是别人给她买来好吃的食品、好看的衣服,她都会欣喜地道谢。当然,如果她帮助了爸妈,如下班后,帮助妈妈拿脱鞋,妈妈也会对宝宝道谢,同时会教她说"不用谢"。

有一天中午下班后,妈妈买来了苹果,洗净后递给了孩子的奶奶和孩子。妞妞拿着苹果高兴地对妈妈说了声:"谢谢。"当时妈妈正忙于做饭,没有对她回应。这时,妞妞看着妈妈说:"妈妈还没有说'不用谢'呢!"看着孩子认真的神情,妈妈忙说了声:"妞妞,对不起,妈妈只顾忙着做饭,不用谢啊!"这时,妞妞看着妈妈说:"没关系!"边说边举起了苹果问妈妈:"妈妈吃不吃?"妈妈笑着摆摆手说:"谢谢你,妞妞,妈妈做饭呢,你吃吧!"

有的人可能会说:"自己的孩子,没有必要说礼貌用语!"其实不然,父母是孩子的第一任老师,孩子的模仿性很强,孩子的行为中往往能够折射出家长的言行。这一句看似简单的礼貌用语本意是让孩子通过"谢谢"学会感恩,通过"对不起"学会从心里表达对别人的歉意。

可以说,感恩是生活中最大的智慧。给孩子一颗感恩的心,孩子便会更加感激和怀念那些有恩于他们却不言回报的每一个人。妈妈要教会孩子懂得感恩,让孩子懂得珍爱生命、善待人生,学会尊重他人;妈妈要教会孩子懂得感恩,让孩子知道每个人都在享受着别人的付出给自己带来的快乐;妈妈要教会孩子懂得感恩,孩子从内心生出一份浓浓的幸福感,让他们的生活充满欢乐和阳光。

3.懂礼仪

一位妈妈好不容易把孩子培养成了学习上的佼佼者,唯一不足的是,孩子从小就不太注意礼仪。但是,这并不妨碍妈妈为他而自豪。

孩子从小就是个学习尖子，不仅考上了北京一所高校，而且在学校里自己补习英语，计划去国外留学。大学毕业的时候，孩子顺利地通过了托福考试和GMAT考试。

就在面试合格，各项手续也顺利办下来，只等签证就可以实现他的留学梦的时候，一件意外的事发生了！

那天，妈妈陪着孩子去办理签证，孩子的心情非常激动。当听到自己的名字的时候，孩子高兴地站了起来，站起来的同时，孩子不自觉地咳了一声，同时往墙角吐了一口痰。这个细小的动作被细心的秘书小姐看到了，秘书小姐走进办公室，在一位官员模样的人耳边轻声地说了几句话。

当孩子走进办公室的时候，那位官员对他说："对不起，我们很遗憾地通知您，您的成绩和能力虽然都非常优秀，但是，综合素质方面还有些欠缺，我们不能给您签证。"

"综合素质？"孩子有些意外。

官员说："是的，我们认为，一个人的成绩和能力虽然很重要，但是综合素质更加重要，它能体现出一个人的品质。我们非常注重这项考核，事实上，许多人都是因为综合素质考核通不过而得不到签证的。"

这位孩子有些沮丧地出来了，而妈妈这时已经明白，孩子之所以没有得到签证，是因为他刚才的行为太不文明了。

俗话说得好，"一个成功的男人背后，肯定有一位伟大的女人在支持着"。这里，我们也可以化用一下，"一个彬彬有礼的孩子背后，肯定少不了妈妈长期言传身教与引导"。孩子在礼仪方面表现很差，自然也有妈妈教育不当的责任。

孩子就像一本厚厚的书，礼仪则是这本书的首页，需要妈妈去认真阅读。妈妈是孩子的第一任老师，孩子礼仪的培养更得依靠妈妈平时的督导和榜样的表率。只要妈妈能够有心、留心，做好榜样和表率，一定会培养出懂礼仪的好孩子。

(1)让孩子知道什么是礼仪

当看到孩子有不礼貌行为时,大部分家长的反应是:训斥、批评,而没想过一个关键的问题,那就是自己的孩子根本就不知道礼貌是什么,什么行为是有礼貌的,什么行为又是没礼貌的。

一个三岁的男孩在被妈妈多次批评没礼貌之后,问妈妈:你老说我不懂礼貌,到底什么叫礼貌呀?至此,妈妈才醒悟,一个刚三岁的孩子对于抽象的礼貌是不理解的,因而也无法要求他有礼貌。要让孩子懂礼貌,第一步当然是告诉他什么是礼貌,为什么要讲礼貌。

妈妈可以有意识地在不同场合、根据不同对象教给他具体的做法。如对长辈说话时要使用"您",早上主动向认识的人问好;分别时要说"再见";请求别人帮助时要用"请",得到帮助后要说"谢谢";对长者不能称呼姓名或叫老头,而要称呼"老爷爷""老奶奶""叔叔""阿姨"等;别人工作时不去打扰;不随便打断别人的谈话;不任意插嘴;家里来了客人要有礼貌地回答客人的问话;到别人家里不随意动东西等。

(2)教好孩子3个方面的礼仪习惯

孩子的礼仪教育,应该从小培养,妈妈不可认为孩子小无所谓,树大自然直,这些想法都是错误的。孩子从小养成注重礼仪的好习惯,对他以后的成长是非常有利的。以下分别从日常生活、集体游戏和公共场合三个方面来说明。

①日常生活中

生活本身就是个大课堂,日常生活中的每一个细节都是培养孩子礼仪的好机会。生活中的你来我往是必不可少的,当有客人来访或到别人家做客时,妈妈可以在交往的过程中培养孩子的礼仪习惯。

孩子在日常交往中的一言一行也是儿童礼仪非常重要的部分。孩子卫生习惯的养成不仅是对自己负责,也是对别人的尊重。天气多变,孩子很容易感冒,感冒了容易咳嗽、流鼻涕,此时家长除了应告诉

孩子照顾好自己之外,还要告诉孩子咳嗽时要用手绢或纸巾捂住嘴,擤鼻涕时,先将纸巾对折,用纸巾掩住鼻子,擤出鼻涕,然后将纸巾丢进垃圾桶里。同时,妈妈还应告诉孩子如果他这样做了,可以避免别人感冒。

即使是在家里也要教孩子注意自己的行为,家长的言传身教此时显得很重要。当孩子进入父母的房间时,妈妈可以说:"宝贝儿,进入别人的房间要先轻轻敲门,不然人家可要生气了。"做个生气的表情之后,把孩子领到门外,轻轻敲敲门并问一句:"妈妈,我可以进来吗?"在示范之后让孩子再来一次,以后孩子就会知道怎样礼貌地进入别人的房间了。

②集体游戏中

集体游戏不仅可以教孩子怎样娱乐,更可以教孩子如何与别人相处。集体游戏因时间、地点和对象不断变换,对孩子的要求更高。在家长和老师的说教和示范下,让孩子明白在集体游戏时得体的应答、良好的行为、和平的相处是很重要的。在集体游戏中,孩子美德的培养得以实现,孩子的人际关系也得以拓展。

儿童娱乐场所或游乐园是孩子集体游戏、团体生活与社会交往的最主要也是最佳场所,在孩子刚刚接触的时候,常因不知如何处理这样那样的事情而采取不当的行为,以致产生行为或情绪上的偏差。试着让孩子为别人着想,相信孩子很快能学会与别人"打成一片"。小朋友看见别人玩游戏时,往往是忍不住想加入,这也是孩子的天性。当孩子和你说:"妈妈,我也想一起玩。"你就可以让孩子上前去问:"我可以和你们一起玩吗?"当得到其他小朋友的允许后,孩子们就可以一起玩了。记住如果没有得到允许千万别让孩子捣乱,可以让孩子自己玩。

③公共场合中

在公共场合接触的人很多,碰到的事也很多。在处理各种事情时,可以借机培养孩子的礼仪。

学前儿童处在学说话的关键期，妈妈应防止孩子在公共场合学说脏话。要让孩子意识到说脏话是一种不文明的行为。有些家长平时不注意，当孩子说出脏话后甚至觉得好玩有趣，这是绝对不可取的。一旦脏话在孩子的大脑中留下印记，纠正起来就会非常困难。在生活中，家长要培养孩子使用健康的语言，美的语言会使孩子终身受益。

（3）教给孩子4张礼仪"名片"

礼仪，是社交的一张名片。妈妈在平时要有意识地向孩子传达个人礼仪的重要性，可以从以下几个方面来培养孩子的礼仪。

①仪容仪表

妈妈要教育孩子保持仪容仪表的整洁，要求孩子每天把脸、脖子、手都洗得干干净净；勤剪指甲，勤洗头；早晚刷牙，饭后漱口，注意口腔卫生；经常洗澡，保证身体没有异味；衣着要干净、整洁、合体。

②行为举止

行为举止是一个人修养的直接表现。端庄、娴熟、优美、轻盈的举止，最能唤起人们的美感，反之，举止不得体，粗鲁而无礼，又最易引起人们的反感。有的孩子，在生活中，"站没站相，坐没坐相"，也的确很让人反感。如果自己的孩子也有这方面的习惯，妈妈一定要及时地纠正。

③表情神态

妈妈要教育孩子表现出对人的尊重、理解和善意的表情。在与人交往时要面带微笑，千万不要出现随便剔牙、掏耳、挖鼻、抓痒等不雅观的动作。要做到这方面，妈妈一定要注意观察孩子在与人交往时的表情和神态，如果有不正确的地方要及时提醒并说明理由。

④言谈措辞

孩子从牙牙学语，到终于可以喊爸爸、妈妈了，做父母的心里会是多么甜蜜。早在孩子还不能张口说话的时候，妈妈就应该有意识地给孩子灌输好的文明礼貌言语，也可以给孩子讲述一些优美的有启迪意义的短文或者故事，让孩子在幼小的心里就种下文明礼貌的词汇。

4.有责任心

在家里,亚亚总是对身边的家人呼来喝去,饭来张口、衣来伸手,不会做也不想做家务。在学校,他又表现得自私自利,独断专行,随地乱丢垃圾,不参加集体活动,对班集体漠不关心,更不会为集体做好事。老师跟亚亚的妈妈谈过很多次,亚亚的妈妈也总为这事犯愁:孩子的责任心哪里去了?

现在的孩子多为独生子女,孩子的生活条件越优越就越容易以自我为中心,缺少责任感。责任心不仅是一种心理品格,也是一种道德素质和能力要素。它作为一种重要的非智力因素,影响到儿童的学习和智力的开发,同时,它也是一个人以后能够立足于社会,事业成功、家庭幸福的至关重要的人格品质。因此,妈妈从小就应该培养孩子的责任心。一个拥有责任感的孩子,才会为实现目标而不懈努力,才会对人生的每一步慎重考虑,而不会对眼前的得失成败斤斤计较。

一个好妈妈,应该从以下两个方面培养孩子的责任心意识。

(1)承担责任

勇于担负责任是一个人最起码的品德,妈妈应该教会孩子承担自己的责任,只有这样才能在社会上立足,才能取得别人的信任。孩子从小就养成勇于承担责任的好习惯,这样才能在未来的竞争中赢得更多的机会。

妈妈还要教给孩子学会认清责任。要认清责任,就要知道自己能够做什么、应该如何做、怎样做才能做得更好。现在很多家长因为溺爱孩子,对孩子的所有事情都大包大揽,处处放纵孩子,不让孩子承担他们应尽的责任。这样使得孩子从小不能明确责任的观念,也不明

白身上应该承担什么样的责任。

作为一个明智的妈妈，应该让孩子认识到每个人在工作过程由于经验、能力、环境等因素犯错误是常见的，一旦出现了错误就要勇于承担导致的后果。勇敢地面对错误，不去寻求借口推卸责任，这样才能吸取教训，从失败中学习成长。

承担责任就是要对自己的承诺负责。说话算话，落地砸坑，让别人感觉到你有极强的责任心，只有这样才能建立起自己的威信，从而愿意与你共事。

（2）对自己的行为负责

妈妈是孩子最好的老师，妈妈的一言一行对孩子都有至关重要的影响，妈妈应首先对自己的言行负责，如果妈妈总不能实现自己的诺言，也就很难去教育孩子做一个有责任心的人。妈妈要让孩子懂得对自己的行为负责。

6岁的毛毛非常喜欢小狗，他看到别人家里养的小狗那么可爱就非常羡慕，于是嚷着让妈妈也买一只小狗，妈妈告诉他说："我工作太忙，没有时间照顾小狗。"毛毛满口应承说："每天由我来喂它，我还会为它洗澡。"于是妈妈为毛毛买来一只可爱的小黑狗，毛毛特别喜欢，每天按时为它喂食物，还隔三差五为小狗洗澡。

可是过了一段时间后，毛毛好像把小狗给忘了，妈妈也没有时间来照料小狗，所以小狗变得又脏又瘦。最后妈妈决定将小狗送人。这时，毛毛百思不得其解地问妈妈这是为什么。妈妈认为教育孩子的时机到了，于是告诉他：你曾答应妈妈照顾好小狗，可是后来你对它不管了，小狗脏了，你不给它洗澡，它饿了你不给它喂食物，小狗在家里是不是太可怜了？"毛毛这才意识到是自己的不负责任导致小狗又脏又瘦的。于是，毛毛在以后的日子里对小狗照顾得无微不至，小狗慢慢恢复了往日的活泼，妈妈再也没有提过把小狗送给别人。

妈妈一旦决定将某件事情交给孩子负责，就应该教育孩子要对自己的行为负责，而不能选择"不管"或"无所谓"的态度，不然就会使

孩子变得不负责任，使孩子缺乏责任心。

由于很多妈妈在孩子一出生的时候就开始对孩子进行全方位的干涉，这种干涉形成了一种习惯，在孩子需要自己为自己的事情做主的时候，仍然要在妈妈的管束下去做事情。正是妈妈的这种干涉让孩子面临的机会减少，让有的孩子的生存能力减弱，最终成为缺乏生活能力的问题孩子，这样的孩子不会对自己的人生负责，更不会对社会负责。

妈妈不可能陪伴孩子一辈子，所以应该尽快让孩子学会对人生负责。从小就让孩子尝试接触各种事物，培养他的独立能力。也许在刚开始的时候，他会感到害怕，会犯一些错误，即使这样也要让他坚持自己做。

妈妈要善于抓住孩子的心埋特点，根据孩子的个性因材施教，并尽量多鼓励孩子。孩子掌握知识和发展人格的过程就像一个人从镜子里看自己，孩子会把别人对他的评价当做一面镜子，然后按镜子里面的自己去规划自己的人生。如果妈妈总是漠视孩子的积极性，他就会放弃努力。而妈妈的鼓励会让孩子充满信心，孩子的自信大多是在妈妈的鼓励中培养的。

许多妈妈把孩子当成自己的一部分，希望孩子的一切都在自己的掌握中，总认为自己的决定是对孩子负责，这样的妈妈忽视了孩子的自主意识和对自己负责的责任感，不仅会使孩子反感，而且得不到预期的培养效果。所以妈妈不要把孩子看得太紧，要让孩子慢慢去做一些力所能及的事情，并学会为自己所做的事情负责任，这对孩子的成长很重要。妈妈教育孩子时应该民主一些，不要一味反对孩子的不同观点，因为孩子有了自己的想法说明他不再完全依赖妈妈，而是学会了用自己的大脑来思考问题。孩子自己的选择可能会使他在成长的道路上摔跤，但这并不是坏事，因为孩子的自立能力就是在一次次的尝试中提高的。

教育学家陶行知说："我要儿子自立立人，我自己就得自立立人。

我要儿子自助助人,我自己就要自助助人。"同样,妈妈要培养子女的责任感、事业心,妈妈首先要有强烈的责任感、事业心,并且从小锻炼孩子独立做事的能力,逐步教导孩子自己的事情自己做。在做事情之前提出要求,鼓励孩子认真完成。居里夫人曾对自己的女儿说:"你们长大以后,要自己去谋事业。我只留给你们精神财富,决不给你们留下财产。"在居里夫人的影响下,她的女儿最终成了著名的科学家。

孩子的好奇心都比较强,什么事都想去摸摸、去试试,但是他的随意性也很强,做事总是虎头蛇尾。所以,交给孩子做的事情,哪怕是很小的事情,妈妈也要检查、督促以及对结果做出评价,以便培养孩子认真负责的好习惯。

孩子总是缺乏耐心的,因此要孩子坚持做好一件事情是对孩子的一项挑战。要想让孩子成为一个对人对事负责的人,就必须培养孩子的耐心。心理学家提出了"等一下再享受"的原则来培养孩子的责任感,例如轮流玩的儿童游戏,孩子让玩伴先玩儿,自己等到最后去玩儿,一定能够享受到没有人催促的乐趣;放学回家后要先完成作业再去看电视,让孩子学会忍耐,先面对需要解决的问题,事后享受的快乐才会更大。

当孩子通过努力取得一定成绩的时候,妈妈要给予积极肯定。因为妈妈的表扬和肯定会让孩子体验到成功的喜悦,树立他的自信心,增强其成功感和责任感,使孩子明白自己能做很多事,自己应该做很多事,并且能做得很好。

5.有主见

《伊索寓言》中有一个父子赶驴的寓言故事:

父子二人赶驴到集市去,途中听人说:"看那两个傻瓜,他们本可

以舒舒服服地骑驴，却自己走路。"于是，老头儿让儿子骑驴，自己走路。又遇到有人说："这儿子真是不孝，让老子走路，他骑驴。"

当老头儿骑上驴，让儿子牵着走时，又遇到有人说："这老头儿身体也不错呀，却让儿子累着。"老头儿只好让两人一起骑驴，没想到又有人说："看看两个懒骨头，快把可怜的驴压垮了。"

老头儿与儿子只好选择抬着驴走这一招了，没想到过桥时，驴一挣扎，掉进河中淹死了。

这则流传已两千多年的寓言，提醒我们必须要有主见，不要被别人的意见所左右。中国父母教育孩子用得最多的两个字是"听话"，"听话"两字的背后就是不要有主见，做一个受他人左右的木偶。孩子的心智还不成熟，对人与事没有准确的认知，理应听从老师和父母的教导，但是，从小灌输的"听话"教育，却很容易造成孩子缺乏主见、盲从权威的性格弱点。在国外，凡事听话的孩子是被当做心理上有问题的孩子看待的，而国内却把听话的孩子看做是成功教育的范本。

亮亮5岁，无论在幼儿园还是邻里间，大家都夸他是个乖巧、听话的好孩子。在家里，大人让他做什么，他就做什么，让他怎么做，他就怎么做，表现得十分听话；和小朋友一起玩时，小亮也总是按别人的意愿做事，顺从别人的领导，很少有自己的想法。

不过最近，小亮妈妈从幼儿园了解到小亮有个缺点：当老师教了一种解题的方法时，他就不再尝试其他的方法。这让小亮妈妈非常担心。

诚然，孩子听话、乖巧可以省却父母许多力气，而且不用操心他在外面和小朋友闹矛盾。但如果孩子表现得过于顺从，凡事没有主见，总是模仿别人，就不是一种好现象了。这对孩子今后个性的健康发展是不利的。

妈妈可能觉得，有主见的孩子往往很固执，其实这是好事。商界成功人士李开复说，孩子是家庭的一员，更是社会的一员。家长管不了孩子一辈子，孩子早晚都得脱离父母的视线，自己对自己负责。所

以,与其事事监管周到,不如早早就让孩子树立这样的意识。

孩子缺乏主见的原因主要有:孩子天生喜欢模仿,容易盲从;家长、教师本来就是孩子心目中的权威,再加上有些妈妈和教师习惯于替孩子设想一切,所以容易造成孩子唯命是从、不敢去做甚至不敢去想违背家长的事情;有些妈妈因为工作忙,和孩子之间缺乏必要的沟通,不理解孩子,长久下去,必然造成孩子不健康的心理。

为了培养孩子有主见的性格,妈妈不妨试试下面两个方法:

(1)要让孩子做主

日常的"小事"由孩子自己去安排,如过生日需要请哪些小朋友、到商店买什么样的衣服、选择什么玩具等。在"大事"上也要给孩子提供参与的机会,如房间的布置,可以和孩子一起商量筹划设计方案,鼓励孩子提出自己的建议,如果可行,则尽量采纳其建议,让孩子的主见得到肯定。

(2)教会孩子说"不"

如果要使孩子有主见,必须破除孩子对权威的迷信。妈妈一定要告诉孩子,无论大人还是孩子,都有可能出错。孩子如果意识到这一点,就不会盲从别人了,逐渐会变得有主见。可以和孩子一起玩"说不"的游戏,妈妈有意出错,让孩子挑出自己错误的地方,比如妈妈说:"桌子、椅子、床头柜、毛巾被都是可以用的东西,都是家具。"孩子会说:"不对,毛巾被是可用的东西,但不是家具。"

Part 2 做一个好妈妈,
帮孩子改掉坏毛病

生活中,孩子有时会有一些小毛病,比如霸道、无礼、懒惰、撒谎等,这时候妈妈就要注意了,问题虽小,但也要严加管教,防微杜渐,否则这些小毛病会变成大问题。好妈妈知道怎么样帮孩子改掉这些坏毛病,但不是靠打骂训斥等方法来压制恐吓孩子,那样不仅达不到帮助孩子改掉毛病的初衷,甚至会适得其反。

一、塑造好品德，不容忽视的小毛病

现代家庭，孩子都是家中的"小皇帝""小公主"，要怎样，就怎样，时常被惯着。所以，形成了他们很多"小毛病"，比如：傲慢无礼，任性而为，不理人，玩起来粗野等。对于这些问题，妈妈可不能忽视，一定要用时间、精力、智慧、技巧和耐心去纠正它，但一定不能使用暴力，不能伤害孩子。好妈妈首先要做一个好榜样，也许，一句"你好"，一声"谢谢"，都将成为孩子懂礼貌的起点。

1.爱抱怨、爱挑剔

丁丁是一个爱抱怨、爱挑剔的孩子。每次刚刚坐在汽车座椅里他就抱怨："怎么还不到啊？"之后，他会每隔两分钟就重复一遍这句话。他还喜欢到厨房里面看一看，视察晚餐的食谱，然后感叹："怎么又吃讨厌的菠菜啊？"公平地讲，丁丁是一个心思细腻、头脑缜密的孩子，他的抱怨也是因为他喜欢开动脑筋和观察别人忽略的细节。

对此，丁丁妈妈却有一套自己的教育方法。她总是表现出很愿意听孩子意见的样子，引导自己的宝贝儿子说出他的期望值是什么，这样她才有做思想工作的充分准备。

妈妈知道，对于这个头脑清楚的小人儿，不能糊弄他，因为那是在侮辱他的智商，而且会加重他今后的猜疑。所以妈妈不能骗他说那

不是菠菜而是西兰花，而是直接告诉他："今天就是吃菠菜鸡蛋，不过饭后有好吃的冰激凌。"对于这个喜欢在汽车后座上"装领导"的小家伙，妈妈也总是马上告诉他："我们路上需要 7 个小时，不过旅途中间我们可以下来散散步。"妈妈将实际的情况告诉给了孩子，而丁丁在事实面前抱怨自然就会少了。

挑剔的孩子通常在某些地方被压抑或者信息受到封闭，因为很多事情不是他能够决定的。所以，妈妈应该尝试给孩子一些决定自己事情的机会。例如，案例中的丁丁妈妈，旅行时会给孩子介绍哪些 CD 适于长途旅行，而具体听哪盘由孩子决定，或者带着他一起买菜，一起商量一份大家都满意的菜谱。事后，妈妈还会询问他决定一件事情的原因，以此来了解他的想法。

记住，每当孩子抱怨的时候，妈妈一定要了解他到底在想什么，这是解决问题的关键。

有的孩子很喜欢抱怨，怨言的内容五花八门，很多妈妈不知所措。比如，孩子在下雨天可能没完没了地抱怨"什么事都做不成了"，或者"我为什么不能看完这个节目再睡觉呢"，其中的挑剔、牢骚和找碴儿都是显而易见的。对孩子的这些毛病，妈妈不应该一味地迁就、纵容，助长其发展，而要对其进行及时的引导教育。

抱怨、挑剔就像是长在人身上的一个毒瘤，必须拔掉。孩子对自己的抱怨和挑剔可能并不自知，需要妈妈帮助他克服。

妈妈可能都听说过这样一个故事：

从前，有个小男孩脾气很坏。

一天，妈妈给了他一大包钉子，要求他每发一次脾气都必须用铁锤在他家后院的栅栏上钉一个钉子。

小男孩共在栅栏上钉了十七个钉子。过了几个星期，由于学会控制自己的情绪，他每天在栅栏上钉钉子的次数越来越少，并且发现控制自己的脾气要比在栅栏上钉钉子容易多了……最后，他终于变得不爱发脾气了。

小男孩把自己的转变告诉了妈妈，他妈妈建议说："如果你能坚持一整天不发脾气，就从栅栏上拔下一个钉子。"

经过一段时间后，小男孩拔掉了栅栏上所有的钉子。

妈妈拉着他的手来到栅栏边，说："儿子，你做得很好，但是，你看看那些钉子在栅栏上留下那么多的小孔，栅栏再也不会是原来的样子了。当你向别人抱怨、发脾气，你的言语就像这些小孔一样，会留在人们的心中，同时还会留下疤痕。你这样做就好比用刀子刺向某人的身体，然后再拔出来。"

这是一位成功的妈妈，她用独特的方式告诉孩子不当行为造成的危害程度有多大。实际上，面对一个不容易自我控制情绪、容易心理失衡、喜欢挑剔的孩子，妈妈要做的事情首先应该是表示理解，不是对其不闻不问，然后才是去了解形成这种习惯的成因。

作为妈妈，有责任帮助自己的孩子走出抱怨的陷阱，当听到自己的孩子又在挑剔别人时，妈妈可以顺着孩子的意思往下说，然后在下结论时检讨。在某些情况下还可以让他们自己来下结论。例如，孩子抱怨衣服洗得不够干净，那么就不要再为他们服务，让他们亲自动手体会"说比做容易"。

那么，具体来说，妈妈要怎样教育爱抱怨、爱挑剔的孩子呢？

（1）让孩子坚持写感恩日记

妈妈可以给孩子买一本漂亮的日记本用来写感恩日记。让孩子每天花 15 分钟列出一天当中所有的积极的事情。首先，你的孩子可能无法想出任何积极的事情来写，愁眉不展地说："今天什么好事也没发生"。你可能需要为他打打气，告诉他说，我们的每一天都有很多简单的、小小的快乐：阳光灿烂，微风习习，特别的甜点，作业得了好分数，好朋友来电话，收音机里听到了一首好歌，午餐时候和好朋友坐在一起，等等。

妈妈要让孩子天天体会这些事情。如果孩子拒绝写这样的感恩日记，你可以设立一个小小的奖励制度来促使他开始。你可以为他订

出一个每天需要写的感恩事件的数字目标，如果达到目标就奖励他。一旦孩子开始寻找感恩的事情，他看世界的方式就会改变。

（2）教育孩子向别人伸出援助之手

社区服务是一个很好的用来打破孩子悲观主义性格的好方法，因为它将孩子放置在一个清楚地给予别人而不是从别人那里获得的角色里。而且你的孩子会看到，自己所抱怨的事与别人的无家可归或是被迫坐在轮椅上相比，是多么的微不足道。

妈妈可以调查一下所在的社区，帮助孩子选择一个适合他的活动，将注意力放在那些需要直接面对面的互动活动上，比如，到医院去慰问小病人，到附近的幼儿园帮忙跟小朋友做游戏，或帮较小的孩子补习功课。寻找那些较有指导性计划的活动，那样你的孩子就不会因为不知道该怎样做而感觉为难。帮助别人会激发孩子的社交自信和建立成功的互动基础，从而使孩子愿意在与同龄人相处的过程中展现自我，这些活动也可以成为孩子与同学之间交谈的话题。如果这样的服务成为孩子生活中重要的一部分，他甚至会愿意邀请某个同学一起参加。

（3）给家庭成员的礼物

要保证孩子给家庭成员送礼物的机会。无私的妈妈会说："噢，我的孩子不用给我送礼物。"这其实是剥夺了孩子经历给予的快乐的机会。要让家里3岁以上的孩子在生日、母亲节、父亲节等节日赠送礼物成为家庭的礼节。礼物不必是精致或昂贵的，但是一定要你的孩子自己来选或制作。家里自制的礼物常常是最好的。让孩子自己画一张画或用包装纸制作一个卡通人物，都是好主意。孩子的礼物本身不重要，礼物所包含的"我想着你"的情感才是最重要的。

（4）学会享受幽默

上小学的孩子很喜欢幽默，即使他们有时并不能真正理解一些

幽默,但他们喜欢说笑话本身。妈妈可以到书店或图书馆找一些适合孩子的笑话和幽默故事来跟孩子一起读,然后让孩子试着讲给别人听。培养对幽默的兴趣和学会讲一些笑话,是让孩子学会积极地与别人相处的好方法。

(5)多倾听孩子的心声

不管孩子抱怨什么,都不要"一棍子打死",倾听是很好的沟通方式。倾听有时比你在口头上 100 次敷衍式的夸奖都来得有意义。设身处地地换位思考,站在孩子的角度想一想这种抱怨是不是有道理的。但这并不意味着你也参与到抱怨的行列中去。如果是那样的话,我想妈妈首先要自我反省一下了。

(6)表明态度,以身作则

告诉孩子自己对其抱怨的看法和意见,表明抱怨对事情本身的解决是没有任何意义的,而且爱抱怨的人是不受欢迎的。在一段时期内,如 10 天内,天天挑剔孩子。例如:"看看你的语文成绩,虽然得了 95 分,可是我觉得你的作文还是写得太差了!尤其这一段,太糟糕了。"接下来的 10 天,每天给他鼓励,让孩子在两种态度的对比反差中理解挑剔别人的坏处。妈妈也还可以把孩子常常抱怨、挑剔的话用醒目的颜色写在很多小纸条上,贴在他的卧室和洗手间里,提醒他注意改正自己的坏毛病。

(7)和孩子一起多探讨

爱挑剔的孩子虽然总是批评别人的缺点,其实妈妈应该很清楚,孩子的内心可能受了什么委屈或伤害,因此试着和孩子沟通找出问题的症结会比指责他更有意义。例如和孩子讨论一下"你喜欢的老师是什么样的"诸如此类的问题。在这个过程中告诉孩子"金无足赤,人无完人""包容""理解"的道理。

2.自私自利

有人说"自私是人的天性"，这话可能失之偏颇，但小孩子容易有自私意识这一点却是确定无疑的。

下面是一位母亲含泪的叙述：

那是在夏天的一个正午，天特别热，孩子吵闹着要吃西瓜。我赶快到菜市场去给他买。当我顶着烈日、满头大汗地拎着西瓜走进家门时，孩子就冲我嚷嚷："妈，你怎么这么慢啊？我都渴死了！"我赶忙走进厨房，洗净后切开西瓜，下意识地尝尝西瓜甜不甜。这时候，我突然听见孩子那刀子一样的吼声："谁让你先吃啊，你赶快给我吐出来！"我目瞪口呆地站着，简直不相信这些话出自我一直疼爱的孩子之口，不免泪水盈眶。孩子可能发现我哭了，接着说："算了，这次我原谅你，下一次可不允许你这样了啊！"他的语调俨然成年人般不容分说，我心如针扎，没想到孩子会这样对待我，也不知道他怎么会说出这样的话？

这种现象在生活中或许已不值得惊奇，首先我们来了解孩子为什么会变得自私？产生自私的原因，一方面是儿童有天生的利己倾向。其实对于3岁之前的宝贝来说，他们是没有"德性"的，无所谓"性本善"或者"性本恶"，他们的特点就是站在自己的角度观察和认识世界，还不会观察和考虑别人的需要，因此对于3岁以前的宝宝，妈妈大可不必给孩子扣上"自私"这顶帽子；另一方面，自私的形成也是父母在儿童成长过程中的错误教育所造成的。现在的孩子大多是独生子女，生活条件优越，特别是祖辈和父母众星捧月的态度，助长了孩子的独占欲，强化了他们以自我为中心的意识。父母总怕孩子受一点苦、受一点委屈，对孩子过分的需求总是有求必应，容忍、迁就孩子的

错误,这样使孩子很自大,不关心他人利益。于是,孩子从无意识的"自私"行为慢慢变成了有意识的自私。主要表现为金钱和财物上吝啬、贪婪。别人的东西拿得越多越好,自己的东西就不愿与人分享;只在乎自己想要做的事情,而无视他人的感受。

作为妈妈,从孩子很小的时候就应该有意识地做一些引导。

(1)帮助孩子树立正确的物质观念

让孩子养成热爱劳动的好习惯,可以给他分配一些力所能及的事情做。不要什么事情都大包大揽。让孩子从劳动中找寻快乐,体会父母的艰辛。家长可以在做家务活的时候,让孩子与自己一起干活,比如扫扫地,擦擦桌椅,倒倒垃圾等。在吃东西的时候,要培养孩子为别人着想的习惯,有好东西,一定要与别人分享。可把东西分为几份,一份给妈妈,一份给爸爸,如果家中还有其他长辈,也要想到。不可让孩子一人吃独食,不懂得关心别人。

(2)不给孩子特殊待遇

不要让孩子有与众不同的心理,尽量避免给孩子特殊待遇。不能无条件地满足孩子的需求,而要让他知道自己与别人是一样的,没有任何不同的地方。这样可避免孩子养成"以自我为中心"的性格。一旦孩子提出不合理的要求,做家长的要坚决予以拒绝,不可心软。如有朋友来家做客,要让孩子学会如何招待客人。吃东西时,不要只顾自己,把好吃的都据为己有,对不好吃的东西挑挑拣拣。许多小朋友在一起玩耍时,要教孩子将自己的玩具拿出来与别人同享,不要只想玩别人的,却不愿拿出自己的。

(3)培养孩子尊老敬老的习惯

要让孩子学会体谅长辈、关心长辈。有好东西时应首先想到比自己年长的父辈、祖辈。受到别人的帮助时要懂得感激,要向别人道谢。看见行动不便的人时,不要嘲笑,而应主动上前帮忙,让别人感到快

乐，也从中体会助人的乐趣。孩子小时就要培养他的独立生活能力，让他充分体会到生活的艰辛。父母不要包办代替，要让孩子学会自己穿衣、吃饭，帮助家长做些家务活，养成爱劳动的好习惯。这样，长大后孩子才会为自己的家庭与社会多作贡献。妈妈可带孩子主动帮助周围的孤寡老人，这些训练可让孩子养成尊老敬老的好习惯，还能培养孩子的独立生活能力以及为人处世的能力。

（4）在游戏中让孩子克服自私自利的毛病

可与孩子一同玩游戏，用表演的方式来教育孩子克服自私自利的毛病。比如，给家中的成员分配不同的角色，然后策划一个人与他人之间互相帮助的剧情，让孩子通过游戏的方式懂得怎样关爱别人，怎样与人相处的道理。游戏可涉及父母对孩子无私的关爱、老师怎样教育小朋友、服务人员对待顾客、医生对待病人等。孩子会从这些游戏中了解社会的各个层面，懂得关心他人，改掉自私自利的坏毛病。

（5）鼓励孩子关心帮助他人

在能够帮助别人的情况下，而别人又有事相求的时候，家长可以教孩子如何帮助别人解决困难。也可带孩子参加一些募捐活动，当然要在经济条件许可的范围内进行。孩子会通过实际活动与父母的思想启发认识问题，具有良好的助人为乐精神。放弃溺爱是使孩子摆脱自私自利性格的前提。

另外，妈妈自己的言传身教也非常重要。妈妈的言行是孩子最基本和最现实的榜样。妈妈在平时的言行中，表现出对他人不幸的同情、对同事困难的帮助，对社会热心、关心的态度，会感染孩子，使他也慢慢学会去关爱他人。妈妈一定要记住：自私只能造就自私的孩子，别指望他替别人着想。

3.花钱如流水

杰克从小花钱就没有计划也不节约,一切随着性子来,想怎么消费就怎么消费。转眼间,杰克上大学了,妈妈为了限制杰克花钱的无度,跟他约定每月的1号给他寄500美元的生活费。

然而,多年的习惯不是那么容易就能改掉的,杰克照旧花钱如流水,毫不节制。有时,他跟朋友出去到餐馆或娱乐场所挥霍,请一次客就能把一个月的生活费都花光。所以,每月不到15号,杰克就囊中羞涩了。

每当杰克身无分文时,就会立刻打电话给妈妈,要求妈妈提前寄下个月的生活费过来。妈妈总是心疼儿子,容忍了孩子的错误行为。这也使杰克更加肆无忌惮,他花钱无度的毛病也越来越严重了。

这天,杰克又出现"金融危机"了,他联络妈妈说:"妈妈,我饿坏了。"若是以往,妈妈隔天就会寄钱过来。然而,这次杰克没有看到汇款,他收到了来自妈妈的简短回复:"小孩子,饿着吧。"

接下来的日子就难熬了。杰克想尽办法节衣缩食、精打细算,对每一美分都做好计划安排。然而,事情也确实很奇妙,身上只剩20美分的杰克居然撑了足足半个多月。体验到吃苦受罪滋味的杰克,学会了有计划地花钱。

以后的每个月,杰克居然还能省下100美元存起来。这样,杰克的生活变得丰富也有意义了。杰克用这些钱买了自己喜欢的书、唱片。他的大学生活,也因为学会了勤俭节约而比以前过得更加充实了。

现如今,随着人民生活水平的提高,家庭生活条件也越来越优越,很多孩子生长在这种环境中,没经受过苦难,不知道父辈的艰难,

更不懂得珍惜劳动成果。不少孩子花钱如流水,生活奢侈,经常谈论谁家阔气、有汽车、有大房子等。某个同学刚穿了一件新衣服,没几天不少同学也换上了这种新装。而且穿要进口,戴要名牌,"耐克""阿迪达斯"已成为许多中小学生的行头。儿童电子宠物,开始只有少数孩子玩,现在许多孩子都有。孩子们认为,不管花多少钱,别人有的我也要买,我不能比别人低。

通常在美国,孩子从3岁开始便学习赚钱、花钱、借钱,如何依法纳税、如何分财产。中国现行的中小学教育体制中,理财教育却依然是一个盲点,怎么让孩子从小学会花钱,已经成为摆在中国父母面前的一个大问题。

著名科学家钱三强和著名核物理学家何泽慧夫妇,不仅在学术上认真严谨,在对待子女的教育问题上也同样认真,他们尤为强调爸爸妈妈自身的行为、榜样对子女品性和习惯的影响。

由于夫妇双方都是杰出的科学家,家中各方面条件和待遇相对较为优越。钱三强夫妇非常担心孩子们会因为爸爸、妈妈和家庭环境的关系,变得铺张浪费、大肆挥霍、注重攀比和奢侈,从而忽略了俭朴的品质。因此,钱三强夫妇首先从自我做起,希望能够给孩子做个好榜样。他们从不追求生活上的豪华和奢侈,夫人何泽慧总是穿着自己的"老三样":晴天一双平底布鞋,阴天一双解放球鞋,雨天一双绿胶鞋。她的一条咖啡色的头巾,已经洗得发白了。钱三强的生活就更俭朴了,他总是说:"衣服嘛,能穿就行;东西嘛,能用就行。"

爸爸妈妈身体力行,孩子们看在眼里,耳濡目染,自然也就养成了好习惯。钱三强家中的三个孩子,没有一个讲究吃穿、讲究派头,他们待人谦虚、礼貌,从来不和他人攀比。上学的时候和其他孩子一样坐公共汽车,穿和同学们一样的校服,不会靠着父亲和母亲的关系搞什么"特殊化"。他们衣着朴素,吃喝简单,在为"人"和为"学"上,都成为同龄人中的佼佼者。

就这样,俭朴、平实的爸爸妈妈,造就了朴素、真诚的孩子,钱三

强一家成为同事、朋友争相夸赞的对象,当时还有很多朋友向钱三强夫妇讨教"教子经"呢。

妈妈在教育孩子的过程中,务必也要教会孩子如何花钱和节约用钱。要想让孩子真正会管钱用钱,不乱花钱,妈妈还要注意引导和控制。

(1)教孩子学会储蓄

在孩子成长过程中设一个储钱罐,鼓励他把钱存到家庭银行,并让他懂得,这个银行不会把他的钱拿走,而是为他保存起来,并且还会使他的钱不断增加,或者也可以以他的名义在银行开个账号,让他保存自己的存折。这样,有利于孩子养成节约积蓄的良好习惯。

(2)给孩子的零用钱数目不要太大,且相对固定

告诉他这些零用钱该花在什么方面,怎么花。如果孩子把当月的零用钱提前花完,又来向你伸手,你不妨先问明情由,再决定给不给、给多少,并相应减少下月的零用钱。这并非要爸爸妈妈小里小气、小题大做,而是要培养孩子节制自己的习惯。自然,孩子真正需要的额外开支,爸爸妈妈理应尽量予以满足。

建议妈妈每周每月给孩子的零用钱数额要固定,如果超出这个数额的消费,就要以借的形式给予,不但要还,还要有"利息"。要让孩子每天"记账",自己的零用钱有多少,其中用于吃喝和买文具的有多少,用于"人情消费"有多少。不仅仅是简单的数量记录,还要让孩子自己分析,自己的消费是否合理,各方面比例如何、值不值得,一些无谓的"人情消费"如果节省下来,可以做多少对自己更有利的投资……长此以往,正确的金钱和消费观念也就自动形成了。

(3)妈妈要多进行疏导

给了孩子钱,切忌对孩子用钱放手不管,哪怕是1分钱,也要争取让孩子用得恰到好处。

首先,要向孩子讲明给钱的原因,启发孩子管好钱,用好钱,不随便乱花钱,增强当个"小主人"的光荣感和责任感。

其次,要买什么东西,事先要向大人说清楚,不能浪费。

再次,孩子要有一定的自主权。对孩子的学习用品和损坏别人东西赔偿所用的钱,以及帮助他人方面的支出,尽量由孩子自己决定。

最后,一旦发现孩子花了不该花的钱,千万不能动辄打骂,或停止给钱。这样会挫伤孩子的自尊心。此时,既要指明孩子在用钱方面的过错,又要鼓励孩子自立、自爱、自信,养成勤俭节约的好习惯。

(4)帮助孩子记好账,做好计划

对每次给孩子的钱,妈妈要帮助孩子在事先准备的记账本上记好。如积攒多了,孩子不便保管时,可单独存入银行,或家长代为保管。对孩子开支的每一笔款,也要帮助记好,并做好长远计划。

这样长久下去,不但能培养孩子正确的金钱观念和消费观念,而且能使孩子充分体会到生活的乐趣,提高孩子的消费能力。

4.任性

婷婷今年九岁,从小是父母的掌上明珠。孩子乖巧的时候,着实惹人喜爱,能歌善舞,表达力强,在家里,爸爸妈妈、爷爷奶奶、姥姥姥爷都争着疼她。婷婷呢,也很争气,凡事只要大人说过一遍,就都能记住,而且做得特别好。比方说倒尿盆这件事情,因为妈妈告诉过她,自己的事情要自己干,所以每天早晨起床后,倒尿盆都是婷婷自己完成的。

可是婷婷有一个挺大的问题——太任性。什么事情都得依着她,不如她的意,她就会发脾气,哭闹,谁说都不管用。爸爸妈妈为此伤透了脑筋。尽管他们一再告诫孩子"你下次再也不许重犯了",可不愉快

的事情还是发生了：这天清早，妈妈急着要上班，就匆匆忙忙把婷婷的尿盆倒掉了。这还了得？婷婷立刻不干了，大哭着说："你为什么要倒尿盆？这是我的事情！"脾气越发越大，没完没了，妈妈眼看着上班要迟到了，那也不行！最后还得是大人让步——哭得一抽一噎的婷婷，拿着尿盆走进厕所，从抽水马桶里舀回"该自己倒的"尿，重新倒一遍，才算完事！

妈妈非常生气，可是又没办法，因为不这样做，婷婷会一直哭闹下去，妈妈担心她的身体受不了。同时，妈妈还担心宝贝女儿这样的脾气，将来上学很难跟同学、老师相处。

其实任性的孩子，在家长眼里都是相似的：为达到目的，哭闹不止，把家长搞得精疲力尽。有的家长打骂，不起作用；有的家长听之任之，孩子仍不罢休。

孩子的任性确实让家长头痛，面对任性的孩子，家长们往往按捺不住自己的冲动，劈头盖脑地一顿打骂，简单处理这令人尴尬的局面。但是过了几天，孩子的任性依然如故。那么，对孩子任性该怎么办呢？

根据国外的一些行为科学家的研究，如下一些方法可供妈妈选用。

（1）提示在先

任何儿童的行为都可以找到一些基本的规律，多数异常情况都发生在有特殊需求时。掌握了孩子任性的规律后，用事先"约法三章"的办法来预防孩子任性的发作。

如孩子上街总是哭闹着让父母抱，可在出门之前就与孩子说好："今天上街不要妈妈抱，你自己走，实在累了，可以休息一会儿再走，不然就不再带你出去了。"并且，一般先约定好买什么东西，而不是孩子要什么就随便买什么。

（2）冷处理

飞飞家里最多的就是玩具，但是每次逛街还是会带回一件新玩

具,便宜的十几元,贵的几百元。有的亲戚问飞飞妈妈,怎么买那么多玩具,有些新玩具刚拆了包装就放着成摆设了。每次面对这个问题,飞飞妈妈就无奈地摇头。"每次只要我一拒绝买玩具,他就哭啊,闹啊,在地上打滚,要多难看就有多难看,我除了答应也没有其他办法。"

其实妈妈在孩子任性的时候切不可像飞飞妈妈这样;孩子的任性就是家长一次次满足他的不合理欲望,一次次强化而巩固下来的。既然如此,你就绝不能再强化他的任性,而要采取冷处理法。像飞飞的情况,他就是知道妈妈怕他哭闹,所以才变本加厉,当家长不为所动,不劝说,不责骂,不焦急,他也就没办法了。这就是冷处理。当孩子由于要求没有得到满足而发脾气或打滚撒泼时,妈妈不要去理睬他,不要在孩子面前表露出心疼、怜悯或迁就,更不能和他讨价还价。完全可以采取躲避的方法,暂时离开他。当无人理睬时,孩子自己会感到无趣而做出让步,这种"冷处理"的方法往往比较有效。

（3）转移注意力

这种方法适用于年龄较小的孩子，父母可以利用孩子注意力易分散、易被新鲜的东西吸引的心理特点,把孩子的注意力从其坚持的事情上转移到其他有趣的物品或事情上。比如逛商场时,孩子看到一样玩具就要买,你就把他的注意力转移到别的地方去,你可以说"那边在表演好看的节目,我们快去看一下"或"你看小朋友笑你了",但不可骗孩子,要真的带他到另外热闹的地方看看。

（4）适当惩罚和奖励

对于年龄小的孩子,只靠正面教育是不够的,适当惩罚也是一种极为有效的教育手段。

如孩子任性不好好吃饭,父母不用多费唇舌,过了吃饭时间就把食物全部收走。不用担心饿坏孩子,一顿两顿不吃对孩子的生长发育不会有影响。在行为干预过程中,对孩子表现比较好的方面,进行适

当的奖励,如拥抱、口头表扬、物质奖励等,但需要注意的是物质奖励不要过多、过大,否则很快就会失效。

(5)了解孩子的心理需求

东东5岁了,平时很听话。可是,用她妈妈的话来说,就是那天不知发了什么疯,直闹到了午夜,才在极度疲倦中睡了过去。

那天,东东约了一个幼儿园的小朋友到家里玩。东东拿出自己所有的玩具来招待小朋友,两个孩子玩得挺愉快。游戏即将结束时,那个小朋友忽然从包里取出一辆遥控小汽车,小汽车顶上亮着个红灯,闪啊闪的。

"给我玩,给我玩。"东东开心得不得了,"我玩一下。"

"好,就玩一下,"小朋友倒也大方,"玩一下我就要回家吃饭了。"

东东好奇地拿起小汽车,上上下下地翻看了一番,然后用遥控器指挥着它,在房间里绕起了圈子。绕了两圈,小朋友就把车收回包里,坚决地要回家了。东东留不住小朋友,只好任由他离去。

"妈妈,我要小汽车。"小朋友走后,东东向妈妈提出了要求,"我也要小汽车。"

"好,"东东妈满口答应下来,"明天去买,今天商店关门了。"

"不,我要小汽车,我现在就要。"东东坐到地上,哭闹起来。

"你这孩子,怎么这么不听话。"东东妈急了,一把拉起东东,"都答应你了,你还想怎样。"

"我要小汽车!"

"唉,这孩子怎么变得这么任性?!"东东妈悄悄地叹口气,"快去睡吧,明天就买。"

然而,东东却一直没有安静下来。反反复复地重复着那句话:"我要小汽车。"东东妈被东东的任性气得没办法,如果现在能够买到,东东妈宁可立即买给她,也不愿她这样闹个没完。但现实情况是商店早就关门了。

妈妈应该知道,东东的任性,并不是不讲道理的胡闹,而是她有

着一种强烈的心理需求。随着生理发育,孩子开始逐渐接触更多的事物。他们对这些事物的正确与否,不可能像成人那样进行瞻前顾后的分析,再做出判断,而是仅凭着自己的情绪与兴趣来参与,尽管有的事物往往是对他们不宜、不利,或者是有害的。

而家长多以成人的思维去考虑孩子参与的结果，完全忽略了孩子参与的情绪和兴趣。实际上,这种情绪和兴趣,就是孩子很想接触更多新事物的心理需求。东东仅觉得那小汽车有个闪亮的灯,好奇那个灯为什么会闪亮而已。当这种心理需求得不到安抚时,她就与妈妈作对,以哭来抗议,不达到目的绝不罢休。

面对这种情况,妈妈切不可简单地以孩子任性来对待。只要妈妈了解孩子的心理需求,并认同这种需求,给予足够的重视——例如,文中的东东妈,就完全可以和孩子聊聊那辆小汽车,聊聊车上的小红灯,并和孩子一起想象明天买、玩小汽车的情景,相信解决孩子的任性并非难事。

5.磨蹭、拖拉

小猛从小就有做事磨蹭的毛病。妈妈对此很烦恼,但还是想到了一个好办法。

这天早晨,小猛照样是慢吞吞地起床、穿衣服,妈妈没有像往常一样催促他,而是由他不急不忙地整理书包、擦皮鞋,还"忙里偷闲"地看几眼"奥特曼"图书……结果当然是迟到,被老师批评了一通。

放学回到家后,小猛很难过。这时,妈妈才告诉他:"平时不迟到是因为有爸爸、妈妈在替你着急,催着你加油。现在,你长大了,要学会做事加快节奏,安排好时间,如果磨蹭习惯不改,不只是挨老师的批评,还会造成更严重后果。"后来,无论做什么事,妈妈都不会催促

小猛了。果然,在吃了几次苦头之后,小猛的行动快捷了。

生活中,像小猛一样喜欢磨蹭的孩子不在少数。面对孩子磨磨蹭蹭的行为,妈妈千万不能不闻不问、掉以轻心,但是,也不要表现出急躁情绪,急于求成。保持一种平和的心态,运用正确的方法引导孩子,对症下药,才能根本解决问题。

(1)有些磨蹭不是孩子主观造成的

文文妈每天早上都要为女儿闹心,因为文文穿衣和洗漱的速度太慢,文文妈上班的地点较远,早上时间很紧张,看到磨蹭的女儿自然气不打一处来,没少当面数落孩子磨磨蹭蹭的习惯。

如今的孩子大多是独生子女,过着"饭来张口,衣来伸手"的生活,缺乏独立做事的能力,这时妈妈应逐步培养孩子的生活自理能力,改掉孩子因为过分依赖他人、自理能力不强造成的磨蹭的毛病。

(2)因注意力不集中造成的拖拉

亮亮吃饭时,只要听到客厅外有任何动静,就会放下饭碗去看个究竟;画画时,一听到电视里动画片的声音,就会丢下画了一半的画,跑去看电视,留下半拉子画磨蹭着不肯马上画好。

不是所有的磨蹭都是故意的,孩子的注意力容易分散,做妈妈的应尽量给孩子提供安静的环境,排除与当时孩子所做的事情无关的因素,使孩子能集中注意力,加快速度,慢慢养成做事麻利的好习惯。

(3)孩子的磨蹭是因为有抵触情绪

妈妈安排芊芊洗完澡后练钢琴,芊芊光是洗澡就花了很长的时间,洗完澡后磨磨蹭蹭不肯练琴,让妈妈非常生气。

拖延有时是孩子独立的宣言。对于6~8岁的孩子来说,喜欢按照自己的方式来做事,故意不按父母吩咐的去做,以此表明自己的独立、能干。妈妈要经常和孩子沟通,了解孩子的各种想法,消除其抵触情绪。

（4）缺乏合理的时间计划

星期天早上，小刚正在玩玩具，妈妈让他整理房间，小刚磨蹭了很久才干完。午饭后，小刚一直在看电视，等到写作业的时候已经很疲倦了，边写作业边打瞌睡。

妈妈应该意识到，孩子没有成人那种"一寸光阴一寸金"的概念，经常有懒散、懈怠或者拖拉的现象发生，这就需要做妈妈的能够观察孩子，了解孩子，想出切实可行的办法帮助孩子树立遵守时间、珍惜时间的良好习惯，以便积极应对学习和生活上的挑战。

比如，孩子放学后，可能回来就急匆匆地去打开电视机或者是书包一扔就找小伙伴去疯玩。这时候，妈妈应该合理指导孩子安排时间。可以要求孩子先把老师留的作业做完，然后再吃饭。吃完饭后，再预习一下明天要学的内容。预习完功课，离睡觉还有很长一段时间。当然，这段时间可以让孩子自己选择，看看电视，读读漫画书都是很不错的选择。

（5）性格原因所致

生活中的确有一种孩子，仿佛就是天生的慢性子，做什么事都不紧不慢。秀秀就是这样一个孩子，这样的习惯也确实让她吃了不少亏。比如考试的时候，答题速度太慢，结果还没有答完全部内容，就到交卷时间了。为此，秀秀的父母没少唠叨、数落孩子，可是孩子依然如故。

对这种天生慢性子的孩子，妈妈应该先让孩子树立起竞争的意识，让孩子多和小朋友竞赛，只有当孩子理解了速度快慢的差别，孩子才会主动改变。

一位妈妈曾这样写道：

儿子平时做事慢慢腾腾，从儿子上幼儿园起，我就有意识诱导他的竞争心理，让他经常和小伙伴展开竞赛：比速度、比勇敢、比仔细等，让孩子在竞争中逐步认识到自己的能力，养成敏锐捕捉信息并做

出反应的思考力和行动力。在家更是如此——

"儿子,看看咱俩谁穿衣服穿得快?"

"儿子,咱们全家来个大比赛,今天谁吃饭吃得最慢谁就洗碗,好不好?"

现在,儿子不但适应了这种学校和家庭的生活节奏,也慢慢养成了做事讲效率的好习惯。

有时,适当增加生活的紧张气息,不但能够使孩子养成做事讲效率的好习惯,而且对孩子日后的成长和独立精神的形成也有着很重要的作用。

6.说谎

4岁的小建不小心摔坏了妈妈刚买给他的玩具电话。他很害怕,不知道怎么办,便把电话藏在床底下。妈妈扫地时发现了,生气地质问小建。

妈妈:"你的电话拿到哪里去了?"

小建:"收起来了。"

妈妈:"你怎么不玩呢?吵着要买,怎么买了又不玩呢?"

小建:"我忘记放在哪里了。"

妈妈:"去找来,给我看看。"

小建:"可能是隔壁小华拿去了。"

妈妈:"真的是他拿去了吗?你刚才还说是收起来了。是不是弄坏了,不敢让我知道?"

小建:"没有,真的是他拿去了。"

妈妈火冒三丈:"还想耍赖啊!弄坏了不说,还敢骗我。告诉你不能说谎,还要说,这么小就会骗人,以后还得了!"

于是,愤怒的妈妈狠狠打了小建一顿,小建大哭起来。

其实,这场争执是不必要的。如果妈妈换一种口吻和孩子说话,情况就会不同了。"我看到你的电话给摔破了。""好可惜,才刚买,又没玩多久。""如果小心点,不弄坏它,你还可以打电话玩呢!"此时,孩子的担心和顾虑就会减少许多,他就会比较主动地反省自己的过失了。

妈妈在教育孩子的过程中,能够明确且坦诚地指出孩子的错误,不拐弯抹角,对孩子会更有帮助。孩子知道他闯的祸可以告诉妈妈,因为妈妈了解他。同时也知道以后要更加小心保管玩具。如果妈妈一定要逼孩子认错,以让他"铭记在心",孩子为了保护自尊,只能用说谎来自卫。可以说,是妈妈给孩子制造了说谎机会,逼他踏入说谎的陷阱。

一般来说,在 4 岁以前,儿童把父母是否高兴作为衡量自己行为对与错的标准。比如:孩子把碗打碎了,认为妈妈一定会生气。这时他就会说:是猫把碗打碎的。这个年龄阶段的孩子意识不到自己说谎是不对的。

然而,对于 6~7 岁的儿童,如果家长没有注意到孩子是因怕家长生气而不承认自己的错误行为,也没从道理上使其明白行为的性质和界限,也没做必要的、耐心的纠正,孩子的说谎行为就会慢慢固定下来,形成习惯,学会用说谎的行为来逃避责任。

当发现自己孩子"说谎",妈妈肯定会很懊恼和难以接受。因为在妈妈的认知里,说谎就是"坏孩子"的具体表现。通常孩子到了三四岁左右,就会有爱说谎的行为发生,这也是孩子发展过程中的特有现象。然而,年幼孩子说谎的动机,并不如成人想象的那样,说谎对年幼的孩子来说只是在编造一个故事、一个梦想,或为了达成心中的愿望而夸大自己的言词,事实上并非在说谎,妈妈应懂得分辨孩子说谎的性质和动机。

但是,随着孩子生活范围的不断扩大和所接触的人与事物越来越多,生活经验也越来越丰富,对于周围环境的"事实"与"想象"就比较容易区分清楚。也就是说,当孩子五六岁时,便逐渐学会辨别想象

与现实的不同。

造成孩子说谎的原因是多种多样的。当孩子进入学龄儿童阶段，父母若发现孩子有说谎的意图，那么做父母的则有必要先了解原因，并找出问题的症结，以避免孩子养成说谎的习惯。一般来说，会导致孩子说谎是多方面的原因，但归纳起来，孩子的谎言不外乎有以下三种：

(1)敌意性的谎言

例如，有一个小孩子觉得妈妈比较疼爱他的妹妹，于是就故意做一些坏事，再告诉妈妈是妹妹做的，希望妹妹被责罚，像这类的就是敌意性的谎言。

(2)防卫性的谎言

比如小孩考试考不好，讲出来怕会被打，于是就骗父母成绩单还没发，然后自己在成绩单上签名；或者自己不小心打破玻璃杯，害怕被责骂而找一些理由或推托是别人弄破的，这都是防卫性的谎言，通常孩子在闯祸或做错事情以后，不仅担心受罚且内心充满压力，以致心理产生恐惧而诱发他说谎，这也是孩子说谎的最大原因之一。

(3)补偿性的谎言

有的小孩会因为羡慕同学带新玩具、小汽车到学校，所以就跟大家说："我妈妈要去美国帮我买很多的洋娃娃，比你们的还要好。"有时候孩子也会为了争取同伴的好感，常常自我夸张，这些都属于补偿性的谎言。

在了解了这些原因以后，妈妈应该知道，其实孩子欺骗他人的行为往往不是目的，反而是说谎的背后，可能藏着一颗恐惧或希望受到重视的心。所以一旦小孩子说了谎，妈妈必须先冷静地面对他说谎的事实，然后客观的处理，千万别把情绪加诸在孩子身上，这会造成孩子在幼小的心灵上受到伤害。

建议妈妈在处理孩子的说谎行为时，注意下列几点：

首先要了解孩子的心理特点。孩子的大部分谎言来自他们内心的想象、愿望、游戏和无知，偶尔也会因为想要为自己辩解或是引起别人的注意，这些都和我们成人世界所谓的"谎言"有本质上的区别，还上升不到道德的层面。

其次妈妈还要清楚：孩子的智力水平、知识水平比较低，所以经常造成他们"无意识说谎"（他们并不知道自己在说谎），这种说谎现象，随着年龄的增长和孩子的记忆力、想象力、辨别力、分析能力的发展，会自然消失。

当妈妈发现孩子说了谎，请保持冷静，第一时间辨析一下，孩子说的是哪种类型的谎话，想象谎话、愿望谎话、游戏谎话、无知谎话、友情谎话、辩解谎话、虚荣心谎话、方便谎话、吸引注意力谎话、复仇谎话、隐瞒谎话、欺骗谎话，还是其他？上述例子中小建撒谎，其实就是一种隐瞒性的谎话，小建把弄坏的玩具藏起来，就是害怕妈妈发现，害怕被妈妈数落。

妈妈在充分理解、认识、分析孩子谎话的基础上，找到孩子说谎真正的原因，再确定解决、引导的方法。注意，粗暴地指责、打骂或者强制孩子认错等方式，只会加重孩子为了躲避责罚而说谎的可能性。当然，另一种极端的做法，也可能会加大孩子说谎的可能性，那就是溺爱、娇纵、包庇、袒护孩子。

对于有意识说谎、以欺骗为目的谎言，妈妈要冷静地帮孩子分析这样做的危害性。直接告诉他这种不良的行为，会失去别人的信任，会失去朋友，同时鼓励孩子，相信孩子能够改正。

总之，为了避免孩子因说谎而对其造成身心不良的影响，妈妈应多留意孩子的言行举止。如发现有异常时，不要先给予责骂或惩罚，反而应了解其原因与动机，再予以说服、改正。其次，对孩子的要求、期望要合理，免得孩子因为达不到自己的要求而只好蒙骗、说谎。提醒妈妈平时就得花一些心思关注孩子的行为、在学校的种种情况或与人互动

是否正常,尽到确实的关心与了解,才不会给孩子有机会说谎。

当然,妈妈是孩子最好的榜样。虽然没有一个妈妈会故意去教孩子说假话,即使经常说谎的妈妈也并不喜欢自己的孩子说谎,但有的妈妈为了哄孩子听话,经常用一些假话来骗他,或者是家长经常对别人说假话,孩子耳闻目睹,就会慢慢学会说假话。因此,为了让孩子养成好习惯,家长首先要严格要求自己,不说谎话。

7.偷窃

小熙上三年级了,他一向是父母眼中的乖宝宝,可最近发生的事却让妈妈耿耿于怀。

那天,妈妈发现自己放在桌上的 10 元钱没了。一转身,正看到儿子躲躲闪闪地向外走。妈妈追上他,看到他手里紧紧攥着 10 元钱。妈妈狠狠打了他一顿,后来竟然发现,小熙养成了偷钱的习惯。一次,妈妈拿钱包想出去买东西,却发现少了 50 元钱。家里没有别人来过,难道是儿子拿的?

小熙放学后,妈妈试着问了一下:"你拿了妈妈的钱去买了什么?"他愣了一下,害怕地说:"和同学去网吧打了一会儿游戏。剩下买了点吃的,还剩 10 元钱。"

妈妈既生气又震惊,就把事情告诉了爸爸,爸爸狠狠地揍了他一顿。看着眼泪汪汪的孩子,妈妈非常心疼,搂着他规劝道:"小小年纪,怎么能偷窃呢?长大了可怎么得了?"

小熙羞愧极了,他抽噎着表示不敢了。可是,没多久,妈妈又发现家里的钱少了。

面对孩子的"偷窃",家长采取的措施常常是非打即骂,收效却甚微。此时,妈妈应该保持冷静,认真分析孩子偷窃的原因和心理动机,

不要一概定性为"恶习"。

孩子在成长过程中或多或少都会出现拿别人的东西。9岁的小勇表现一直很优秀，但暑假期间发生过两次偷窃别人东西的行为。父母几次逼问都没有问出来，最后家长在家把东西找出来，小勇才肯说实话。但他从来不拿别人的钱，学习成绩比较优秀，也很懂事，知礼节。家长很担心孩子是否会继续偷窃。

当妈妈发现孩子有偷窃的行为时，姑且不论偷窃物品价值多寡，当务之急是必须让孩子了解这种行为是家人所不允许的，而且也不允许同样的事件再次发生。妈妈处理这方面的问题，可以参考下面几种方法。

（1）以平静、沉稳的态度来面对

当妈妈发现自己的孩子犯下这等"滔天大罪"时，很难保持平日和蔼可亲、冷静理智的态度。可是在父母盛怒、大吼大叫下，孩子可能会以谎话来掩饰自己的"罪行"，或是在你无意的言语谴责下，产生浓浓的罪恶感，认为自己是天下最坏、最不可原谅的孩子。其实不管是前者或后者，对整件事一点助益都没有，还不如以关怀、了解的态度来处理整件事。

譬如，妈妈发现皮包里少了 100 元，而且已经确定是孩子自作主张拿了这笔钱，请不要问："你是不是从妈妈的皮包里拿了 100 元？"因为你用这种问法，孩子的直觉反应大多是否认，而妈妈在知道孩子撒谎时，心中的愤怒更如火上加油。其实问题是出在妈妈的问法上，这会让孩子有"罪加一等"的感觉。所以，你可以试着用另外一种方式来沟通，例如："我知道你从妈妈的皮包里拿了 100 元，或许你真的很需要这笔钱来买你心爱的东西，但我希望，你想买什么东西之前，先与我商量一下好吗？"

在处理这种问题时，妈妈必须先确定孩子是否有偷窃的行为，最忌讳的就是自己当法官，判定孩子有"犯罪的嫌疑"；但也不要有鸵鸟心态，认为孩子长大之后，这种问题会自动消失，因为这等于是在姑

息养奸。

（2）发掘问题行为的症结

妈妈在发现孩子有偷窃行为时，要探索孩子问题行为的可能症结，判断孩子的偷窃行为是否为下列的其中一项：

①没有足够的零用钱去购买其他同学都有的东西。

②寻求父母的注意与关爱。

③认知发展尚未成熟，不知道自己的行为不当。

④追求"问题行为是否会被识破"的刺激感。

⑤模仿他人的问题行为的结果。

在确知问题的症结之后，妈妈要针对问题，提出适合的解决方案。实际上，由于偷窃有很多原因。不同年龄段的孩子偷东西的原因各有不同，所以教导方法也要因人而异。

幼儿园的孩子拿东西很可能是因为他不知道，也没有意识到这些东西要花钱来买，不懂得不付钱、不打招呼就随便拿东西是错误的。他们还没有分清楚"自己的"与"非自己的"的概念，道德的概念还没有完全形成，只是原始意义的"恋物"而已。所以当妈妈发现孩子偷拿东西的时候，一定要严厉地警告孩子。虽然此时的拿还算不上真正意义上的"偷"，但是妈妈应该通过这件事设法让孩子意识到偷窃是错误的。告诉他："如果你没有经过同意或没有付钱就把东西拿走，就会给别人造成损害。别人会很伤心。"

如果孩子从超市悄悄带出了糖果，妈妈要带着孩子把糖果还回去。如果他已经把糖果吃了，一定要把孩子带到超市，让他向店主道歉，并替他还钱。再次带他去超市时，就要多注意他的行为，看看他是否又将喜爱的东西放进了自己的口袋。

在付款时，对孩子说："每一件东西都有价钱，妈妈只有把钱给收款的阿姨，这些东西才能属于我们。"让宝宝注意到你付款的细节。也可以让宝宝拿一件小东西，在收款台前让宝宝自己付款，加深宝宝买东西要付款的印象。小孩子对于父母嘱咐的事情常常一转脸就抛到

九霄云外去了，下次他可能还会犯同样的错误。这时，家长的吼叫、责骂都不是解决问题的办法，妈妈必须反复和宝宝讲道理，让他明白这种事情的危害性，他才会逐渐改进。如果宝宝的表现良好，妈妈则可以在房间里为他贴上一枚小星星以示表扬和鼓励。

上小学的孩子已经知道偷东西是错的，但是他缺乏足够的自制能力。如果孩子回家后，书包中藏有朋友的手表，那很可能是未经朋友允许私自拿回家的。家长应该在了解实际情况后，用换位思考的方法，让他想一想如果那位朋友偷拿了他的心爱之物，他会有什么反应。妈妈应该根据孩子偷东西的具体原因对症下药。或给他讲道理，或满足他的正当需要，或多给他一些关爱，或鼓励他多与人交往等。但无论采取什么样的措施，都不能默然处之；也不能因为爱面子，怕孩子的举动会引起别人的误解，教给孩子如何隐瞒；更不能采取赞赏纵容的态度，使孩子心安理得甚至沾沾自喜，这样都会助长孩子的占有欲，使孩子养成贪小便宜的坏习惯，将来就有可能发展到去偷窃。

十四五岁的孩子当然就更加明白偷盗是错误的，但是他们还是存在着侥幸心理偷东西。这多半是因为他们自私自利，缺乏正义感造成的。他们觉得偷东西"实惠"，轻而易举就能得到自己想要的东西。他们乐意把自己的享乐建立在他人的痛苦之上，或者是根本就想不到他人受到的损害。有的孩子偷东西仅仅是因看到朋友中有人偷东西得逞，自己也想试试。有的孩子则是因为反叛心理在作怪，他想通过偷窃来报复大人，反叛这个世界。

另外一些因素也是促使孩子偷窃的主要原因。比如，家庭环境不好，缺乏父母关爱，学业压力重，内心紧张，朋友少，得不到老师的重视等都会影响他们的情绪，使他们采取过激行为，以激起人们的关注。还有一小部分孩子偷东西其实是一种病态。患有多动症的孩子由于学习成绩不好，上课爱做小动作，课外又是"调皮蛋"，容易受到老师、家长及同学过多的责怪，甚至引起同学的歧视和排斥，久而久之，不仅多动、注意力不集中的症状未能改变，还会出现其他的异常行为，

如说谎、逃学,甚至偷窃。对于这种孩子一定要及时看医生,给予正确合理的治疗。

(3)让孩子学会为自己的行为负责

这是最不可或缺的一个程序。当孩子有不良行为时,妈妈不是要忙着帮他开脱,而是要教导他如何面对问题,并且自食苦果。最常用的方法是要求孩子赔偿,或是归还所有偷窃的物品,如果赔偿与归还行为在某些情境下无法实行,至少要以取消孩子的某些权益来作为惩罚。例如一个星期不准看卡通影片等,都可以给孩子一次难忘的教训。

(4)孩子也有自尊,多与孩子交流

如果因为一次偷窃行为,妈妈就带着有色眼镜去看待孩子,孩子以后有心事是绝不会再对妈妈说的。有些自尊心强的孩子怕妈妈旧事重提,也怕自己想到那不光彩的"往事",所以他们只有逃避和家长的接触,对爸妈万般防备,以免他们窥见自己的心声,自己有了困惑和麻烦也不会和父母商量,而是另找其他途径解决,这对于他们的成长是不利的,对于妈妈与孩子沟通也是不利的。

所以,妈妈应当把孩子偷窃的行为当做他们需要我们帮助的信号,应该做的是反问自己对孩子关心得够不够,或者对于他们是否过于严厉,缺乏商量的余地,使他们在需要钱的时候却不敢向自己开口。对于大多数孩子而言,偶然发生偷窃行为并不算是什么恶习,也不构成犯罪。妈妈要重视孩子的偷窃行为,但也不要简单地将这一行为归结为孩子道德败坏,这样反而会给他们造成心理负担,使他们或者变本加厉,破罐子破摔,或者变得唯唯诺诺,在人前抬不起头来。

●二、为了好身体,改掉不良的生活习惯

有这样一个孩子,从小受父母的娇惯,像生长在温室里的花一样,备受关怀。孩子想要什么,爸妈就给什么,生怕孩子不开心。随着孩子的一天天长大,孩子有了自己的思想。到了上小学的年龄,孩子学习很认真,也很有进取心,不断地刷新学习成绩,可孩子的要求也越来越多。当看到别的孩子在吃炸鸡的时候,孩子一定跟着买,当别的孩子在吃冰激凌,孩子也一定会效仿。平时的食物,爱吃的顿顿不离,不爱吃的,一口不吃。日复一日,年复一年,孩子渐渐养成了挑食、偏食的毛病,而这些不良的饮食习惯,会造成孩子的营养失衡,影响其生长发育,危害身体健康,应该引起妈妈的高度关注。

1.孩子偏食

曾有一份对 8 个国家、2880 名母亲进行的关于孩子是否挑食的调查,结果显示:全球平均有 57%的母亲认为自己的孩子有挑食的毛病。在中国,也有近一半的小孩存在不同程度的挑食行为。调查表明,一般孩子最挑食的年龄是 1 岁左右到三四岁。有的小孩拒绝吃固体食物,每天只喝一瓶牛奶;有的小孩长到 10 岁,依然非常挑食。

专家说,挑食、偏食不仅会使孩子营养失衡,留下健康隐患,还会

影响他们的智力发育。一项针对 12 至 33 个月大婴儿的调查表明,不挑食小孩的智能发育指数是 110 点,而挑食小孩只有 96 点。据了解,婴儿断奶以后,味觉细胞就已发育完全,这时妈妈应该注意及时给孩子喂各种味道的食品,使孩子获得味蕾感受并逐渐适应各种味道的刺激,这样才能有助于避免形成偏食或挑食的坏习惯。

不少妈妈习惯于每次吃东西时问孩子:"你喜欢吃这个吗?""你喜欢吃什么呀?"这些问题容易给孩子制造挑食的机会,是不必要的。有的孩子可能从来就不喜欢吃蔬菜,只吃红烧肉,无肉不欢;有的孩子可能不吃胡萝卜,一闻见胡萝卜就恶心,就不好好吃饭了;有的孩子只喝可乐,一暑假能喝 20 箱可乐;有的孩子从小只爱吃麦当劳的巨无霸、薯条,不爱吃米饭,等等。

妈妈须知,人体健康成长需要六种营养素:蛋白质、脂肪、碳水化合物、维生素、矿物质和水。这些营养素存在于某一类或几类食物中,只有保持均衡的膳食,才能保证营养摄入的全面与平衡。挑食容易使某些营养素摄入不足,从而导致营养不良,体质虚弱,抵抗力差,容易患病,甚至影响孩子的生长发育。

儿童挑食、偏食的问题目前越来越严重,原因诸多,但根源还是在家庭,尤其是妈妈本身的行为对孩子的影响最大,主要表现在以下五个方面:

(1)受妈妈饮食偏好的影响

如果妈妈自己挑剔食物或在孩子面前说苦瓜苦,辣椒辣等,并做出拒绝的表情时,孩子很有可能被潜移默化,也拒绝这类食物。妈妈不喜欢吃某些食物,比如猪肝,餐桌上就很少见猪肝,孩子便很少有机会尝试这些食物,间接地造成孩子的偏食和挑食。

(2)日常饮食比较单调

如果妈妈的烹饪技术不是很好,日常的菜肴日复一日地重复,单调又难入口,恐怕连成人都提不起食欲,更别说孩子了。因此,如果妈

妈不注意烹饪方法，不注意色、香、味、形等，也很容易使孩子形成挑食和偏食的习惯。

（3）妈妈过度宠爱

现代家庭，父母对孩子的饮食要求有求必应，从而使孩子的口味要求越来越高，专挑自己喜欢的东西吃。喂饭也是过度溺爱的一种表现，很多儿童四五岁了，自己不会吃饭需要妈妈喂。实际上，孩子自己动手吃饭是一种享受，看到餐桌色香味俱全的饭菜，不仅引起食欲，也使孩子产生自己动手的欲望。同时，家人津津有味地用餐的氛围对孩子也是一种诱导。学习吃饭还可以锻炼孩子手部的精细动作。如果长期喂饭容易让孩子失去了吃饭的兴趣。因此，在孩子一岁左右时，妈妈就应该培养他自己吃饭的习惯。

（4）不愉快的进食经历

如果孩子曾经吃过某种食物后肚子痛或者在父母的训斥下被迫进食某种食物，孩子可能会拒绝这类食物。在发生不愉快的事情或生气时，人体的大脑皮层管理吃饭的部位发生抑制，人就会立即失去食欲。因此，进食时要保持愉快的气氛，父母要用赞赏食物的口吻引导孩子去尝试食物。孩子刚开始吃芹菜、韭菜、苦瓜、菠菜等味道有些特别的食物时，可能会拒绝。妈妈不要喋喋不休地哄孩子吃，或者一定要孩子吃他不喜欢的食物。因为这样反而会让孩子对食物产生逆反心理。孩子吃饭时，妈妈对其挑食或偏食不予理会，只要将食物放在他碗里，同时家长自己津津有味地进食，示范给孩子看，那么他也许就比较容易吃下去了。在孩子有改进时，要及时给予表扬和鼓励。

（5）借吃饭控制父母

有些孩子知道父母很在乎自己是否进食，很关注自己吃了多少。因此常利用挑食或偏食来要挟、控制父母，以达到某种目的。例如：你要买什么给我，我才肯吃。

孩子挑食或偏食并不是一朝一夕养成的,妈妈一定要分析原因,有针对性地进行预防与纠正。妈妈应该做到:

(1)安排孩子合理膳食

一日三餐怎么吃?这是困扰很多家长的问题。孩子正处于长身体阶段,合理膳食最关键。例如,应坚持每天吃早餐、吃好早餐,坚持喝牛奶,吃清淡少盐的食物,少吃西式快餐,少吃方便面和油炸食物,并且要每天喝足量的白开水,不喝或少喝碳酸饮料,合理选择零食。

当前,我国少年儿童面临营养不良与超重肥胖的双重挑战,应当采取多种形式的营养干预保障儿童少年健康。这是中国学生营养与健康促进会日前发布的《2010 中国儿童少年营养与健康报告》蓝皮书中指出的。并非越贵的东西越有营养,也并非有钱才能讲究营养,合理膳食是关键。

(2)菜色变换花样

妈妈要试着变换花样给孩子做可口的饭菜,每天的食物尽量多样化,谷类、肉类、豆类和蔬菜应合理搭配,营养全面、丰富。注意烹调方法,尽量把食物做得色、香、味、形俱佳。比如孩子不喜欢吃胡萝卜,妈妈可以把胡萝卜与花生一起炒,做得味美香甜,孩子必定会爱上这道菜。孩子不爱吃肉,妈妈可以包肉馅饺子,孩子说不定会食欲大开。

超超不喜欢吃蛋黄,每次吃鸡蛋总是把蛋黄挑出来留到最后。妈妈很多的办法都用尽了,给他讲蛋黄的种种营养,超超也知道了,可是偏偏吃饭时就是不吃蛋黄。妈妈为此很苦恼。

专家建议,在了解孩子讨厌吃蛋黄的时候,妈妈可以炒蛋,可以做荷包蛋,也可以做蛋汤,不断更新烹饪方法,孩子就不会讨厌吃蛋了。如果孩子长期吃某种食物出现厌烦情绪时,妈妈应以变换“花样”的方式来让孩子吃这种食物。

（3）吃饭时不要让孩子分散注意力

有很多孩子喜欢一边吃饭，一边看动画片或者摆弄玩具，这样会分散孩子的注意力，影响胃液分泌。妈妈要确保孩子有固定的吃饭时间和地点，就餐时，一家人一起坐在餐桌前，关闭电视和音响，安静地吃饭。

（4）妈妈要多一些积极的暗示

妈妈可以多赞美一下食物，如果妈妈吃得津津有味，孩子自然也愿意品尝。妈妈以肯定的口气相信孩子能吃完他那份食物，孩子可能会出奇得乖。比如，小凡的妈妈在饭前就会故意和孩子爸说："这点饭估计填不饱小凡的肚子，他可是个小饿狼啊。"孩子听到以后，得意地笑着，果然吃个碗底朝天。因为在孩子的心里，更愿意应验妈妈的表扬。

（5）创造愉快的就餐氛围

心情好、胃口也好，身体倍儿棒，吃嘛嘛香。不要在餐桌上谈孩子糟糕的学习成绩，指责、恐吓、责骂或以其他方式惩罚孩子，因为恐惧、担忧、愤怒等负面情绪会直接影响孩子的食欲。民以食为天，吃饭是最好的享受，这一点一定要让孩子感受到。

很多时候，一家人坐下来开始吃饭，爸爸妈妈可能会因为家长里短或是工作的事情争论个没完，而在旁边吃饭的孩子免不了受到影响。常常见到有的孩子刚扒几口饭，就把饭碗一推，说不吃了。因为在孩子的心里，不想在吃饭的时候是这样一种不愉快的氛围。

（6）消除恐惧

如果孩子吃鱼的时候，曾经被鱼刺卡住过喉咙，当孩子再见到鱼的时候，就会有后怕的反应。这个时候，妈妈应想方设法去除鱼骨之后，再让孩子吃，或让孩子吃少刺的鱼。又或者孩子无意中被一道菜的辣椒辣怕了，以后可能会看到辣椒就色变，这时，妈妈也要劝导孩子，帮孩子消除对这些食物的恐惧。

2.好睡懒觉

　　天昊已经 5 岁了,可每天早上喜欢睡懒觉,醒了也不肯起床,妈妈好话常常要说一箩筐。这样的画面,在生活里随处可见。妈妈也常有这样的感触:孩子睡觉不早睡,起床不早起,也就是说晚上十分有精神头,而早晨不起床。由于孩子要上学不能耽误,面对孩子赖床,妈妈不得不催促孩子快起床,于是妈妈边做饭边喊,起床了,快点快点,一遍遍喊,孩子却一动也不动。

　　我们知道,睡眠是消除疲劳、恢复体力与脑力的必要手段,但是睡觉时间并不是越长越好。一般来说,成人每天的睡眠时间每天应保证在 7~8 个小时,中学生睡眠时间是 9 个小时,小学生的睡眠时间应该是 10 小时。如果睡眠超过上述标准,就是睡懒觉了,专家指出,睡懒觉有以下几点坏处:

(1)睡懒觉会打乱生物钟节律

　　正常的人体的内分泌及各种脏器的活动,有一定的昼夜规律。这种生物规律调节着人本身的各种生理活动,使人在白天精力充沛,夜里睡眠安稳。如果平时生活较规律而到假期睡懒觉,会扰乱体内生物钟节律,使内分泌激素出现异常。长时间如此,则会精神不振,情绪低落。

(2)睡懒觉会影响胃肠道功能

　　一般早饭在 7 点钟左右,此时晚饭的食物已基本消化完。胃肠会因饥饿而引起收缩,爱睡懒觉的孩子可能宁愿肚子饿也不愿早起吃早饭,时间长了,易发生慢性胃炎、胃溃疡等病,也容易发生消化不良。节假日这种现象更严重,孩子通常睡觉没规律,反正也不上学,赖

床的理由也更充分。

（3）睡懒觉可影响肌肉的兴奋性

经过一夜的休息，早晨肌肉比较放松。醒后立即起床活动，可使肌肉血液循环加剧，血液供应增加，从而有利于肌肉纤维的增粗。而赖床的人肌肉组织长时间处于松缓状态，肌肉修复差，代谢物未及时排除，起床后会感到腿酸软无力，腰部不适。

（4）睡懒觉不利于大脑功能的发挥

"黎明即起"是一种良好的生活习惯，即使是节假日也要保持正常的生活规律，按时睡觉，按时起床。睡觉可以使自己有个清净的心态，能使我们快速处理遇到的各种事态。人在睡觉时，大脑皮质处于抑制状态。早晨醒来后，需要呼吸新鲜空气，活动全身关节，以迅速改变大脑皮质的抑制状态，使全身肌肉、关节与内脏器官的活动正常协调起来。如果早晨睡懒觉，大脑皮质抑制久了，会造成人体生物钟的混乱、失调，使大脑功能发生障碍，造成理解力和记忆力的减退。

（5）睡懒觉妨碍身体素质的增强

俗话说，早睡早起身体好。科学家曾对从年轻时就养成晨跑习惯的老人进行生理检查，发现他们的心肺功能相当于比他们年轻 20~30 岁人的水平。早晨睡懒觉，会增加多余的体内脂肪的堆积，使人发胖。体内脂肪越多，发生冠心病、血管硬化疾病的概率就越高。据调查，百岁以上的寿星没有一个是肥胖的。因此，如果要健康长寿，就要控制肥胖。此外，体力锻炼对中枢神经系统和内分泌系统有着良性的刺激作用，能改善新陈代谢过程，如果孩子经常睡懒觉，不参加锻炼，则非常不利于身体素质的增强。

（6）长期睡懒觉会导致疾病的发生

睡觉时间过长，对肌肉、关节和泌尿系统都不利。活动减少，血液循环不畅，会使全身的营养素输送不及时，肌肉、关节等处的新陈代

谢产物也不能及时被血液带走。当人站立或坐着时,肾脏的每滴尿都能顺利地从输尿管迅速排入膀胱。可是,卧床时间久了,尿液容易在肾盂或输尿管中滞留,尿中的有毒物质会损害身体健康。

孩子普遍都喜欢睡懒觉,这是因为孩子6岁以前对睡眠时间的要求比较高,大约需要9~10个小时。另外,如果身体里有一些寄生虫,如蛔虫还会影响夜间睡眠的质量,这也会让孩子老是睡不够。因此,妈妈如果要给孩子一个轻松的早晨,应该从以下两方面着手:

(1)改善孩子的夜间睡眠

不要任由孩子玩到很晚,尽量让他在晚上9点之前睡觉,睡前不要让他看有刺激性的电视剧和书,睡前3小时不要给他喝茶和咖啡之类的刺激饮料,不要让他晚餐吃得过饱,等等。

(2)叫孩子起床的时候要讲究艺术

孩子往往有着很强的逆反心理你越叫他,他越不起,有时还会大哭大叫表示抗议。所以即使孩子起晚了,妈妈也不要太过严厉地责骂他,以免他产生仇视心理。其实,这时妈妈可以采取一些迂回策略,比如在清晨放一些孩子喜欢听的歌曲,和他比赛谁起得早,给他讲早起的故事,当他不愿意起的时候,和蔼地问他一些问题等,这些做法都会缓和孩子的情绪,让孩子自愿乖乖地早起。

3.不讲个人卫生

有一部动画片的名字叫《邋遢大王奇遇记》,讲述了一个孩子不讲卫生也很邋遢,被带到老鼠王国历险,最后吸取教训,变成一个很讲卫生的人的故事。

生活中,有很多孩子不知道讲卫生。饭前便后不洗手,身上弄得

脏兮兮的。房间里衣服袜子到处扔。刷牙、洗脸甚至也会偷懒。孩子这样的习惯常常让妈妈头疼。

个人卫生看起来是一件小事，却往往反映出一个人的精神面貌和生活情趣。如果一个孩子的衣食住行一塌糊涂，吃得不干净，不注重个人卫生，他的精神面貌肯定很差。

罗娜生下儿子朱阳阳后，工作特别忙，便把孩子放到乡下的爷爷奶奶家，现在朱阳阳 3 岁该上幼儿园了，罗娜决定接朱阳阳回市区住。

不知是否在乡下就很随意，朱阳阳养成了不讲卫生的坏习惯，妈妈每天要他洗澡，他总是推三阻四不肯进浴室，更别提饭前洗手、刷牙漱口这些卫生习惯了。因此，朱阳阳常闹肚子痛，牙齿也被虫蛀了不少。

开学后，原本簇新洁净的校服，不到几天便给朱阳阳弄得又破又脏。罗娜眼看其他的小朋友整洁漂亮，自己的宝宝却像一只又脏又臭的小猪，真是苦恼极了。她教朱阳阳刷牙洗脸，但小家伙哗啦啦两下便完事。告诉他不要捡掉在地上的食物吃或往脏处钻，他总是改不了，依然故我。不断地提醒、警告、责罚，都不能生效，该怎么办才能让朱阳阳改正坏习惯呢？

后来，罗娜请教了教育专家，在专家的帮助下，罗娜耐心地改变朱阳阳不讲卫生的坏习惯。半年之后，终于把儿子改造成一个干净整洁的好孩子。

孩子的个人卫生习惯，是要妈妈慢慢调理和教育的。如果你家的孩子也是像朱阳阳那样，妈妈想必也会很上火。其实习惯是从小养成的，好习惯如此，坏习惯也是如此。所以妈妈必须从小就培养孩子良好的卫生习惯，因为这会影响孩子一生的健康。

（1）让孩子明确讲究卫生的重要性

"饭前不洗手，病菌易入口"，孩子每天会接触课本、书包、玩具等各种东西，一天下来，手上黑乎乎的。可有些孩子一回到家，手也不

洗,就拿吃的,这样很容易生病。

妈妈可以和孩子共同制订具体的卫生规则,还可以将这些规则以标语的形式张贴在墙上。例如:不撒饭粒,饭前便后要洗手,吃水果要洗净,等等。发现孩子不能自觉遵守应立即给予强化教育,直至形成习惯。

(2)教导要符合孩子的理解水平

如果孩子只是被老师或父母"逼"或"催"着讲卫生,是很难培养出讲究卫生的好习惯的。对那些不爱剪指甲、有指甲垢、有吮手指头习惯的孩子,有条件的话,父母可以找一台显微镜,挖一点指甲垢放在玻璃片上,加上一滴水,放在显微镜下,让他们看一看手上的细菌在水中游动的情况。这样能使孩子获得深刻的印象:手指甲下藏了那么多的细菌,万一吃进肚子,细菌在肚子里活动就会给身体带来很多疾病。

(3)告知孩子讲究卫生要注意的细节

一个真正讲卫生的人,会注重各种小细节,做到防微杜渐。有些孩子在家从来不乱扔垃圾,一出门就忘记了,垃圾随手就丢。妈妈可以为孩子准备一个塑料袋,让孩子随身带着,以便把垃圾放在里面。喉咙有痰时教育孩子不随地乱吐,最好是吐在纸上,然后丢在垃圾箱里。再如:勤剪指甲,剪完指甲要洗手和剪刀;红领巾等物品要保持清洁;书包、铅笔盒等文具要保持整洁;身边常备纸巾;嚼完口香糖后用纸包好再扔进垃圾箱,等等。

(4)言传身教比什么都重要

孩子总是以父母为榜样的,良好习惯的养成非一日之功。要想孩子养成好的习惯,妈妈首先要以身作则,让良好的卫生习惯成为家庭活动的一部分。

4.孩子太爱吃零食

　　甜甜三岁了，特别喜欢吃零食，尤其是甜食。但是因为零食吃得多，到吃饭的时候就不想吃了，所以妈妈很担心，这样下去对孩子的健康肯定会有影响，但自己又不知道应该怎么让孩子戒掉零食。

　　正常情况下，一个人每天可以通过一日三餐来满足生理对营养素的需要。从营养学角度来看，孩子是处于长身体的特殊时期，对能量和各种营养素的需要量比成年人相对要多，三餐之外，可以再吃一些有益于健康的小食品，能为身体发育提供一定的能量和营养素，孩子还能够从零食中得到一定的享受。因而，可以让孩子适当地吃一些零食。

　　但零食绝不能无节制地吃，更不能偏嗜某些零食。零食所含的营养素远远不如正餐食物中的营养素均衡、全面。像甜甜那样，总是偏好零食，饭也不正常吃，这样很容易引起龋齿、营养素摄入不足等问题。根据北京、上海、广州等几大城市疾控中心在 2007 年进行的调查显示，近 60% 的孩子天天都吃零食，而孩子们挑选零食的依据往往是口味和喜好，极少考虑健康。专家指出，适当地让孩子吃零食其实并非坏事，但家长应该引导孩子们从小学会正确地选择零食，不仅要从口味和喜好上出发，更要选择健康的零食。

　　现在的零食花样繁多，不仅吸引了孩子的眼球，而且占领了孩子的胃。这些零食往往口味很重。孩子正处于生长发育阶段，尽管味觉已经很发达，但味蕾尚未发育完全，对成人而言有一点点口味的食物，对孩子来说就是口味重的食物了。长期食用重口味将不利于孩子的生长发育，主要的影响有以下两个方面：

（1）增加生理负担

调味料中多含有钠，长期摄入钠导致血压升高。孩子的生理系统尚未发育完全，摄取过多的钠盐，会对他们的肾脏造成过多负担，因为钠主要是由肾脏排出的。

举个例子，方便面作为一种快速食品，受到很多孩子的青睐。特别是干嚼方便面，脆脆的感觉，撒上一袋调料，味道好极了。生活中相信很多孩子都喜欢这样的感觉。专家建议，健康用盐标准应该是每人每天不高于6克，方便面的面饼和料包中含盐量加起来是标准量的1.8倍。方便面里的含油量也很高，特别是酱料包，90%以上都是油脂，油炸面含油量也高于标准量20%。经常吃方便面会增加高血压、心脏病、胃癌的患病风险，还会增加肾脏负担。

（2）诱发多种疾病

孩子对食物口味的喜好，大多是从小养成的。若喜欢吃重口味食物，如甜食，容易造成蛀牙、肥胖及偏食习惯。而甜食吃多了，血中的糖分多，需要大量分泌胰岛素来降低血中的糖分，就会对胰腺造成负担。

刚念完六年级的小虎与同龄孩子相比是个不折不扣的小胖墩儿，12岁体重就高达60千克，而身高并不突出。看着孩子体重噌噌直往上蹿，无奈之下，小虎的父母带他来到省妇幼儿童保健科检查，结果并无异常。

详细询问才知道，爱吃零食是罪魁祸首。小虎父母工作忙，孩子多由爷爷奶奶照顾，两位老人爱孙心切，想着儿子小时候没吃没喝，现在生活好了，不能再苦了孙子，于是乎，带着小虎进超市，薯片、巧克力、可乐，看中的零食都买。爸爸妈妈给的零花钱，小虎也几乎都是在下课或放学后贡献给了校门口的小食品店。说来也怪，零食吃多了，到了正餐时间，小虎胃口仍不错，每顿都能吃下两大碗饭，看着孙子一天天胖起来，老人们说能吃是福，夫妻俩也并没过多在意，直到

小虎体重突破 60 千克大关，跟爸爸一样重了，这才意识到问题严重。

过度吃零食，很容易诱发肥胖症。当然也会出现另外一种极端，孩子长期喜好某一种零食，食欲不佳，挑食偏食，又极容易因为营养摄入单一而出现体质虚弱，类似"豆芽菜"的体型。所以，妈妈在孩子的零食问题上一定要慎重对待。

早在 2007 年，《中国儿童青少年零食消费指南》将孩子爱好的零食分为可经常食用、适当食用和限制食用三个级别。具体如下：

可经常食用的零食（天天食用）：低脂、低盐、低糖类。如：水煮蛋、无糖或低糖燕麦片、煮玉米、全麦面包、豆浆、烤黄豆、纯鲜牛奶、纯酸奶、大杏仁、松子、蒸或烤制的红薯、不加糖的鲜榨果汁、各类新奇水果。

适当食用的零食（每周 1~2 次）：中等量的脂肪、盐、糖类。如：巧克力、牛肉片、松花蛋、火腿肠、酱鸭翅、肉脯、卤蛋、鱼片、蛋糕、月饼、怪味蚕豆、卤豆干、海苔片、苹果干、葡萄干、奶酪、奶片、琥珀核桃仁、盐焗腰果、地瓜干、果汁含量 30% 的果（蔬）饮料、乳酸饮料、鲜奶冰激凌。

限制食用的零食（每周不超过 1 次）：高糖、高盐、高脂肪类。如：棉花糖、奶糖、糖豆、软糖、水果糖、话梅糖、炸鸡块、膨化食品、巧克力派、奶油夹心饼干、方便面、奶油蛋糕、罐头、果脯、炼乳、炸薯片、可乐、冰激凌等。

妈妈应该了解，孩子们喜欢吃零食，除去孩子控制力差，容易受外界因素的诱惑以及在生长过程中体能消耗多的原因以外，还有一类孩子是由于"无聊"而喜欢吃零食的。他们常常对外界事物提不起兴致，常常喜欢一个人玩，对父母没有亲密的依恋。按照精神分析的观点，他们吃零食是由于在 1 周岁之前没有得到家人应有的关爱、照顾，缺乏一种安全感，对家人没有信任感，所以才滞留在心理阶段中的"口腔期"。这个时候的孩子会用口腔去探索周围的一切事物，从而获得关爱与满足。如果孩子得到满足，孩子的个性会顺利发展。反之，

孩子会滞留在"口腔期",在以后的人格发展过程中,表现出一些与"咀嚼"有关的坏习惯。妈妈对此应该做到:

(1)适量给予孩子零食,不要过度纵容或限制

如果孩子对零食的要求过量,妈妈则应该坚持事先规定的分量,不应该再给其他的零食。如果孩子有吃零食的欲望,就要求孩子等到下一次再吃,这样可以做到适度的满足和限制,同时也让孩子学习等待、忍耐的美德,以及克制口腹之欲的能力。

(2)引导孩子少吃零食

如果孩子受到外界环境的诱惑,如看到别人吃也想要吃,妈妈的做法是在情绪上先支持他的欲望,用温和的语气告诉孩子:"你看到某某人吃某某物,也很想吃吗?"不论孩子用语言回答或脸上显示出想吃的表情,接下来,妈妈再用坚定的口气告诉孩子:"我知道你想吃这个东西,但这是别人的,我们不能吃。"此时,如果别人愿意将食物分享给孩子,妈妈也要视情况委婉谢绝或接受,不要让孩子养成"予取予求"的习惯。

要注意的是,对滞留在"口腔期"的孩子,妈妈更要多关心他,多加强交流。如果已经答应孩子吃零食,一定要遵守诺言,否则,妈妈也会失去孩子的信任。

总之,让孩子少吃或不吃零食及垃圾食品,主动权在妈妈手里,因为妈妈是家里的采购大使。妈妈要多用心,采购一些健康有益的食品,对孩子对家长都是有益的事情。

5.孩子坐姿不良

12岁的女孩月月是一名初二学生。一天,月月的妈妈突然发现孩

子的肩膀一高一低，再仔细摸摸，月月的脊梁骨居然微微凸起，整个背部竟有些扭曲了。

"这孩子得的是脊柱侧弯。"医生解开了月月妈妈的疑惑，还好发现得早，可以及时采取有效治疗手段。这种病发展速度很快，再过个三五年就可能造成严重的脊柱畸形，甚至瘫痪。据了解，花季少年的脊柱侧弯发病率高达 3%，在上海 600 万青少年中可能有 10 万多人因此失去挺拔的体态。但是，对于这种疾病的严重性，学校、家庭和医疗机构的重视远远不够。

错误的坐姿后果很严重，导致近视仅是问题之一，更严重的是引起形体不良，带来严重健康问题。比如，孩子坐时探颈、弯腰会导致颈椎和脊柱发育不好，引起颈椎、脊柱不适等；肩膀不平则导致脊柱侧弯；弯腰含胸，胸部挨着桌子，会压迫内脏器官，引起消化不良，肺活量减小等，影响内脏正常工作。

有资料显示，一名小学生一天在学校平均要坐 4 小时，一名中学生则将近 6 小时。如此长时间坐着，倘若坐姿不良，对身体正在发育的孩子的影响是难以估量的。与过去相比，如今的中小学生身材普遍高而胖，成天坐在与身体不配套的桌椅上，弓着腰、侧着身写字的情景就不稀奇了。这里，学校的教师有必要提醒孩子注意坐姿。在美国，政府部门通过相关法律，要求学校每年春秋两季为学生进行专门的脊柱体检，在中国青少年体检中还没有脊柱检查这个项目，教育部门必须重视这个问题，尽快把脊柱检查列入中小学体检计划。

不仅教育部门和教师应该积极纠正孩子的坐姿，而且孩子在幼儿时期，妈妈就必须要注意对孩子坐姿的教育。妈妈应根据孩子的身体发育为孩子准备一张合适的学习用桌，是一种看似简单却很有必要的呵护。

中国有句古话，叫做"坐如钟"。老祖先对坐姿美的要求，可谓精练形象。人们理想的坐姿是端正、稳重。这其中不仅表达了人们对外在形态美的追求，更蕴涵了人们追求健康的美好愿望。没有妈妈希望

看到自己的孩子坐着的时候，是弯腰驼背的样子。

正确的坐姿：

小腿应该与地面垂直，大腿与地面水平；

手臂应放松地放在桌子上；

桌子和学习用具高度应该可调节；

座位应向前倾斜 2 度，座位深度应该定位准确；

大腿不应该接触座位前沿；

靠背应该适合后背并支撑腰椎；

腿部应该有足够得空间。

正确的坐姿不仅仅是坐得直，而是保持腰脊柱处于自然的"S"形弯曲状态。此时身体的重量均匀分布在各个腰椎间盘上，脊柱所能承受的力量是任何一个其他姿势的 10 倍。

孩子们正处于发育阶段，而且是各方面习惯培养和形成的重要时期，因此在这个时期妈妈一定要强调孩子的坐姿，督促孩子养成正确、良好的坐姿。好的习惯将使孩子受益终身。

●三、纠正坏心态，拥有健康心灵

孩子一生的健康、幸福取决于健康的心态，妈妈是培养孩子健康心态的第一责任人。妈妈对孩子小时候的心理问题的严重性认识越早，改正起来就越容易。有的孩子因受家庭的娇惯与溺爱，坏的心态得以纵容与放任。妈妈在教育孩子时，必须从尊重孩子的愿望出发，让孩子养成自信、自立、坚强和自控等健康心理品质。妈妈纠正孩子的坏心态不能违背科学的原则，要运用合理的方法，这需要一个细致入微、因势利导、耐心的教育过程。

1.不自信

孩子是一个家庭的希望，是家庭快乐幸福的源泉，自然也是家庭关注的中心。自信的孩子能够勇敢地面对困难，面对学习上的问题，他们相信自己的力量，能够采取积极的态度和方法解决问题。因而他们的学习成绩往往很好，处理事情的方法也较成熟。自信的人给别人的感觉是能干、开朗和成功，因而他们会得到人们更多的赞扬，更多的关注。无疑每个妈妈都希望自己的孩子自信。

但现实是，很多孩子却非常不自信，总觉得自己这也不行，那也不中，不求上进，自甘落后。孩子一旦对自己某方面的能力丧失自信，还可能会跟着连带对自己其他方面的能力也丧失自信，最后造成多

方面甚至全面地落伍。如果孩子严重丧失自信心,还会出现更多的生理上或心理上的异常。那么,孩子不自信的原因主要有哪些呢?

(1)缺少成功的体验

某市对 1200 余名小学生调查,有失败感受的学生竟然高达四分之三,有的孩子想获得好的学习成绩,结果事与愿违;有的孩子想组织好一项活动,效果却不理想;有的孩子想使自己勇敢起来,但还是受到别人讥笑。如此一次又一次地经受失败与挫折,使孩子在心里产生一种"我不如人"的消极定式,生活和学习的热情与动力逐渐地减退,严重的甚至丧失了对生活的信念与求知的欲望。

(2)世俗的偏见

目前,我国许多地方的中小学教育还是以应试教育为主的,大部分家长对孩子学习成绩的关心是超乎寻常的,有的家长甚至拿成绩的好坏作为评价孩子的唯一标准。只要成绩好,孩子一切都好;只要成绩不好,孩子一切都不好。家长的这种思维方式和评价标准严重地影响了孩子的健康成长,他们背负了太重的学习压力,尤其是那些学习成绩不够理想,或偶然在考试中失利的孩子,迫于大人的压力往往不能正确地认识自己,从而产生自卑心理。

(3)能力不足

孩子同大人一样都是生活在群体之中的,一些先天或后天能力相对较弱的孩子在能力较强者面前往往感到自愧不如,他们会由于自身的条件不如别人而产生挫折感。更为糟糕的是,如果这些某一方面能力较差的孩子不能得到家长和老师的正确对待与引导,他们就会在心里产生畏惧,对许多事情望而生畏,从而产生恶性循环,强者更强,弱者更弱,与别人的差距越来越大,自己的自卑心理也愈来愈烈。

(4)生理上欠缺

一些身材矮小,相貌丑陋,身体有残疾,五官不正的学生往往受

到同学们的嘲笑，所以也会感到自卑。

再加上有些父母本身对有生理缺陷儿童的教育就缺乏信心，视其为负担，认为他们生来就有缺陷，所以惹人讨厌，对孩子缺乏公正的评价，在不知不觉中养成了孩子缺少自信的性格。有缺陷的孩子在性格上本来就比一般孩子脆弱、敏感、自卑、多疑，在交往中，有时会遭到小伙伴的嘲笑，甚至是捉弄和欺负，如：因为瘸腿被称为"拐子"，因为头发稀少被称为"癞痢头"等。孩子幼小的心灵很难承受他人的冷嘲热讽，有过这种体验的孩子多半不敢与小伙伴们交往，会在生活中表现得异常自卑。

（5）生活在崇尚完美主义家庭中

某企业副总李女士最近很烦恼，女儿近来越来越不爱说话，脸上也很少有笑容，回家就把自己关在房子里。几天前，老师打来电话，说孩子很自卑，建议她带孩子去看看儿童心理专家。李女士一下子蒙了：自己和丈夫都是社会精英，培养孩子夫妻俩也决不含糊，在物质上绝对满足，思想行为也以最高标准要求，女儿怎么会自卑呢？心理专家为她解开了疑惑：女儿变得越来越自卑，与她太追求完美的教育方式密不可分。

心理专家指出，许多父母是社会中的佼佼者，有着追求完美的一贯作风，表现在对孩子的教育上，往往也要求孩子做到尽善尽美，不允许孩子出任何差错，孩子犯错误就予以批评。长期如此，孩子的自信心丧失，以致做每一件事时，都会潜意识地感觉"我不行""我笨""我做不到最好""我怎么这都不会""做不好爸妈又要骂了"，长期的否定评价和悲观心理会使孩子形成心理障碍。

妈妈首先应改变自己过于追求完美的态度，降低对孩子的期望值，别随意数落孩子，不要过分介意别人对孩子的评价，对孩子所做的事多持肯定和鼓励的态度，要信任自己的孩子，重树孩子的自信心，让孩子懂得自我肯定。

在信任孩子的基础之上，妈妈要为孩子创造展示自我的机会，重

点是培养孩子的优点。每个孩子都希望自己受到关注,如果这种心理没有得到满足,孩子就会觉得自己"被抛弃""被遗忘",甚至认为自己没有价值。妈妈应该了解孩子的这种心理,多给孩子一些展示自我的空间,让孩子得到心理满足。比如孩子喜欢画画或者唱歌,妈妈可以定期为孩子举办一个家庭画展或者音乐会,这样孩子就会觉得被尊重,从而对自己充满信心。

当然,妈妈在为孩子创造展示自我机会的同时也不能忽视对孩子自我认识的正确引导。特别是对要强又内向的孩子,一定要在平时多指出他的不足,可以真诚地对他说"假如改进一下会更好""说说看,你能做好哪些事,不能做好哪些事"。但要注意,给孩子指出不足时要讲究方法。这样有助于孩子形成相对客观、稳定的自我认识与自我体验,他们的自信也会更稳固。

同时,妈妈要客观、公正地评价孩子,讲究评价的策略,这对保护孩子的自信心十分重要。孩子一般很难把握长处与短处的相对关系,他们对自我的认识也不是很全面。有个5岁的男孩,从小很喜欢绘画,大家都说他画得好,老师也常常把他的画贴在墙上。有一次,他的画被拿去参加绘画比赛,他很高兴。但是他的画没有评上奖,评委老师还对他的作品提出很多意见。这个孩子的自信堡垒被攻破了,他不再认为自己的作品出色了,他甚至不想画画了,一提起笔来就没有信心画下去。更糟糕的是,他在其他方面也失去了信心。

妈妈应特别注意保护孩子心目中最重要的自信堡垒,尽可能避免孩子在这些方面受到挫折,一旦发现问题要及时加以补救。

最后,妈妈在树立孩子自信心的时候,也可以多一些技巧和方法。一位妈妈为了鼓励女儿克服心理障碍,给她特制了一张日历表,如果女儿当天在课堂上大声朗读或主动回答老师的提问,就可以得到1颗星。如果一个星期她能得到3颗星,就可以在周末时得到奖励,到商店去买她喜欢的文具或玩具。如果一个星期得了5颗星,她就可以得到最高奖励,在周末选择自己喜欢的活动,如看电影、到餐

馆吃饭、去游乐园,全家人都得服从。事实证明,这样的奖励很有效,几个星期后,女儿变得自信多了。

妈妈要知道:孩子拥有了自信,就拥有了克服一切弱点、缺陷和苦难的勇气。妈妈还要告诉孩子,如果想展现自己的价值,享受人生,就必须在任何环境下都保持一种自信的生活态度。

2.抱怨挫折

5岁的毛毛活泼可爱,由于她的妈妈是她所在幼儿园的教师,所以她在上幼儿园期间一直被老师"特殊照顾",没有经历一点点挫折。可是当她结束幼儿园的生活进入学前班以后,因为她在课堂上和别人说话,老师就批评了她几句,谁知她竟当场大哭了起来,竟闹着不再上学了……

生活中,还经常出现这样的现象:如果孩子第一次系鞋带的时候打了个死结,妈妈便不会再给孩子买有鞋带的鞋子;如果孩子第一次洗碗的时候弄湿了衣服,妈妈就不再让孩子走近洗碗池。这样的孩子永远也学不会系鞋带,学不会洗碗。他们长大后遇到困难也会想办法绕开,因为他们没有学会克服困难的方法。

一位儿童心理学家说:"有幸福童年的人常有不幸的成年。"很少遭受挫折的孩子,长大后会因不适应社会的激烈竞争及复杂多变深感痛苦。

据报道,山东省某著名高校的5名女大学生择业受挫,几人结伴酗酒而醉卧街头,不省人事;湖南某学院刚满21岁的吴某参加了一次人才交流会后心灰意冷,整日郁郁寡欢,时而自言自语,时而沉默寡言,某天吃过晚饭后,称总是失眠,到校医院买安眠药,没买到,坠楼自尽。

这样的事件每年都有发生。其实,很多学生学习成绩不错,但是心理比较脆弱,稍受挫折,或找不到理想的工作,就抱怨、焦虑等,易出现严重心理障碍,甚至有生命危险。

如今,父母把所有的希望都寄托在独生子女的身上。这种希望导致的结果是:家长总是过分周到地为孩子着想,竭尽全力地呵护孩子,几乎包办了生活中本应由孩子自己做的事情。于是,一些负面作用就随之而来了,孩子像温室里的小苗一样,一旦遇到困难和挫折,他们往往不懂得如何去应对,而是产生否定自我、否定他人,甚至否定社会的消极情绪。全国少工委和中国青少年研究中心曾经联合向16350名小学生进行问卷调查,在回答"遇到困难怎么办"时,97%的孩子选择"找父母和老师"而不是自己解决问题,因为他们没有勇气、没有能力面对困难和挫折,这正是我们做父母的过分呵护孩子的结果。

心理学专家说:让孩子适当接受点挫折教育,对他们的一生都会有益。由此可见,对于现代家庭来说,让孩子品尝一点生活的磨难,让孩子懂得人生道路的坎坷,并学会从挫折中接受教育,这对培养孩子的独立意识和应对困难的心理承受能力是十分必要的。

当孩子抱怨挫折的时候,妈妈应该努力做到:

(1)教孩子从积极的层面上去看问题

人的一生难免出现挫折,遭遇失败是正常的。孩子只有在面对困难、克服困难的过程中,才能学会应付困难的方法和策略。

妈妈至少应该给孩子讲一讲下面这个故事:

有一位女士叫塞尔玛,她随丈夫从军。没想到,部队驻扎的地方在沙漠地带,住的是铁皮房子,她与周围的印第安人、墨西哥人语言不通,当地气温很高,在仙人掌的阴影下都是52摄氏度。更糟糕的是,后来她丈夫奉命远征,只留下她孤身一人,因此她整天愁眉不展,度日如年。没办法,她只好写信给自己的父亲。

好不容易盼来了回信,急忙打开一看。塞尔玛大失所望,父亲既

没有安慰她，也没有说叫她赶快回去，上面只有三行字："两个人从监狱的铁窗往外看，一个看到的是地上的泥土，另一个看到的却是天上的星星。"塞尔玛反复看，反复琢磨，终于明白了父亲的苦心。原来父亲是希望她不要总是消极地看问题。

于是，她开始主动和那些印第安人、墨西哥人交朋友，结果使她十分欣喜，因为她发现他们都十分好客、热情；她又开始研究沙漠里的仙人掌，并做了详细的观察笔记，这时她惊奇地发现那些仙人掌千姿百态，使人沉醉着迷；她欣赏沙漠的落日，感受沙漠里的海市蜃楼。经过这样的改变，塞尔玛发现周围的一切都变了，变得使她每天都仿佛沐浴在春光里。

这是为什么呢？虽然沙漠还是原来的沙漠，铁皮房还是那个铁皮房，印第安人、墨西哥人也都没有变，但是她的内心发生了变化。过去她习惯选择消极的一面，现在她习惯选择积极的一面去看问题。

讲完故事，妈妈接着应该让孩子自己说说对这个故事的感悟，让孩子知道，在人生的路上会有很多的挫折，而只有从积极层面去看问题，才会让自己豁然开朗。

（2）尊重孩子克服困难的权利

在孩子遇到挫折时，妈妈更要像是一个辅导者，陪伴孩子走过遭遇挫折的过程。在这个过程中，妈妈不要用"你还记得你做错了什么？"等话语反复说孩子遭受挫折的地方，可以说"我知道你用心了，我更喜欢你战胜困难的样子"这样的话来鼓励孩子。

（3）鼓励孩子战胜挫折

孩子面对的是一个竞争激烈的社会，不管是在幼儿园，还是在公园里玩耍，孩子与人相处时很容易遇到各种挫折。孩子遭遇挫折时，刚开始有可能手忙脚乱，束手无策，但并不代表孩子甘心失败。妈妈应该引导孩子仔细分析受挫的原因，并鼓励孩子战胜挫折，从挫折中走出来。在解决各种问题的过程中，让孩子的承受能力逐渐增强。当

孩子以后面对学校、家庭、社会上各种各样的困难与挫折时,就能从容面对,以一种积极的心态来迎接生活的挑战。

(4)培养孩子的意志力和独立能力

如果个体的成长道路比较平坦,很少参与社会活动,实践能力较差,一旦进入复杂的社会生活,便常常感到无所适从,紧张焦虑。对于在倍加保护的顺境中成长起来的独生子女来说,幼儿挫折教育并不意味着要创设更多的或高难度的挫折情境,主要是需家长摆正孩子在家庭中的地位,把真实的生活还给孩子。因为孩子们虽经历尚浅,但也会遇到各种挫折,如行路摔跤,和小朋友打架吃亏以及生病等,在这些日常生活的困难情境中,父母可有意识地鼓励孩子锻炼。如一位年轻的母亲,在孩子蹒跚学步跌倒时,从不去扶他,只在一旁给予鼓励:"爬起来,自己爬起来!"当儿子的小手拿不稳东西,东西掉在地上时,她不帮助捡,而是鼓励说:"自己捡起来!"她的儿子从小就养成了"自己跌倒自己爬,自己掉东西自己捡"的独立精神与负责行为。

专家建议,父母尤其是妈妈要引导孩子学会自己的事情自己做,学会自己照顾自己,从刷牙、洗脸、穿衣、洗手帕等小事做起,慢慢进步到帮助大人做拿东西、扫地、擦桌子、洗碗筷等力所能及的家务劳动。如果能持之以恒,对孩子的成长和独立工作能力、挫折耐受力的训练都有好处。如果父母把孩子放在一种特殊地位,事事包办代替,那么他们就会形成一种"鸡蛋壳"心理:在家任性、自私、无礼,一旦走出家庭,失去父母的依靠,就会变得胆小、畏缩,缺乏独立性,人际关系紧张,缺乏克服困难的毅力和知识经验。这样的孩子势必在心理上容易遭受更多的冲突和创伤。

(5)帮助孩子认识自我,接受自我

一个人只有眼睛望着理想,而双脚踏着现实,才能立于不败之地;只有充分认识了解自己,才能确定合适的理想抱负,才能不断走向成功。在孩子面临挫折和困难时,需要成人帮助孩子分析其产生的

原因，认识自己的不足与长处。一个人对自己的一切不仅要充分了解，而且要坦然承认和欣然接受。因为个人所具有的条件，有很多是不能改变的，如容貌、生理缺陷、家庭环境等。有些人狂妄自大，总觉得自己怀才不遇而愤世嫉俗，是因为缺乏自知之明；另有一些人过分自卑，觉得自己在社会中毫无价值，是因为憎恨、拒绝自己。一个人只有认识自我，接纳自我，才能避免心理冲突，耐受现时挫折；唯有接受现实自我，才能创造理想自我。

如果妈妈永远都将孩子置于自己的羽翼之下，帮他挡住伤害与失败，那他就永远也学不会如何在打击到来时独自承受。俗语说"蚌病成珠"，牡蛎的痛苦最终凝结成了珍珠，那么当孩子经受了一次又一次挫折之后，仍能微笑着面对生活，无疑更能形成不屈的毅力、无畏的勇气和坚韧的性格，那么，未来生活中，他们还会有什么克服不了的困难呢？

3.虚荣

2009 年，某市发生了一起重大的盗窃案，作案者是两位中学生。他们为了追求物质享受，与别的同学攀比，在虚荣心的驱使下盗窃了一居民家中的 46 万元钱，然后乘船去上海，在短短的四天之内，挥霍掉了所有的钱，平均每分钟花钱 60 元。他们购买最贵的衣服，到最高级的饭店吃饭，住最豪华的旅店，并且专门租了一辆车带他们四处享乐，真是奢侈之极。

这个案件中的作案者之一秦涛生活在农村，自幼丧父，靠母亲一个人干活儿养家。虽然家庭条件不好，但妈妈从来不让秦涛在吃穿上受委屈，凡是别的孩子有的，秦涛都会有。秦涛妈妈觉得孩子已经缺少了父爱，如果在物质上再比别人差，那就太可怜了。所以妈妈平时

总是省吃俭用,而对秦涛提出的要求从不拒绝。秦涛在小伙伴中间算是很气派的一个,他也感到很满足。从小学到初中,秦涛的学习成绩一直很好,在妈妈和老师眼里,秦涛是一个好孩子。

但是自从秦涛上了省城的高中,情况发生了很大的变化。高中的同学和他以前的同学家庭条件不一样:现在的同学们的爸爸妈妈都是高收入者,花钱如流水,穿的都是名牌,用的都是高档产品。相比之下,秦涛显得十分寒酸,以前的优越感再也没有了,秦涛的心理便严重失衡。他不甘心落后于人,于是他每次回家都向妈妈要很多钱,和同学们比吃比穿来满足他的虚荣心。起初妈妈还大方地给他,但后来妈妈实在承受不了,好几次都拒绝了他。秦涛见妈妈这个经济来源断了之后,就动了邪念:"别人有的我为什么不能有,这不公平。"在这种想法的驱使下,秦涛开始偷同学的钱,几次偷盗都没被发现,这更增加了他的侥幸心理。在金钱的诱惑之下,他越陷越深,最后伙同另一少年作案,被公安机关抓获,受到了法律的制裁。

在身陷囹圄后,秦涛终于认识到是虚荣心害了自己,是追求荣耀的自我意识害了自己。秦涛从劳教所出来后,痛改前非,变成了一个勤奋进取、踏实孝顺的好孩子。同学和邻居也都改变了对他的看法,一提到他,便纷纷竖起大拇指。

人最大的毛病就是虚荣,因此爱慕虚荣的人最愿意别人给自己戴高帽,让别人奉承自己。还有些人,别人奉承他,他居然听不出是讽刺,还信以为真,这样的人最可悲了。请看下面的例子:

学校要开家长会,孩子不想让妈妈去,原来是怕丢人。因为孩子妈妈是农妇,自小忙碌于田间,显得黝黑苍老。

还有比这更辛酸的。有个读大学的年轻人,妈妈从老家来到大上海来看孩子,孩子嫌妈妈打扮穿着土气,在向同学介绍时,竟说是自己家的老保姆。

读到这里,妈妈应该会觉得心寒。可怜天下父母心!孩子的虚荣心如果表现在这些方面,做妈妈的必须认真加以纠正。

(1)让小孩子认识虚荣的危害

妈妈要让孩子认识到虚荣的危害。孩子多通过一些欺骗和虚假的方式,来维护自己的自尊心,这样容易造成小孩子撒谎成性。这种品质让孩子无法客观真实地认识自己,也会造成对他人的欺骗。

一个虚荣心过强的孩子,会让人觉得特别浮夸不真实,不利于孩子的人际交流沟通和与人维持良好的人际关系。

(2)培养孩子的勤俭朴素作风

妈妈要想让孩子拒绝虚荣,就要从小注意培养孩子勤俭朴素的作风。这是孩子对物质的一种态度。妈妈要教导孩子用自己的劳动来换取相应的物质,并对财物加以珍惜。这样的孩子才不会被虚荣所侵蚀。虚荣和物欲是紧密挂钩的,一个勤俭朴素的孩子能够更好地把握住自己。

(3)不支持孩子的攀比消费

妈妈若发现小孩子是出于攀比,向自己提出消费要求时,千万不要去鼓励和支持。在攀比的过程中,小孩子的虚荣心是最容易滋长的。妈妈对于小孩子的溺爱,让小孩子的物质要求得到了更快的满足。孩子通过炫耀自己在物质上的拥有,和别人在物质上攀比,以此来满足自己的虚荣心。这不仅扭曲了小孩子的价值观,也让妈妈背上了沉重的经济负担。

(4)正确引导孩子的虚荣心

对于孩子喜欢被人尊重和关注的心理,妈妈要正确地引导。妈妈可以将孩子用于攀比消费的钱,作为孩子特长培训的投资,让孩子拥有一技之长,在特长展示中获得被关注、被欣赏的心理需求。妈妈正确地引导,有利于孩子能力的发挥。

4.忌妒

5岁的婷婷是一个非常可爱的孩子。一个周末,婷婷妈妈的同事带着自己2岁的儿子到婷婷家玩,妈妈很热情地接待了她们,并开心地逗同事的儿子玩耍。刚开始,婷婷也挤过去亲了亲小弟弟,但没过多久,她就有些不高兴了。因为妈妈抱着小弟弟,一点也没有放下的意思,还又亲又笑的,她觉得受到了冷落。

于是,婷婷开始大声唱歌,可没人注意她,婷婷又跳起了自己最擅长的舞蹈,可是还是没有人理她。终于,婷婷忍不住了,她忽然间摔坏了自己的杯子,然后坐在地板上放声大哭,把妈妈的同事和妈妈弄得非常尴尬。

其实,大约从1岁半到2岁,人的忌妒心理就开始有了明显而具体的表现。起初,孩子的忌妒大多与母亲有关。如果发现自己的母亲将注意力转移到别的孩子身上时,他就会以攻击的形式对别的孩子发泄忌妒。故事中婷婷的表现就是一种典型忌妒心理,婷婷忌妒那个小弟弟,因为小弟弟受到了妈妈过于亲昵的爱,婷婷心里觉得自己受到了冷落。

孩子的忌妒行为在妈妈眼里可能很孩子气,认为无关紧要,但是如果放任自流,任其发展下去,当孩子长大后会形成缺陷,变得心胸狭窄而且对别人的成绩十分仇视,最终结果是被周围人挤出局外。

忌妒是一种破坏性因素,它对孩子的健康成长会产生消极的影响。如果儿童长期处于忌妒这种消极不良的心理体验之中,情绪上便会产生压抑感,久而久之,就会导致器官功能减弱,机体协调出现障碍。而这种障碍又会加剧不良的心理体验,使儿童产生诸如忧愁、怀疑、自卑等不良情绪,从而形成恶性循环,造成不同程度的身心损伤。

此外，忌妒还会影响孩子对事物进行正确客观的认识，容易使孩子产生偏见，产生怨天尤人的思想，影响孩子与他人的正常交往，最终抑制孩子社会性的发展。

妈妈只有了解了孩子产生忌妒的原因，才能对孩子进行有针对性的教育。一般认为，孩子产生忌妒心理的主要原因有：

（1）环境的影响

如果在家里，成人之间互相猜疑看不起，或当着孩子面议论贬低别人，会在无形中影响孩子的心理。

（2）不适当的教育方式

有的家长常对孩子说他在什么方面不如某个小朋友，使孩子以为家长喜欢别的小朋友而不爱自己，由不服气而产生忌妒。

（3）在某些方面能力较差

每个孩子都有较强的自尊心，都有自己的长处和短处，如果因能力较差而在某些方面做得不如别人好，就可能由羡慕而产生忌妒。特别是一些在家里经常受到夸奖，家长比较溺爱的孩子更容易出现这样的问题。

那么，当孩子有了忌妒心理的时候，妈妈应该怎样去纠正呢？

（1）要让孩子认清妒忌心理的危害

忌妒主要有两方面的危害：一是破坏人际关系的和谐。有忌妒心理的人在交往中会表现出强烈的排他性，并会很快地导致诸如中伤、怨恨、诋毁等忌妒行为的产生。而更强烈的忌妒心理还有报复性，它把对象作为发泄的目标，使其蒙受巨大精神损伤。二是造成个人的内心痛苦。一个忌妒心强的人，常常陷入苦恼之中不能自拔。时间长了会产生自卑，甚至可能采取不正当的手段去伤害别人，同时也使自己陷入更恶劣的处境。

妈妈应该让孩子知道，妒忌心理是一种于人有害，于己不利的不

道德心理疾患。要让孩子认识到,现实中的人总是有差异的,这是很正常的。要使自己在某方面得到发展,只有经过自己的努力。

(2)建立良好的环境

忌妒心理和行为的产生,虽有多种原因,但从根本上讲,是孩子自身的消极因素和外部环境的消极因素相互影响、相互作用产生的。妈妈应当在家庭中为孩子建立团结友爱、互相尊重、谦逊忍让的环境气氛,这是预防和纠正孩子忌妒心理的重要基础。

(3)要正确评价孩子

孩子都喜欢受到表扬和鼓励。表现得当,可以巩固孩子的优点,增加他的信心,促使他不断进步。如果表扬不当或表扬过分,就会使孩子骄傲,进而看不起别人,认为只有自己好,别人都不如自己,甚至当有人说别人好,没说他好时,他就难以接受。这是因为孩子年龄小,自我意识刚开始萌芽,他还不会全面看问题,不能正确地评价自己和别人。他对自己的评价是以成人对他的评价为标准的。

所以,妈妈要正确评价自己的孩子,不能因疼爱和喜欢,就对孩子的品德、能力的评价随意拔高,过分赞赏,以免使孩子对自己产生不正确的评价。妈妈还要对孩子适当地指出他的长处和短处,使孩子明白人人都有长处和短处,小朋友之间要互相学习。

(4)帮助孩子提高能力

妈妈如果看见自己的孩子在某些方面不如别人的孩子,不要当面指责孩子不如别人,而应具体地帮助他提高这方面的能力。如果有条件,妈妈可以请一位能力强的孩子来帮助自己的孩子做好一件事情,这样可以提高孩子的能力,不仅如此,孩子之间真诚友好的帮助也是克服忌妒心理的良药。

(5)对孩子进行谦逊美德的教育

通常,有一定能力的儿童更容易产生忌妒心理。孩子往往因为自

己有能力，但没有受到注意和赞扬，因而对那些受到注意和赞扬的人产生忌妒。所以，在纠正忌妒心理的同时还必须对孩子进行谦逊美德的教育，让孩子懂得"谦虚使人进步，骄傲使人落后"的道理。让孩子明白即使别人没有称赞自己，优点也仍然存在，如果继续保持自己的长处，又虚心学习别人的长处，自己的才干就会更强，就会真正地、长久地得到大多数人的喜爱。

（6）引导孩子树立正确的竞争意识

有忌妒心的孩子一般都具有争强好胜的性格。妈妈要引导和教育孩子用自己的努力和实际能力去同别人相比，竞赛是为了找出差距，更快地进步和取长补短，不能用不正当、不光彩的手段去竞争，要把孩子的好胜心引向积极的方面。

5.心浮气躁

不得不承认，这是个浮躁的社会，浮躁心理也成为当前一些青少年的通病之一。浮躁心理表现为行动盲目，缺乏思考和计划，做事心神不定，缺乏恒心和毅力，见异思迁，急于求成，不能脚踏实地。

比如，有的孩子看到歌星挣大钱，就想当歌星；看到企业家、经理神气，又想当企业家、经理，但又不愿为了实现自己的理想努力学习。还有的孩子兴趣爱好转换太快，干什么事都没有常性，今天学绘画，明天学钢琴，三天打鱼两天晒网，忽冷忽热，最终一事无成。

毋庸置疑，浮躁心理是很可怕的，特别是对于成长中的孩子来说。这种浮躁心理如不及时纠正克服，还会影响孩子的生理健康，造成生理功能紊乱、睡眠障碍、神经紊乱；急功近利会导致孩子心理紧张、烦躁、易怒，降低注意力和思维能力；浮华不实会使孩子学习无法深入，仅局限于表面，直接影响学习成绩。心浮气躁，在男孩子身上会

表现得更加明显。

一般来说,浮躁心理的产生主要有以下原因:

(1)家长的影响

我国正处于社会转型期,社会利益和结构在进行着大调整,在改革带来的社会变化面前,不少家长的心理处于矛盾状态。既对改革的成果表示赞成和满意,又担心和忧虑在新体制带来的震动和冲击面前无法适应,因而患得患失,心神不安。

也有的家长急于脱贫或改变生活的现状,表现出急功近利、急躁的心态,恨不得一眨眼成为"先富起来的那一部分人",这种心理也影响到子女。

(2)与遗传有关

心理学的研究表明,具有强而不灵活、不平衡的神经类型的人,容易急躁,沉不住气,做事易冲动,注意力易分散。

(3)意志品质薄弱

有的父母只知给孩子灌输知识,却不知培养孩子的意志品质,因而造成有的孩子学习怕苦怕累,做事急躁冒进,缺乏恒心。

兵兵参加了学校的绘画兴趣小组,没学几天,觉得足球运动最流行,于是改学足球;又过不久,感觉踢足球太累,想学一点轻松的,就上了剪纸班;但剪纸又太烦琐,于是转学钢琴……这样,兵兵不断地换班,始终没有静静地坐下来,专心学好一门本领。一学期结束,兵兵发现自己什么也没有学会。

人一浮躁,就静不下来,就不能专心致志地工作、学习。一会儿想这,一会儿想那,做任何事,包括学习都是蜻蜓点水、浮光掠影,不踏实。现实生活中,像兵兵那样的孩子还不少。他们不愿实干,喜欢幻想,心绪不宁,烦躁不安,想得多,做得少,结果到头来一无所获。

著名音乐家傅聪成名前在英国留学,有一段时间感到莫名的烦

躁,静不下心来学习。他在国内的父亲傅雷听说后,给他去了一封信,信中有这样一句话:"要经得住外界花花绿绿的诱惑,要沉下心来,坐得住冷板凳,才能保证心灵通道的畅通无阻,才能让知识直抵内心和脑海。"如今的孩子生活在一个五彩缤纷的世界里,各种新奇玩意,奇门巧类,多如牛毛。孩子很容易分散精力而被吸引过去,对于学习就难以全神贯注、专心致志地进行,就会出现"身在曹营心在汉"的现象,成绩自然也就上不去。那么,妈妈该怎样帮助孩子克服浮躁心理呢?

(1)教育孩子立长志

立长志,而不是常立志,这点对于防止孩子浮躁心理的滋生和蔓延是十分有利的。妈妈在帮助孩子立志时,要注意两点:一是立志要扬长避短。有的孩子立志经常不考虑自身条件是否可行,而是凭心血来潮,或看到社会上什么能挣大钱,就想做什么。这种立志者多数是要受挫的。妈妈应该告诫孩子,根据自己的特点来确立目标(最好和孩子一起分析孩子的特点),才会有成功的希望,千万不要赶时髦。二是立志要专一。俗话说"无志者常立志,有志者立长志"。有的孩子干什么都不扎实,深入不进去,常常是今天爱上这个,明天又想学那个。妈妈一定要适时告诉孩子立志不在于多,而在于"恒"的道理,防止孩子"常立志而事未成"的不良结果。

(2)重视孩子的行为习惯

一是要求孩子做事情要先思考,后行动。比如外出旅行,妈妈要让孩子先决定目的地与路线;上台演讲,孩子应先准备讲稿。妈妈要引导孩子在做事之前,经常问自己这样一些问题:"为什么做? 做什么? 希望什么结果? 最好怎样做?"并要具体回答,写在纸上,使目的明确,言行、手段具体化。二是要求孩子做事情要有始有终,不焦躁,不虚浮,踏踏实实做每一件事。一次做不成的事情就一点儿一点儿分开做,积少成多,聚沙成塔,累积到最后即可达到目标。

(3)有针对性地"磨炼"

妈妈可以采取一些措施,有针对性地"磨炼"孩子的浮躁心理。如指导孩子练习书法,学习绘画、弹琴、下棋等,有助于培养孩子的耐心和韧性。此外,还要指导孩子学会调控自己的浮躁情绪。例如,做事时,孩子可用语言进行自我暗示:"不要急,急躁会把事情办坏。""不要这山看着那山高,这样会一事无成。""坚持就是胜利。"只要孩子坚持不断地进行心理上的练习,浮躁的毛病就会慢慢改掉。

(4)用榜样教育孩子

身教重于言教。首先,妈妈要调适自己的心理,改掉浮躁的毛病,为孩子树立勤奋努力、脚踏实地工作的良好形象,以自己的言行去影响孩子。其次,用榜样鼓励孩子,如革命前辈、科学家、发明家、劳动模范、文艺作品中的优秀人物以及周围同学的优良品质来对照检查自己,督促自己改掉浮躁的毛病,教育培养其勤奋不息、坚忍不拔的优良品质。

总之,心浮气躁是做不好任何事情的。妈妈要对自己的孩子有信心,当觉得孩子有心浮气躁的心理时,妈妈一定要静下心来,耐心帮助孩子。

6.孤僻

小文文5岁了,从小跟随爷爷奶奶长大,很少和在广州打工的父母见面。2009年,父母把他和爷爷奶奶都接到广州,可是小家伙不愿意和父母接触。小文文的妈妈觉得,小文文性格孤僻,在幼儿园里也不愿和小朋友玩,在家不吃青菜,脾气非常倔犟,有时父母叫他,他也不理不睬。孩子父亲对此非常生气,愤怒时忍不住吼孩子。

故事中的小文文是典型的孤僻的孩子。孤僻的孩子,有的时候就像是一只离群的大雁。那种滋味,在孩子的心理其实是很不好受的。因此,妈妈要了解孩子孤僻的原因。

(1)个体原因

一是神经类型多为安静和弱型的混合体。这种神经类型的人比较习惯于把心理能量局限于自己的内部世界。二是自卑心理作怪。这种孩子认为自己什么都不行,少开口、少表现,以免让别人笑话。

(2)家庭原因

一是家庭气氛历来严肃紧张而又枯燥,很少有轻松、友爱、欢乐、和谐的气氛。二是家长之间教育态度冲突。一方面把孩子当大人看待,用大人的标准来约束孩子,不允许孩子有幼稚的言行;另一方面又把孩子当成什么事也不懂的小孩,不允许他有半点发言权和自主权,一切绝对服从家长,稍有反抗则打骂训斥,逐渐导致了孩子的孤僻、不合群。

孤僻、不合群的心态将给孩子带来一些心理问题,使得孩子难以应付各种复杂的人际关系而变得自卑和羞怯,这在一定程度上影响孩子的成长。因此,妈妈应正视孩子的孤僻,采取措施纠正孩子孤僻离群的坏习惯。

(1)多鼓励孩子与别人交往,但不能强迫

一般来说,与年龄比较小的小伙伴在一起,孩子不会觉得受拘束,容易交往,危险感较少。因为自己较大,孩子增加了自信心,感到安全自在。与无攻击性、温和的伙伴,在友好的环境里一起玩,可以帮助孩子建立自信心,体会到轻松愉快的良好感觉。也可在没有压力的游戏中,让孩子扮演相关的角色,或买些早期教育的教材,和孩子一起亲子互动,逐渐使他过渡到在焦虑的环境中也能处理各种关系。

（2）帮助孩子与他人交往

当孩子看别人在玩也想进去玩，但又不知如何做时，家长应给予指点（但不要强迫），可建议说："为什么不走过去，让那些孩子看看你的新娃娃呢？" 也可拉着孩子的手说，"我和我的孩子能和你一起玩吗？"尽量陪孩子多待一会儿，等孩子玩得高兴时，妈妈再退出来。

（3）让孩子有准备地与陌生人接触，融入陌生环境

对特别敏感的孩子，在进入新环境前，要让他有一定准备。例如，在路上，可让他知道他将去哪里，让他知道或回想一下那里的大人或小朋友的名字，可能玩的游戏，到那儿后怎样与别人打招呼。但要注意孩子的反应，有时过分准备，反而会加重孩子的焦虑。进入新环境时，最好别迟到，否则在众目睽睽之下，会使小孩感到不自在。进入新环境时，手中拿些东西，可让人自然些，孩子也如此。随手拿着玩具，可以增加孩子的信心与兴趣，因为玩具是自己熟悉的，有安全感，而且有一种能与其他朋友一起玩的感觉。带什么玩具要让孩子自己选择。

（4）不要给孩子贴上"害羞"的标签

芳芳不怎么爱说话，在学校里，她总是在教室里静静地坐着，她没什么特别要好的朋友，所以在自由活动时或午餐时，已经习惯自娱自乐。陌生人和她搭话，她就会满脸通红，像是快要哭出来的样子。她的妹妹敏敏比她小两岁，性格正好与她相反，她能和第一次见面的人打成一片，在大人面前也非常活泼。

在家里，妈妈总会数落芳芳，"你看你妹妹，你怎么就……"有时候，家里来了客人，妈妈也会经常唠叨，"芳芳这孩子，怕生，太害羞了，要是能有她妹妹一半的性格就好了……"芳芳每次听到以后，心里很难过，更不爱说话了。

有的时候，妈妈会经常在孩子面前唠叨，"谁谁谁就是那么喜欢说话，那么懂礼貌，那么开朗，再看看你……"这会伤害害羞的孩子的感情和自尊心，加重害羞的程度，因此不要给孩子贴上"害羞"的标签。

● 四、激发学习兴趣，扭转不良学习方法

　　学习中，孩子具有浓厚的兴趣爱好，益处是多方面的。牛顿就是从一只苹果落地引发出万有引力定律的。而看看现实中，很多孩子不是痴迷于网络，就是逃学旷课，真是让老师家长操碎了心。妈妈要善于引导孩子对学习产生兴趣，一旦发现孩子有不良的学习习惯，一定要及时地配合老师进行教育。

1.没有学习兴趣

　　在最近的一项关于学习兴趣的调查中发现，选择"喜欢学习"的小学生占8.4%，初中生占10.7%，高中生仅占4.3%。其中43.6%的中小学生感到学习压力很大，20%的学生把学习视为最令自己烦恼的事情。更突出的问题在于，一些孩子缺乏学习兴趣，感觉不到学习的乐趣。

　　兴趣是什么呢？兴趣是人们力求认识某种事物或爱好某种活动的倾向，这种倾向总是和一定的情感联系在一起，会对人们的行为起到向导作用。兴趣是最好的老师，是孩子自主学习的不竭动力。在学习过程中，学习兴趣与学习效果之间有着密切的关系。

　　浓厚的学习兴趣可以使孩子对学习充满热情，主动克服各种困难，全力以赴地实现自己的学习愿望。如果孩子对学习不感兴趣，仅

仅由于强制而求知,则学习效果往往甚微。

法国昆虫学家法布尔,从小就对昆虫产生了浓厚的兴趣。有一天夜里,他提着灯笼,蹲在田野里,观看蜈蚣怎样产卵,一连看了好几个小时。忽然,他感到周围越来越亮,抬头一看,原来太阳已经从东方升起了。还有一次,法布尔爬到一棵树上,聚精会神地观看螳螂的活动。

他的父亲知道他的爱好后,便极力鼓励他把自己的爱好坚持下去。因为他父亲明白:孩子有了兴趣,自然就会在兴趣上形成特长,而以后孩子也会在自己所擅长的领域取得卓越的成就。

法布尔从小对昆虫活动产生的兴趣,激发了终身研究昆虫的志向,从而写下了巨著《昆虫记》,对昆虫学作出了巨大的贡献。

家长只有激发起孩子的学习兴趣,增强孩子的求知欲,才能让孩子保持最好的学习状态,达到事半功倍的效果。每一位父母都希望自己的孩子能够顺利地学习,取得好成绩。虽然很多父母每天对孩子苦口婆心地说教,但是孩子对学习就是表现不出兴趣。这就需要每位父母具体分析自己孩子的实际情况,用合适的方法激励孩子学习的兴趣。

那么妈妈应该怎样来帮助孩子呢?怎样提高他的学习兴趣呢?

(1)让孩子养成良好的学习习惯

一个乐于学习、善于学习的孩子自身必定有很多良好的学习习惯,而一个不爱学习、不会学习的孩子,也常常伴有一些不良的学习习惯。

良好学习习惯的核心是主动学习,只有孩子带着主动性的态度投入到学习中才能收到有效的成果。家庭环境的优劣、妈妈的素质高低、子女的个性特点的差异都在无形中影响孩子学习习惯的形成。中科院心理研究所的王极盛教授,从对六十多名全国高考第一名学生的采访中总结出6条教育特点和经验,其中一条就是"从小培养孩子良好的学习习惯"。一般来说,具有慢慢看课本、认真写字、有专门的错题记录册等基本学习习惯的孩子,学习成绩通常都很优秀。

想培养孩子好的学习习惯,可以在学习辅导中做好以下几件事情:

首先,让孩子"讲课",塑造孩子在学习中的自主意识。这样孩子能在讲、思考、分析的过程中,充分地调动自己的思维。

其次,引导孩子依照教科书上的例题编题。这是让孩子有意识地对所学知识进行综合梳理和利用,也可以说是对知识进行创造性运用。在这个过程中,孩子会将自己所学的知识、做过的题目、积累的方法进行组合整理,从而锻炼了自身的创造性。

最后,引导孩子用丰富的想象力理解知识或者做题目。俗话说,想象力是思维的翅膀,没有想象力的思维就像没有马达的机器,缺乏前进的动力。

(2)倾听并和孩子谈论学习生活

初入学的孩子对学校的一切都感到新奇、有趣,他回到家会兴致勃勃地向父母讲述学校的学习生活,这时,家长应耐心倾听,并和他讨论学习生活,这对培养他的学习兴趣是很重要的。

(3)明确学习目的,培养间接兴趣

学习目的的教育应该联系孩子的思想和实际,坚持耐心细致的正面教育,通过生动形象、富有感染力的事例,采用多种多样的形式,把学习目的与生活目的联系起来,这样才可以收到良好的效果。例如,孩子对背外语单词不感兴趣,但对学好外语后可以用外语交流、参加各项外语活动等结果感兴趣,这种兴趣可以促使孩子去从事背单词的活动。所以妈妈既要充分利用孩子的直接兴趣,激发其勤奋学习,通过学习目的的教育来提高孩子的间接兴趣。兴趣在活动中的动力作用,已为不少心理学家所承认。瑞士儿童心理学家皮亚杰把兴趣说成是"能量的调节者"。我国著名心理学家潘菽认为:"兴趣是学习动机中最现实、最活跃的成分。"孩子对学习有兴趣,就可以激起他对学习的积极性,推动他在学习中取得好成绩。

(4)使书桌变成孩子感兴趣的地方

上了小学,孩子每天都要学习,需要有一个好的环境,一张属于孩子自己的书桌是必不可少的。把书桌变成孩子感兴趣的地方,就会使孩子对经常在书桌上进行的学习活动感兴趣。书桌要整洁,抽屉里要备有做各门功课所需的工具:剪刀、裁纸刀、胶水、胶带、颜料、水彩笔、白纸等,这样当他需要时,立刻就能找到,不会因为缺少某件工具而中断作业,心生烦躁。书桌要美观舒适,孩子就会乐于坐到这里开始他的学习活动。

(5)每次学习时间不宜过长

当前妈妈对孩子的期望普遍过高,他们希望孩子学习、学习、再学习,只要孩子端坐在书桌前,不管其效率如何,父母就感到欣慰,因而总是催促孩子"坐好,开始学习"。殊不知,这种做法很危险。无视孩子的心理特点,任意延长学习时间的做法会使孩子把学习和游戏对立起来,厌恶学习,对学习没有兴趣,还会养成磨蹭、注意力不集中的坏习惯。因此,妈妈切莫目光短浅,舍本逐末,不能忘记培养孩子的学习兴趣是头等大事。日本学者认为在小学阶段学习兴趣是头等大事,日本学者认为小学阶段学习时间以"年级数×10分钟"为宜,孩子做完功课就可以玩了。

(6)鼓励孩子获得成功

对孩子不提过高的要求,让孩子获得成功,体验到成功的快乐,孩子才会对学习有兴趣。比如,低年级的孩子学会拼音和常用汉字后,可让他们给外地的亲戚写封短信,并请求远方的亲人抽空给孩子回信,让他们体会到学习的实际效用,这样能培养孩子的学习兴趣。

2.早恋

洋洋现在14岁，上初中二年级。洋洋的学习成绩良好，性格开朗，人际关系也不错，平时生活节省。不过，最近妈妈发现孩子花钱特别厉害，爱打扮自己，经常不在家。妈妈到学校了解后发现，儿子和同班的一位女同学走得很近，经常一起逛街，经常一起逃课出去玩，还给女同学写情书、买礼物，结果学习成绩急剧下降。父母为此事训斥他，要求洋洋断绝与该女生的来往，结果孩子说他已经长大了，不需要父母管，父亲气得对他一顿暴打，之后洋洋选择了离家出走。面对这样的孩子，妈妈也不知道该怎么办。

不可否认，现在中学生早恋或具有早恋的倾向越来越多。早恋属于青春期的情感懵懂，大多数人都有着不同程度的早恋，这是人在成长阶段的正常反应，并非洪水猛兽般不可救药。对于正常的对异性"爱慕"，妈妈没有必要太过于紧张，因为这恰恰表明你的孩子生理发育很正常。当然，若是孩子的行为开始反常，学习成绩也开始下滑，妈妈要注意了。由于年龄的局限，涉世不深的孩子，缺乏必要的思考能力，而更多的是跟着感觉走，感觉到异性的突出表现及特长，如学习好、长相好、有特长等，往往都会使他(她)们产生倾慕之情。这时如果把握不住自己，便会走进情感误区。

引起早恋的原因是多方面的，但大部分与自然发育因素引起的早恋性兴奋和萌芽有关。进入青春期的中学生会随着生理发育逐渐成熟，特别是性成熟以后，从心理和生理上有了对异性的强烈渴望。现在的中学生性意识觉醒早，他会随着生理上的成熟萌发性意识，也就是开始认识自己的性别，开始懂得如何去扮演男人和女人的角色，并且懂得如何与异性交往，有的会陷入早恋。早恋之所以发生，原因是

孩子缺乏足够的情感关注，或缺乏与父母在心理和感情上的沟通。有心理学家认为，如果孩子从家长那里得到足够的爱，他一定会处理好与异性交往的关系，不会发生早恋。

我们来看下面两个例子，两个例子都是关于孩子有了早恋倾向以后，妈妈的态度和处理方式：

案例一：

孔香屹是一名初一女生，经常和同年级的男生之间用手机互发短信，后来被妈妈发现了。妈妈很惊讶，女儿在家一直是个乖乖女，什么时候学"坏"的呢？妈妈把女儿叫过来轻蔑地看着她："你可真行啊，满以为你背着书包去上学，没想到你却做了这样的事，你叫我有何脸面出去见人？"女儿也不示弱，说："你别用这样的眼神看我，我做什么了，你就没脸见人了？再说这是我自己的事。我就是喜欢他，有什么不好？"妈妈将女儿的手机抢过来没收了，并警告女儿今后不要再和那个男生来往，否则她就找那个男同学的父母，让他们管教好自己的孩子。妈妈以为这样做会把女儿吓住，可是没过几天，妈妈在女儿的书包中发现了许多纸条，字数比手机短信要多得多，内容更让母亲不寒而栗。

对待孩子早恋问题，像这位母亲一样，采取讽刺挖苦、不分青红皂白地横加干涉，粗暴地制止，往往会适得其反，使孩子站到父母的对立面，有的甚至对父母产生怨恨心理，导致悲剧的发生。

案例二：

丹丹上高二的时候，一回家就爱和妈妈说班级谁和谁处对象了。不久后，妈妈发现，女儿不怎么和自己说学校的事了，而且回家后就进自己屋，晚饭也不吃，只喝水，说是减肥。妈妈有些纳闷，以前让孩子上学带手机，她说啥都不带，还说不想让父母监视，现在却自己张罗要用手机。妈妈隐隐感觉，女儿有早恋的倾向了。

聪明的妈妈没有立即责问孩子，"没凭没据，咋说孩子早恋了？就是有证据了，冒冒失失地和女儿开口，万一她想不开，再寻死觅活的

可怎么办？"

一天晚上，妈妈和女儿躺在一张床上，妈妈试探着对女儿说："班上有没有男孩子喜欢你啊？"

女儿脸一红，说："没有，我这么乖。"

妈妈接着问："难道你没有自己喜欢的人吗？你们这个年龄，男女生互相喜欢太正常了，妈妈在你这么大的时候也喜欢过别人。要是有，你可得告诉妈妈，我帮你参考一下。"

这下可激起了丹丹的兴致，一个劲地让妈妈给她讲讲。妈妈就将事先虚构好的故事讲给女儿听，以拉近和女儿的距离，从而达到暗示和教育的目的。

听妈妈讲完，丹丹害羞地告诉妈妈，自己喜欢上了班长。

妈妈并没有表现出惊讶，而是对女儿说："好啊，能让咱丹丹喜欢的一定是很优秀的男孩子，明天你用手机偷偷拍张照片给妈妈看看，看他配不配我的女儿。"

听妈妈这么一说，丹丹先是惊讶，后来一蹦老高，直呼"妈妈万岁"。

随后，妈妈向丹丹班主任老师了解了这个班长的情况，尤其是他的缺点，她了如指掌。

后来在和孩子谈起她喜欢的人时，妈妈先说好听的，再慢慢挑毛病，很巧妙地抓住对方身上缺点，而且是丹丹最不能接受的缺点。

第四天，妈妈就听到丹丹撅着小嘴说，"班长身上确实有好多毛病，我不喜欢他了"。

此招可谓是欲擒故纵，妈妈通过和自己的孩子敞开心的交流，在得知自己孩子确实有早恋苗头的时候，不慌不忙，先给孩子一个赞许的假象，随即再以种种确凿的依据和事实让孩子心服口服地认为，对方还不值得自己此时此刻与共用爱情捆绑在一起。妈妈的良苦用心，也无非是希望孩子在学知识的大好时光里，学业为主，心无旁骛。

通过上面这两个案例中，妈妈对待有早恋倾向孩子的不同态度，我们可以看到，人是有情感的，青春期的感情萌动是生长发育与环境

因素共同作用的结果。"异性相吸"是自然界普遍存在的规律,人当然也不例外。妈妈应把这一观点明确地告诉孩子,让他知道妈妈是理解他的,以建立起相互信任的关系。这有助于以后的坦诚交流与有效沟通。而不应该像孔香屹的妈妈那样,还没有调查出事情的真相,就对孩子说三道四,而且借题发挥,讽刺孩子,甚至对孩子破口大骂,严重伤害了孩子的自尊心,让孩子产生了逆反心理,从而使问题的解决陷入了僵局。相比之下,无疑,丹丹的妈妈是很高明的。

3.上网成瘾

2009 年 4 月 7 日清晨 7 时 18 分,深圳培英文武实验学校初二年级年仅 15 岁的学生周荣突然倒在光明新区路口,当即死亡。

在社区警务室,记者通过监控视频看到:清晨 7 时 18 分 19 秒,身形单薄的周荣穿着校服,双手插在裤兜里,由东向西行走,行走过程中突然前倾,摔倒在地后翻了个身,双腿弯曲挣扎,30 秒后,挣扎的双腿慢慢伸直。

经法医鉴定,周荣为猝死。据周荣父母讲,周荣一年来沉迷网络游戏,近期尤为严重,清明节放假三天,周荣除每天凌晨回家睡觉外,全部在网吧度过。周荣猝死的现场距离该社区最大的黑网吧仅有 50 米。

在中国,青少年上网成瘾者成千上万。每年高校开除、劝退的学生中,有 80%是因为上网成瘾,无法再坚持学习。

上海某高校一位大二男生日前来到校心理咨询中心求助:"自从暑假开始到现在,几乎天天'挂'在网上,'网瘾'越来越大,本来开学后上课学习够紧张的了,可还是难以自拔,特别痛苦。"

该校心理咨询机构的张老师说,类似这样的"网络成瘾症",目前在大学生及中学生中的"发病率"正在不断攀升,让学生感到痛苦、无助。

一些分管高校学生工作的老师也感叹:现在因成绩不合格而退学、试读或留级的学生中,由于网络成瘾而荒废学业的占70%以上。大量的时间花在网上,哪有精力和时间来读书?从中学到大学,学习环境和方法的变化很大,学生如果不能把握自己,上网成瘾,浪费了宝贵的学习机会,人生的轨迹恐怕就大不一样了。

说到这里,可能很多妈妈会问,究竟什么是网瘾,怎么判断自己的孩子到底是不是有了网瘾。其实网瘾是指个体反复过度使用网络所导致的一种精神行为障碍,这一障碍主要表现为在孩子的学习生活中占据统治地位的、持久(至少已1年)和频繁地反复发作的上网行为,并对孩子学习和其家庭已造成了损害。有这一障碍的孩子,对上网往往有一种难以控制的强烈渴望,一天到晚满脑子都是上网时的情景。随着时间的推移,这种对上网的渴望和对网瘾的专注就会变本加厉,如为了达到上网目的而置学习、亲人的干预于不顾,为了支付上网经费而采取撒谎甚至违法的手段等,最终陷入无法自拔的泥潭。

国内著名的戒除网瘾专家陶宏开认为,孩子上网成瘾,主要是家长教育方法有问题。他们往往只给予孩子物质上的满足,而忽视精神、情感上的给予,这是教育的误区。要使孩子脱瘾,关键靠家长。

这里,妈妈自然有义不容辞的责任。妈妈应该加强对孩子上网的管理,使孩子既能体验到网络世界的神奇性,促进孩子的发展,又要避免使孩子的身心受到伤害,学业受到影响。

(1)和孩子建立良好关系

妈妈不要摆出"家长的架子",强硬的教育方式也会造成孩子的压抑。家长本身要以身作则,以理服人,并且要信任孩子。孩子是新生力量,相信孩子就是相信自己。每一位妈妈都应该对孩子有充分的信心,从而才能建立和谐的家庭关系。

(2)不要对孩子求全责备

过于严格要求自己的孩子,反而打击了孩子的自信心,往往适得

其反。对于内向、好胜的孩子,还会引发他的强迫症倾向。还要避免孩子在现实生活中受挫后一蹶不振,因为在这种情况下,孩子容易产生逃避现实世界,转而迷恋上网,对网络形成成瘾的倾向。

(3)正确看待孩子上网

如果妈妈一味禁止孩子在家里上网,孩子可能会去其他地方(如网吧)上网,反而会导致更严重的后果。其实,上网并不全是坏事,但沉迷其中则会影响学习和身心健康。较小的孩子上网主要是玩游戏,较大的孩子则是聊天,寻找心灵的伙伴。这提醒了妈妈需要留些时间、多点耐心陪孩子玩玩聊聊,让他们想玩、想说的心愿在现实中就得以实现。

(4)对上网做出时间限制

首先,对孩子的上网时间要做出限制。其次,妈妈要让孩子安全上网。比如,在计算机里安装过滤程序或者"防火墙",以屏蔽不良网站。妈妈要掌握相应的电脑知识,熟悉孩子经常去的网站和聊天室,以便及时发现问题并解决。另外最好把电脑放在公共区域,比如客厅,不要放在卧室里。

(5)培养孩子广泛的兴趣爱好

增加孩子对外界事物的兴趣,从而分散孩子对网络的单一兴趣。如参与意识和对事物的观察能力等,孩子这方面的兴趣浓厚了,自然就不会再沉溺于虚拟的网络世界中。

4.逃学威龙

小辉今年上初一,自从他上了初中后,对学习就越来越提不起兴趣了。放学后总是和几个同学在外面玩到很晚才回家,问他去哪里

了,他也不说。最近,小辉妈妈从班主任老师那里得知,孩子竟然开始逃学,和几个调皮的同学经常在网吧玩游戏。现在,小辉妈妈面对自己逃学的孩子不知如何是好。

逃学是处在学龄期的青少年学生在上学期间擅自离开学校的行为,逃学是厌学心理发展到较高阶段的一种逃离学校生活环境的行为。

生活中常见的逃学或旷课有两种:一种是偶尔为之;一种是反复长期的。逃学的中学生中,成绩差的是多数,成绩好的极少。逃学的高峰年龄为 14~18 岁,这个时期的学生正处在青春期,正经历着一个"充满危机"的阶段。

孩子逃学的原因有复杂的心理机制,它以孩子的个性心理特征为基础,以各种外在因素为契机。一般地讲,性格内向、自我为中心倾向和自卑感强的学生居多,如果学习成绩不良,受到老师或同学的非难和拒绝,就容易发展为逃学以致厌学离家出走。

除了心理上的主观原因外,孩子逃学还有以下几个原因:

(1)学习的精神压力太大

目前有一部分家长望子成龙心切,他们单凭自己的主观愿望,硬要孩子每次考试都在 90 分以上,总分达到全班或年级前几名,一旦孩子考试达不到上述要求,就恨铁不成钢,打骂孩子。这种不切实际的高要求,对于孩子学习成绩的提高不但无益反而有害。

妈妈要多鼓励孩子,特别是当孩子有失误、过错时,要能体谅孩子,有耐心地鼓励孩子跌倒了爬起来再前进,这样才能使孩子把自己的期望化为上进的力量。

(2)养而不教

有的家庭从来不关心孩子的思想、学习和交往情况,使他们渐渐地和社会上那些不三不四的人混在一起学坏了,在家里却装作学习认真、勤快老实的样子。父母误以为孩子很乖,实际上孩子经常不到

学校上学。

再者,很多家长把时间都放在"挣钱"上了,至于孩子的学习,根本就没有时间过问。家长无形当中,暗示孩子只有"赚钱"才是上策。自然,孩子有了父母这样的"好榜样",对于学习,自然也就是想学就学,不想学就算。

(3)受社会的某些不良风气影响

当下社会,很多人的心态很浮躁和急功近利。有些孩子很容易受到"读书无用"思想的影响。也有的孩子觉得自己家境并不好,父母辛辛苦苦供自己读书实在容易,遂产生想早点去赚钱的念头。

(4)贪玩,对读书不感兴趣

孩子生性活泼好动,一般都喜欢玩。而学校生活有组织有纪律,两者形成强烈反差,于是有的孩子就觉得在学校里读书很不自由,不好玩,由此产生了厌学情绪。这种厌学情绪如果得不到消除,越积越严重,便会导致孩子逃学。另一方面各种游戏的诱惑,对孩子也是一个很严重的影响,因为孩子的自控能力还是很差的。

那么,妈妈在面对孩子逃学问题的时候,又该如何做呢?

(1)帮助孩子改进学习方法

对学习没有兴趣,觉得学习枯燥无味的孩子,妈妈应努力帮助孩子改进学习方法,培养孩子的学习兴趣。对孩子学习中碰到的难题,妈妈最好能耐心辅导,培养孩子克服困难的决心。对于因学习成绩差,丧失学习信心而逃学的孩子,妈妈应仔细分析原因,采取有效的方法,改进孩子学习现状,增强其学习信心。同时,妈妈还要多和孩子的老师沟通,听取老师的建议,以便及时纠正孩子学习情绪上的误区。

(2)注意减轻孩子的学习负担

如果孩子逃学是因为功课太多,作业太多,妈妈首先要了解孩子的负担。如果自己的期望值太高,一定会在孩子的幼小心灵上留下阴

影。妈妈不要强逼孩子，因为人的能力是不一样的。如果孩子已经尽力了，而且很用功，妈妈应该让孩子轻松一点。

（3）在对待孩子的学习上，不要急于求成

"望子成龙"历来都是父母对孩子的心愿，所以难免在学习上会对孩子施加了太大压力。妈妈应逐渐培养孩子的兴趣，让孩子喜欢上学习，这才是治本的办法。

在教育孩子的时候，妈妈要多表扬和鼓励孩子，不要忽略孩子的任何一个进步，即便是孩子只取得了微不足道的成绩，也应给予表扬，让其树立自信心。指出孩子的不足之处和小毛病时，要尽量用温和的语气，使之容易接受。这样才能让孩子更好地学习和生活。

（4）对待孩子的逃学现象要切忌情绪冲动

不能不问青红皂白，就对孩子进行教训。这很有可能将孩子原本不多的求学热情扫荡得一无所存，容易使孩子因怕被打骂而撒谎。再者，如果家长管教过严，就会给不良分子以可乘之机，使孩子更快地向那些人靠拢，这样做的后果是不堪设想的。笔者就曾亲见过，一大早，一个妈妈拿着一根棍子，打自己的孩子。孩子哭闹着，就是不去上学。妈妈虽是咬牙狠心打了自己孩子，却也泪流满面，那种恨铁不成钢的感觉，很是让人动容。其实，孩子不想上学的原因就是因为起床晚了，迟到了，怕挨老师批评，于是孩子就不想去了。

妈妈正确的做法是先平息自己心中的怒气，然后再积极地去了解孩子逃学的原因。弄清原因，才能对症下药，教育好孩子。

（5）为孩子创造一个温馨、和睦的家庭环境

这一点对孩子的成长起着至关重要的作用，不完整或者家庭气氛不和谐的家庭会严重影响孩子的心理健康，从而使孩子滋生孤僻、反叛的心理。妈妈应该充分考虑到这一点，尽量给孩子一个温馨、和睦的家庭环境。家庭是孩子成长的课堂，而妈妈无疑是孩子成长中最重要的一位导师，而且这种影响是终生的。

Part 3 尊重并了解你的孩子，
接纳孩子的负面情绪

4岁的淘淘已经拥有了两辆电动赛车，但当他看到伙伴有一个更好玩的电动坦克时，回到家便要求妈妈也给自己买一个。妈妈没有粗暴地拒绝淘淘的要求，而是对他说，"宝贝，你的小伙伴的电动坦克是很漂亮，我知道你非常想得到它。但妈妈不能给你买，因为你已经有两辆赛车了。不过，如果你好好表现，妈妈会考虑在你生日的时候送你一个同样的电动坦克！"因为妈妈尊重了淘淘的感受，淘淘因此而感到很欣慰。这时，他想得到那个电动坦克的欲望也不像刚才那样强烈了。而且，如果淘淘真的想得到电动坦克，他便会好好表现，以期待生日时妈妈能送他这样的礼物。

这样的小事情，如果做妈妈的处理不好，粗暴拒绝孩子的要求，孩子一定会大哭大闹来抗议。其实孩子也需要被尊重，只有妈妈尊重了孩子，才会赢得孩子的尊重。因此，妈妈不管在什么情况下，都要保护孩子的自尊心。

●一、尊重孩子,学会有效沟通

有很多时候,妈妈做不到耐心地听完孩子的话,而是只听一半就打断孩子说,我知道了。这样的状况很不好,久而久之,孩子就会不愿意与妈妈交流了,究其根源是妈妈根本没有尊重孩子,没有站在平等的朋友一般的立场来看待孩子。妈妈要么认为孩子还太小,要么觉得自己有忙不完的事情,没有必要去倾听一个小孩子的话。其实妈妈想错了,孩子需要尊重,妈妈教育孩子,爱孩子的前提就是得先要学会尊重孩子。

1.学会尊重孩子

孩子作为一个独立的个体,渴望被尊重、被承认。发展心理学的研究表明,中小学生对尊重的需要可以分为 4 个层次:平等与公正,信任与理解,尊重与自信心、独立与自主。所以,孩子年龄虽小,但也需要被家长尊重。

家长尊重孩子就应该做到:不经常谈论孩子曾犯过的错误;不要在他人面前谈论孩子的长短;重视并认真回答孩子提出的问题;批评孩子时应该弄清真相,不要主观武断;尊重孩子的隐私及孩子的朋友等。

孩子随着年龄的增长,自尊心会越来越强。孩子有缺点,父母应

该在没有外人的情况下，对孩子进行善意的批评，并指出改进的措施。

孩子受到尊重，就会觉得自己受到了父母和身边人的重视。只有他们感觉到被尊重，才可能学会自尊，并尊重别人，而自尊和尊重他人是孩子养成健康人格的前提。教育专家指出：父母是否尊重孩子，将对孩子一生的发展起到非常重要的作用。

孩子也有着独立的人格，他们应该有被尊重的权利，如果大人能像尊重自己的朋友一样尊重自己的孩子，孩子就会非常感动。如果大人不懂得尊重自己的孩子，那么孩子也就可能对自己失去自信心。

每个孩子都让父母操心。但是，父母常当众数落自己孩子，最终将会伤害孩子的自尊心，达不到教子目的。如果父母能够改变观点，尊重孩子，在别人面前表扬孩子的优点，肯定孩子优秀的一面，孩子也会理解父母的苦心，从而把事情做得更好。

五一假期，张先生请了几位老同学一起来家里吃饭。喝了几杯酒后，几个朋友开始谈论自己的儿女，可是他们都觉得别人的孩子比自己的孩子好，都在纷纷夸奖别人的孩子。

这时，张先生却非常高兴地说："在我看来，我们家滔滔就很好，他聪明伶俐，学习好又不惹麻烦，还特别关心别人。前几天，我加班特别累，回到家，他看见我疲倦的样子，就过来帮我按摩肩膀，我心里别提多高兴了。"

张先生说完这话，他的几个朋友都用羡慕的眼神看着他，其中一个朋友说："你家儿子真是一个好孩子，真羡慕你。"

张先生对他的朋友说："其实，谁家的孩子没有优点啊，可是你们在座的每个人都在拼命挑自己孩子身上的缺点，只看到别人家孩子的好，看不到自家孩子的优点，当然总觉得自家孩子不如别人家的孩子了。"

此时，在房间里学习的滔滔听到了爸爸和朋友们的谈话，爸爸当着那么多叔叔的面表扬他，让他高兴极了。滔滔暗暗下决心，一定要

更加努力学习，变得更优秀，这样才不辜负爸爸的赞扬，也不会给爸爸丢脸。

父母在别人面前肯定、表扬自己的孩子，会让孩子受到鼓励。家长对孩子越尊重，孩子越会产生极其强烈的自尊心。而这样的自尊心会成为孩子积极进取的动力之源。

父母当着别人的面赏识和赞扬自己的孩子，能让孩子充分感觉到父母对他的重视和欣赏。当着别人的面赞扬孩子还能使孩子产生成功感和荣誉感，从而增强他们学习和做事的信心。

尊重孩子，还要尊重孩子的选择。父母懂得尊重孩子，孩子会变得积极且努力。而且父母对孩子的尊重，可以培养孩子独立判断和思考的能力。

蔡女士的儿子元元即将要参加一个暑期国际海洋夏令营。元元的老师告诉蔡女士，因为元元在学校里的表现非常优秀，所以特意给他留了这个名额。听到这样的话，蔡女士当然非常高兴，她马上交了六千元的夏令营活动费。

回到家里，蔡女士就把这个好消息告诉了儿子。但是儿子却冷静地说："妈妈，你怎么不问问我就交了费用呢？"

蔡女士告诉儿子说："这是一个多好的机会啊，妈妈怕你错过了。"

儿子说："我知道，我提前打听了一下这个夏令营。本来说是 6 天的时间，无缘无故地就变成了 5 天。列出的活动计划也不算少，但是不是能兑现，根本不知道。而且，费用还那么高。要是报名参加游泳训练课，也用不了那么多。我想在这个暑假报一个游泳学习班，并不想参加这个夏令营。"

蔡女士一直都很尊重孩子的选择，可是这件事却让她有些为难。她对儿子说出了自己的疑虑："你们老师说这是一个难得的机会，特意给你留了一个名额。而且，我已经给你交了费用，退费是件非常麻烦的事。"

没有想到,元元拍着胸脯说:"没关系妈妈,退费这件事情我自己来办妥。"

隔天放假以后,儿子回到家里,就将六千元带回家给蔡女士。儿子说:"妈妈,我打听了一下,要参加一个游泳培训班需要 2000 元左右的费用。"

蔡女士笑着拍着儿子的头说:"好的,你愿意学游泳的话,我就去给你报班。"

上了一个暑假的游泳班,儿子晒黑了,而且变得更加活泼,结识了很多朋友,变得更加结实、坚强、有主见。连游泳教练都夸奖说:"蔡女士,你儿子是这个游泳班里表现最棒的,也最能吃苦,真是一个优秀的孩子。"

蔡女士为儿子感到骄傲,同时她也知道,这样的教育结果来自于她对儿子的尊重。因为尊重孩子的意见,尊重孩子的自由,尊重孩子表达思想的权利,儿子才会变得这样独立、成熟、有主见。

孩子渴望得到尊重,希望得到父母的理解。其实,家长应该知道,每个人都有被尊重的权利,即使是家长在自己的工作单位里,也希望得到同事和领导的尊重。被尊重相当于被重视,每个人都希望获得被重视的感觉,孩子也不例外。所以家长不要随意忽略孩子被尊重的权利,对孩子的尊重会让孩子变得更加积极努力。

许多父母在孩子没有出生的时候就为孩子规划好了要走的路,孩子一出生就赶紧实施自己的育子计划,让孩子按照自己的想法、自己的目标前进。他们毫不顾及孩子的想法。因为这些父母通常都认为自己的孩子小,根本就不能做出正确的选择。在他们看来只有自己为孩子选择的才是最正确的,只是他们没有想到,他们的选择是不是真的适合孩子。还有些父母,如果孩子不按照他们的选择做,他们就经常强迫孩子打骂孩子,给孩子造成了巨大的心理阴影。家长要知道每个孩子都是与众不同的,在培养孩子的时候,要先想想或者先问问孩子的兴趣在什么地方,孩子喜欢做什么,要尊重孩子自由选择的权

利。

　　家长尊重孩子的理想，孩子就自然而然会想到要理解和善待家长的好意。这样的良性循环就会使家长和孩子的感情加深。家长尊重孩子的选择，对于培养孩子成为一个有理性的人非常重要。孩子在做选择的时候，家长只需要在旁边做一些指导和观察。兴趣是最好的老师，只要孩子有兴趣，并自愿选择这件事情，就一定可以做好。

　　很多家长认为，孩子说的话，大多都是幼稚的童言，没有必要专注地听，所以自己可以一边忙着别的事情，一边解答孩子提出的问题或是应答孩子的话。但是这样做，家长不专心、敷衍了事的态度会影响到孩子。孩子学会了家长的态度，同样会用这样的态度来对待身边的人。

　　一个一边忙着自己的事情一边和孩子说话的家长，会导致孩子出现做事不专心的毛病。孩子在成长的过程中，会提出各种各样的问题，这个时候，家长难免要解答孩子的问题。此时，家长要做的就是专心致志地解答，不能对孩子敷衍了事。在孩子和自己说话的时候，为了表示对孩子的尊重，应当停下手边的工作，专心地听孩子讲话，而且不要轻易打断孩子说话，要等到孩子说完了以后，再和孩子说自己的看法。这样也是对孩子的一种尊重。有些父母和孩子交流的时候，虽然专心，但总是喜欢在孩子说到一半的时候，对孩子说："你不要说了，我已经知道你要说什么了。"此言一出，就打击了孩子的积极性，长此以往，还会让孩子变得没有自信。

　　和孩子交流沟通是一门很大的学问。稍有不慎，可能就会让孩子养成很多坏毛病、坏习惯。所以，在听孩子说话的时候，要专注地听，耐心地听，还要发表自己的意见。这样孩子会知道，父母是在认真地听自己讲话。父母的耐心倾听不仅是对孩子的一种尊重，而且会培养

孩子好的说话习惯,以及优秀的语言表达能力。

2.别拿妈妈的权威限制孩子

有个一分钟短剧是这样演的:妈妈打儿子,6岁的小家伙委屈地瞪眼直盯着妈妈,愤怒地问道:"你凭什么打我?就凭你是妈妈吗?"面对儿子的这一问,当妈妈的竟无言以答。

生活中,妈妈在教育孩子的时候,总是会不由自主地拿家长的权威来要求子女。在她们的心里,"我生你养你,我可以打你骂你,我可以命令你……"而却很少听孩子的感受,这样的妈妈,自然也难以得到孩子的信任和尊重,难以在孩子心中树立威信。

郑媛媛是个六年级的小女孩,她与父母关系相处得不太好,有什么事情也不愿意告诉父母。

有一次期中考试,媛媛没有取得理想的成绩,心情特别沮丧。她知道父母一定会责怪自己,于是回到家后便一个人打开电视来看。妈妈敏锐地觉察到孩子的不正常情绪,她猜到可能是因为考试不理想。

于是,她走到客厅把电视关了,开始对孩子进行批评教育。面对妈妈的责问,媛媛气愤地说:"我就是故意不考好的。"妈妈听了孩子的话后更加生气,她质问女儿:"你为什么要处处与我对着干?"

媛媛说:"学习是我自己的事情,与你们无关。"她还告诉妈妈:"不要在我面前摆架子,未成年人受法律保护呢。"妈妈也非常苦恼,其实她只是想了解孩子,以便更好地关心她而已,并无责怪她考得不好的意思。

在许多父母眼里,孩子就像一台机器,让他往东就往东,让他往西就往西。可是孩子不是机器。他们也是一个平等、独立的个体,他们需要得到尊重与理解。父母应该放下管理者与命令者的权威架子,以

164

一种平等的姿态与孩子交朋友。

在有些家庭里，父母在教育孩子的时候，处处显示自己的家长地位，总是端着家长的架子，这也无形中在自己和孩子之间划出了一道鸿沟。有的家长总是限制孩子个性的发展，阻碍孩子的成长，有的甚至因此酿成了悲剧。

2000 年新年伊始，"好学生"徐力杀母事件震惊全国。17 岁的徐力原本过着"吃穿全包，一心读书"的幸福生活，然而这种幸福生活却让他承受着巨大的心理压力：他的妈妈要求他每次期中、期末考试都要排在班级前 10 名，有一次他考了第 18 名，就被妈妈狠狠地打了一顿；他喜欢踢足球，妈妈警告他，以后要再去踢球，就把他的腿打断；徐力打开电视机，妈妈也会指责他。妈妈的权威在孩子心中产生了阴影，导致余力心理扭曲。据监管人员反应，徐力进看守所后，没有流过眼泪，他还说："妈妈活得太累，我打死她是让她解脱。"闻听此语，不要说天下的妈妈心寒，所有的人都会头皮发麻。

有人说："家庭权威实在是害人不浅啊。"其实家庭权威本身并没有害人之心，因为每一位做父母的初衷都是为了自己的孩子好，但是人们没有想到的是这种权威的压制，既葬送了孩子的前途，也影响了自己的生活。

在学习重于一切的家庭环境中。很多妈妈只想着孩子一路成功，而忽视孩子需要幸福的童年。孩子终究要长大，要有自己的想法和生活。问题就出在这里，如果妈妈总是按照自己的理解左右孩子，用自己的权威限制孩子的自由，这就给孩子的内心播下了"不幸"的种子，随着孩子一天天长大，家庭专制的阴影就会让"不幸"的种子发芽。等悲剧发生后，一切都已经太迟，惋惜和后悔已然无用。

作为一个好妈妈，要懂得给孩子一个宽松的空间，而不是处处以权威来压制孩子。在这里，我们看看乐乐的妈妈在日常生活里是怎么做的。

一天早上，准备吃早饭了。乐乐忽然拿出一瓶可乐对着父亲说：

"爸爸,请您帮我把盖子打开好吗?"面对儿子这么有礼貌的请求,李先生却很不客气地回答说:"不行!吃饭了,喝什么可乐!去放好!"乐乐的脸马上变了,可他一想又跑过来对妈妈说:"妈妈,你能帮我把盖子打开吗?"妈妈摸摸他的头说:"哦,可以的,儿子,你只是让我打开对吗?但你会等到吃完饭再喝的,是不是啊?"乐乐看着妈妈,用力地点点头,当妈妈帮他打开后,乐乐拿着可乐只是闻了闻,然后又盖好了,轻轻地放到桌子上。正如妈妈说的,他真的等吃完饭后才去喝可乐。

乐乐胃口一直不是很好,有时候父母总想他能多吃一点。可他一看到饭就会皱起眉头说:"妈妈,我吃不了这么多,我真的吃不下。"于是,妈妈就同意把他碗里的饭往自己碗里装,其实只是倒出了一点点,然后妈妈会问他:"你看,去掉了这么多了,行吗?"儿子就很高兴地回答:"行,我现在能吃完了。"这时乐乐真的很顺利地把饭吃完了,因为他心里的包袱已经放下了。

有时候乐乐在画画或者搭积木时,父母叫他吃饭或者做其他的事,乐乐就会很不情愿。妈妈注意到了这一点,每次都会提早一些时候和乐乐打招呼:"儿子,再过五分钟你就要停下来了,我们要出去了。"儿子也会说自己的要求:"等我把这个小蜗牛画好,行吗?""当然,但你要抓紧时间。"妈妈凡事都和儿子协商,儿子也就学会了用协商的办法与妈妈交流。

当妈妈放下家长的架子,不拿家长的权威来限制孩子的时候,孩子才会真正感受到来自妈妈、来自家庭的爱。也只有在这样的家庭环境中,孩子才能健康、自由地成长。

3.掌握与孩子沟通的方法

与孩子沟通是要讲究方法的,否则很难达到正确引导孩子的目

的。有些家长在孩子犯错误的时候,喜欢用严厉的语言来呵斥孩子;也有些家长喜欢在平时说话的时候就用大声呵斥的口吻。其实用平和的语言与孩子沟通才能走进孩子的世界。

美国教育专家对父母的言语给孩子带来的影响进行调查,研究表明,在日常生活中,如果父母一味地喜欢大声呵斥孩子,会给孩子造成心理障碍。大声呵斥孩子,甚至骂孩子,会比体罚孩子给他带来的创伤更大。

父母要知道,即使是在批评孩子的时候,低声而有力的批评也比高声呵斥效果好得多。越是平和的批评,对孩子的震慑力可能会越大。当然,如果孩子犯了错误,在低声有力地批评孩子的时候,还要有严肃的表情,这样可以告诉孩子父母的态度,以便于孩子纠正自己的错误。

生活中,本来就会有很多烦恼。家长不但要面对复杂的人际关系,还要处理好工作和家庭的问题。可以说,心情好的时候是比较少的。但是在面对自己的孩子的时候,即使心情再不好,也要适度调整好自己。如果父母经常在家里吵架,吵架后带着坏心情来面对孩子,就会让孩子感到恐惧,没有安全感,心情不稳定,从而变得更加敏感和脆弱。

父母忽冷忽热地对待孩子,让孩子莫名其妙、不知所措的同时,也会让孩子觉得大人行为古怪,不值得信任。这样就容易造成孩子和父母的疏离,甚至还会疏离其他人。这样的话,孩子容易形成孤僻、清高、不合群的性格。

作为家长,不管自己的心情是好是坏,都要一如既往地对待孩子,给孩子正确的指导、正常的关心,让孩子觉得父母永远值得他们依靠,永远关心自己。有了稳定感、安全感,孩子就会对父母产生依赖感,也会和父母进行亲密的交流和沟通,这样的话,孩子才会健康地成长。

父母的一个表情、一个眼神、一个动作对孩子的影响都是巨大

的,孩子都会去模仿,都会去探究。其实,在和孩子的相处中,父母应该巧妙地运用肢体语言和面部表情,因为这些如果运用得好,对孩子的教育可以说是事半功倍。

孩子在做得好的时候,不仅仅需要一句鼓励的话,有时还需要一个拥抱。父母运用身体语言,也能在潜移默化中教育孩子。

王先生的女儿只有 5 岁,是个很懂事的孩子。在跟着父母外出的时候,她见到邻居都会问好,并且问完以后都会朝父母的脸上看。这个时候,王先生夫妇一般都是微笑地看着女儿,仿佛在对女儿说:"你是个很有礼貌的孩子。"父母的微笑让孩子更加高兴。

在散步的路上,如果小女孩发现垃圾箱旁边有些没有丢进去的垃圾,她就会跑过去,把垃圾丢进垃圾桶。这个时候,她又会看着父母,父母在这个时候会向女儿竖起大拇指,并且说:"你做得很棒!"

女儿从幼儿园回来,就和父母叙述自己在幼儿园一天的生活。每当说到她帮了哪个小朋友,王先生就会拍着女儿的小脑瓜说:"做得好,以后还要经常帮助小朋友。"有时候,女儿在幼儿园里可能受到了哪个小朋友的欺负,在回家以后向父母诉说这件事情的时候,说着说着就哭起来。这个时候,妈妈通常是先拥抱着女儿,等她哭完了,才细细地问明原因,并告诉女儿要和小朋友好好相处,要原谅那些做得不对的小朋友。

很多次,王先生在放学时去接女儿,幼儿园的老师都夸奖女儿在幼儿园的表现非常优秀,跟小朋友很团结,懂得礼貌谦让,又肯帮助比自己小的孩子。王先生听了为女儿感到高兴,也觉得自己的教育方法是正确的。

在和孩子交流的时候,目光和眼神是很重要的交流方式。在与孩子谈话的时候,家长要尽量看着孩子的眼睛,同时也要求孩子看着自己的眼睛说话,通过这样的训练,不仅能让孩子知道自己对他说话的内容很感兴趣,而且能让孩子了解与别人说话时,注视对方是一种礼貌的行为。在交谈的过程中,要让孩子渐渐了解严峻的、慈爱的、赞赏的目光的区别,这样孩子就会逐渐意识到自己的行为跟这些目光的

关系。这样既避免了啰唆的说教，让孩子记忆深刻的同时，也达到了教育孩子的目的。

父母的表情对孩子的影响可以说是巨大的，父母在微笑，这就表示有赞许、安慰和鼓励的意思；如果父母冷漠、呆板、紧绷着脸，表示的是不满和否定。在家长微笑的时候，孩子就知道自己把事情做得很好；当家长绷着脸的时候，孩子就会知道自己犯了错误。不过家长需要注意的是，不要在平时表现出喜怒无常的情绪，这样很可能让孩子弄不明白家长的意思，反而会收到不好的效果。

在动作方面，家长点头和拍手，表示赞同；摇头和摆手，表示反对；竖起大拇指，表示赞扬和庆祝；伸出小拇指表示失望和差劲，抚摸孩子的头、亲亲孩子的脸、拍拍孩子的肩、拥抱孩子等，都表示对孩子的爱抚与关怀之情。运用这些可以让孩子更清楚地了解家长对自己的爱，同时可以让父母和孩子更好地沟通。

孩子的话也需要家长用心倾听，为了让他可以在以后和别人的交流中更有效地说出重点，父母首先要在孩子的生活中扮演好听众的角色。因为家长必须明白，语言是人类沟通的基石。很多儿童心理学的研究人员在长期的研究中发现，孩子说话的主要目的只有两个：一是想要与人分享自己的心情，以证明自己的存在；二是希望通过说话来让别人为自己做些事情，让别人明白自己的某种要求。所以家长要懂得倾听的艺术。

做孩子的忠实听众，既能培养孩子的语言表达能力，又有利于增强孩子与父母之间的情感和心灵的沟通。

面对孩子的叛逆，很多父母都会摇头叹息说，弄不明白孩子到底在想些什么。孩子的真实想法到底是什么，他为什么都不肯告诉我？很多家长常常这样想。由此可见，家长与孩子很好地进行沟通，打开孩子的心扉，探一探孩子的内心世界就应该掌握与孩子进行沟通的技巧。

很多父母虽然与孩子朝夕相处，却对孩子的想法并不了解。如果父母不能很好地了解孩子的想法，就很难有效地引导孩子。而孩子也

很难成长为家长所希望的人。

要让孩子说出内心的想法,最重要的就是信任孩子。平时以轻松愉快的方式和孩子进行朋友式的谈心与游乐,也可以偶尔和孩子打闹、开玩笑,让家庭充满幽默和温暖的气氛。与孩子说话时,要让孩子学会看着你的眼睛。因为目光的接触本身就是一种交流。家长应当目光亲切,让孩子感觉到你对他的信任,这样孩子说话时就会自然而然地看着你。在倾听孩子的想法的时候,也可以多跟孩子讲道理,引导孩子健康成长。

望子成龙、望女成凤的父母总有一种喜欢攀比的心理,希望自己的孩子能够在更多的方面超过别的孩子。经常进行比较的结果让很多家长感到失望,从而不停地斥责自己的孩子,让孩子变得越来越消极。

爱孩子就不要拿自己的孩子同别人进行比较。在孩子成长的过程中,父母应该从内心深处杜绝拿自己的孩子和别人家的孩子比较的想法,父母应该学会全面地看问题。别人家的孩子也有缺点,别人家的孩子也并不一定是天才。自家的孩子虽然有缺点,但是也有很多优点。家长在比较的时候,应该这样看、这样想。只有不断地肯定孩子的优点,才能真正帮助孩子取长补短。即使孩子反应慢一些,也要告诉孩子笨鸟先飞的道理。只要孩子尽力了,即使成绩不优秀,家长也不要责怪孩子。这样的教育才是成功的教育,这样的教育才能使孩子变得更优秀。

4.给孩子说话的机会

妈妈教育孩子最基本的方式就是与孩子进行语言沟通、心理交流,但是很多妈妈往往把与孩子谈话变成了训话。有的妈妈埋怨孩子不听话,其实应该反思自己对孩子的态度,应该给孩子说话的机会。只有孩子向妈妈打开了心扉,妈妈才能真正了解孩子的内心。

　　妈妈要想与孩子建立良好的沟通关系,首先不是学会跟孩子说什么、怎么说,而是要学会倾听。在沟通的许多时候,听比说更重要。不少妈妈在与孩子的沟通中,忽略了听的重要性,特别是在听到孩子谈论一些自己认为错误的观点和行为时,便迫不及待地站在家长的立场上,立即加以限制和制止:应该这样,不应该那样。这样的训话很难得到理想的沟通效果。

　　关太太发现儿子小贝考试没有及格,于是把孩子叫到跟前进行教诲。妈妈讲了学习的重要性,讲了父母的不容易,讲了对儿子的期望,还讲了一大堆典型的例子,孩子坐在妈妈跟前一动不动地听着。妈妈讲得口干舌燥,到了后来都不记得自己讲话的内容了,才不得不结束。为了验证一下说教的效果,结束时她问孩子:"你听明白了吗?"孩子点头说道:"听明白了。"然后,平静地回了一句,"妈妈,你该把围裙解下了!"听了这句话,妈妈差点被气晕过去。显然,这个孩子并没有真正在听妈妈的教诲,妈妈只是空洞地讲了一番大道理,并没有了解到问题的关键所在,这样没有针对性、没有互动性的沟通是无效的,有时会引起孩子的逆反心理,起到负面作用。

　　在与孩子沟通时,妈妈应该先听听孩子的话,这样才能了解他们的问题所在,苦恼所在,愿望所在,帮助孩子理清自己的心理现实和客观现实,有的放矢地进行教育。家长一定要学会倾听,要先听后说,这样的沟通才是有效的沟通,孩子才能在沟通中受益无穷。

　　倾听是一种艺术,每一个做父母的都爱自己的孩子,确保孩子的健康成长是每一个父母的重要目标,看到孩子幸福快乐是家长的最大愿望。《倾听孩子》的作者帕蒂·惠芙是美国家庭教育和心理咨询的专家,她认为孩子不正常的表现在孩子成长的过程中起着非常重要的作用,如果家长处理得当,就会有利于孩子形成健全的人格和健康的心理。孩子每一个不正常行为的背后都有一个正当的理由,他们用这些行为宣泄心中的负面情绪,是在呼唤成年人的关注。当孩子有不良情绪时,做父母的不但要保持态度亲切,还要耐着性子关注孩子,帮助他发泄不良情绪,这个过程就是倾听的过程。

倾听孩子的话,这件事说起来容易做起来难。因为倾听并不仅仅是用耳朵听到孩子所说的话,而且要走进孩子的内心世界设身处地去感受,不但要努力地听进去,而且要思考,要与孩子互动。一位心理学家曾说过,人跟人在说话时,表面上是你一句我一句,好像是一个在说,一个在听,但实际上是你在讲话时,我只是在想下一句我该怎么说,至于你讲什么没有关系。妈妈在跟孩子进行沟通时,若只是一心一意地关心自己要怎么讲,要怎么说服孩子,要如何才能让孩子听自己的话,那么这个家长就没有真正贴近孩子的内心,没有真正把心思放在孩子身上。

一个妈妈带着一个三年级的孩子来找心理医生,原因是孩子不爱说话,有什么事情都埋在心里,不愿与父母沟通,是不是有自闭症的倾向了。医生就问这个孩子:"孩子,你和父母之间说话多吗?"孩子回答说:"很少说。"

"我想这里面一定是有原因的,是不是你父母最初时不愿意听你说话呢?"

"我一说话他们就批评我,总认为他们自己是对的,我是错的,没办法与他们沟通。"

"你记得最近一次跟他们沟通时的情景吗?"

"那是半年前了,那次天天来找我玩,我就把爸爸刚给我买的小自行车推出来给他骑着玩儿,由于小区里道路不平坦,所以天天摔倒了,车子前面的小篮被摔坏了。天天走后,爸爸妈妈一起责怪我太傻了,新买的自行车都给人摔坏了,不知道珍惜自己的东西。我就不愿搭理他们了。"

"你能把新买的自行车给天天玩儿,看来你对他挺好的。"

"天天是我的好朋友,我每次去找他玩,他都会将他的新玩具拿出来给我玩。上次,他爸爸给他买了一个遥控汽车,他专门跑到我家告诉我,让我和他一起玩儿。我玩的时候,不小心将上面的一个按钮弄掉了,后来遥控汽车就不能跑了,我很害怕,因为我没有那么多钱

赔他一个新的。但是天天没有让我赔，他告诉他爸爸说是他不小心弄坏的。所以，我答应天天，有好玩的玩具一定给他玩，天天是我最好的朋友，我不能说话不算数吧！"

"你爸爸妈妈知道这件事吗？"

"不知道，他们要是知道肯定会骂我的，所以只有我和天天知道。"

"你平时有了烦心事，和谁说呢？"

"谁也不说，憋在心里。"

"你觉得憋在心里好吗？"

"不好，很难受。但是我不想跟别人说。"

医生在问完孩子的话之后，跟孩子的妈妈谈了起来，聊到了孩子与天天的事情，妈妈吃惊地说道："是吗？有这回事吗？我只是觉得这个孩子太不知道替自己着想了，怕他以后吃亏才提醒他的。他没有和我说与天天的关系啊，如果知道他如此讲情义、懂回报就不会干涉他了。"

医生看着满脸惊讶的妈妈，平静地问道："那你当时为什么不给他机会，倾听一下他的心里话，了解一下孩子心里怎么想的呢？"

妈妈难过地说："平时对孩子的心理特点了解不够，没有关心好孩子，没能从孩子的角度看问题，我们做家长的应该检讨自己。"

妈妈要学会"听，听，再倾听"，要用同样的心理去弄清楚到底发生了什么事，尽量从孩子的立场去考虑他的感受。妈妈不能在没有听孩子讲清事实真相的情况下，就开始进行说教，否则欲速则不达，还会在无意识中剪断了与孩子连接的丝线，最终会导致孩子与自己感情上的隔膜。与孩子进行沟通时，妈妈一定要做孩子最忠实的听众，要把孩子的话听进去，而不是站在孩子的对立面与孩子对着干。

作为父母都是发自内心爱自己的孩子，可是为什么却不愿意倾听自己的孩子呢？这与其内心深处将孩子看做是什么样的角色有关。很多妈妈将其视为"小孩子"，没有把孩子放在与自己平等的位置上，

要知道孩子是个独立的个体，有自己的喜怒哀乐，大人们一定要尊重和接受孩子的情绪，平等地对待自己的孩子。

有些妈妈，虽然在理论上承认要尊重孩子，将其看做是独立的个体，但是每当孩子站在自己的面前，看着这个娃娃，家长就会把他看做"小屁孩"，不经意间不重视他的话，认为他什么都不懂，这时大人们常犯以自我为中心的毛病，用自己的意志代替孩子的想法，孩子的话在他们心中的分量很轻，所以就失去了对孩子话语的尊重。

其实，妈妈爱孩子、关注孩子，一种最常见、最重要的方式，就是"聆听"。妈妈也有缺点，在教育孩子的时候也会犯错。基于这种心理，妈妈要认真倾听孩子说话，以减少自己犯错的机会。如果妈妈能认识到自己的不足，把孩子看做是独立的个体，那就可以成为他敞开心扉的朋友。

在家里，当孩子在说话时，有的父母一见孩子说个不停，就直接让孩子闭嘴。有的家庭里，父母甚至规定不允许孩子说个没完。有的父母则是采取不理睬的方式，不管孩子怎么热情洋溢地讲述，父母都像没有听见一样对孩子不理不睬，在这种情况下，孩子说话就像在唱"独角戏"，没有应答，没有配合，没有分享，没有交流。如果家长换位思考一下就会明白孩子的心情会是多么低落。也就明白为什么孩子的话愈来愈少。有些父母，如果孩子来找他们倾诉，他们不好意思拒绝，表面上在听孩子讲话，实际上在忙着自己的事情，对孩子敷衍了事，孩子是能够感觉到的。长此以往，就会失去与家长说话的兴趣。有的父母则是有选择地倾听，孩子说到某些似乎重要的事情时，家长才会竖起耳朵，集中精神，试图用最少的时间来获取最大量的信息。有的父母会认真倾听孩子所说的每一句话，尽可能理解他说的含义。

实际上，这些倾听方式都是不正确的。虽然最后一种方式体现出了父母对孩子的关注和爱，但是父母是没有精力认真倾听孩子的每一句话的，这样也会影响父母自己的事。父母要根据孩子的情绪不同，来选择不同的倾听方式，尽量使自己的倾听效果最大化。

174

一个年轻的母亲在公司忙碌了一整天，回家后刚打开房门，小女儿就从屋里跑出来扑到妈妈怀里兴奋地说："妈妈，妈妈，我给你讲讲幼儿园里小朋友的事情。"

妈妈有些劳累，但还是抱起了女儿，吻吻女儿的小脸然后问道："宝宝，今天听奶奶的话没有？"

小女孩还是说道："妈妈，妈妈，我给你讲讲幼儿园里小朋友的事情。"

妈妈将孩子放下，说道："乖女儿，待会儿再说，妈妈先去做饭了。"

做好晚饭后，马上要吃饭了，女儿依然盯着妈妈，看妈妈刚要坐下吃饭，又开始说道："妈妈，妈妈，我来告诉你今天幼儿园小朋友的事情嘛！"妈妈对女儿投以肯定的目光，女儿刚要开口，妈妈的电话响了起来："哦，宝贝，等一下，妈妈接个电话。"

电话粥熬了十几分钟，妈妈回到餐桌上，女儿还没有来得及说，妈妈就和爸爸谈论起刚才电话的内容，然后又开始和爷爷奶奶谈话，大家一起谈论孩子的培养计划。小女孩张嘴说话，可是总是被大人们的高嗓门压下去。家长们都认为自己在说正事，谁也没有注意到这个小女孩的心情。

吃过饭后，妈妈开始收拾厨房，然后开始洗衣服。女儿一边看动画片，一边观察妈妈，发现妈妈一会儿也没有闲着。

妈妈忙完以后，对女儿说："宝贝儿，该睡觉了。"

妈妈把孩子抱到床上，安抚好以后准备离开时，女儿突然问道："妈妈，你还爱我吗？为什么没有时间听我说话呢？"

妈妈被女儿问得一愣，这时才明白自己忽视了孩子的感受，赶紧向孩子道歉。小女孩给妈妈讲了幼儿园小伙伴的好玩儿的故事后，安心地睡着了。

现在好多妈妈都无意中剥夺了孩子的话语权，孩子因为话语得不到表达，可能会这样想："我和妈妈说话，她都不耐心听，她肯定不

爱我了。"内向的孩子会生闷气,淘气的孩子会更加叛逆。这样对孩子的成长都会带来不好的影响。

妈妈应该给孩子说话的机会,可能他说的没有道理,你根本不会采纳,但是一定要捍卫孩子说话的权利。他说出来你接不接受是一回事,但是你让不让孩子说又是一回事。如果孩子的话语权得不到妈妈的尊重,妈妈不让孩子把话说完,这样一方面不利于孩子语言表达能力的提高,另一方面也使孩子产生了自卑情绪。久而久之,孩子就会与妈妈产生对抗情绪,以致双方相互不信任,产生沟通困难的问题,甚至还会造成孩子的不良心理。

妈妈应该知道,亲子之间的沟通交流是影响亲子关系、孩子性格发展的重要方面。所以,如果妈妈能对孩子的倾诉多一些耐心,不急于打断孩子说话,给孩子说话的机会,那么遇到事情时,孩子就会乐于向妈妈倾诉,妈妈与孩子之间就能建立良好的沟通了。

● 二、破译孩子的逆反行为

随着孩子生理、心理的发育和成长,做妈妈可能会发现,不知从什么时候起,孩子变得很傲了,甚至还可能与家长"对着干"。你要他去东,他偏朝西走;你要他去西,他偏朝东走。这种现象,心理学上称之为"逆反心理"。

1.逆反心理

提起《大话西游》想必很多人都看过,并且对里面的人物念念不忘。唐僧苦口婆心说教悟空,而悟空心烦气躁,愤愤地说:"大家看到啦?这个家伙没事就长篇大论婆婆妈妈唧唧歪歪,就好像整天有一只苍蝇,嗡……对不起,是一堆苍蝇围着你,嗡……嗡……嗡……飞到你的耳朵里面,救命啊!"悟空倒地翻滚,异常痛苦。

许多妈妈看到这个镜头的时候,可能会觉得很有意思,但她可能没有想到,自己正在扮演着唐僧的角色,而她的孩子却正如孙悟空一样烦躁,虽然她不敢直接表达出来,但却埋下了逆反的种子。

教育孩子需要讲究方法,方法得当,事半功倍,方法不对,适得其反。任何的说教者基本上都是出于好心,目的都是为了对方好。唐僧说教悟空也是这个出发点。但是为什么说教的效果微乎其微,甚至还招致反感和痛恨呢?因为说教者给人的感觉是高高在上、掌握着真

理、道德高尚,这样就给对方带来压力,好像对方不是不懂事,就是很"缺"德,好像在道德方面不如说教者。所以说教者往往给对方带来压迫感,对于孩子来说容易产生逆反心理。

百度百科上对逆反心理解释为:人们彼此之间为了维护自尊,而对对方的要求采取相反的态度和言行的一种心理状态。

孩子群里常常会出现一些"不听话"的"犟"孩子,他们无视长辈权威,与老师家长对着干。通过制造不符合常理、违背常规的行为来显示自己的"高明"。

逆反心理不是凭空产生的,它的出现是有一定诱发因素的。以下几种情况最容易诱发逆反心理。

其一,当某事物被禁止而又没有说明被禁止的理由时,最容易产生浓厚的神秘感,从而引起人们的好奇心和求知欲。

其二,青年人处于性格形成和寻找自我的时期,希望社会承认他的价值和地位,从而获得与社会之间的认同。因此他往往表现得偏执,有意采取与其他人不同的态度和行为,以引起别人的注意。

其三,逆反心理的典型表现是:在特定条件下,当事人的言行与他的主观愿望相反,产生了与常态性质相反的逆向反应。一旦这种心态构成了心理定式,就会对人的性格产生极大的影响,成为他言行举止的一个基本特征。

逆反心理是一种固执偏激的思维习惯,它使人无法客观、准确地认识事物的本来面目,而采取错误的方法和途径去解决所面临的问题。

逆反心理经常地、反复地呈现,就构成一种狭隘的心理定式,无论何时何地都与常理背道而驰。有逆反心理的人往往孤陋寡闻、妄自尊大、偏激和头脑简单。可以通过如下途径来克服逆反心理:

(1)通过学习来提高对事物的认识,纠正错误的认识方法和思维习惯,以此来克服逆反心理。广闻博见能使人们避免固执和偏激,而逆反心理则使我们在最终认识真理之前走了许多弯路。

（2）逆反心理之所以如此困扰着人们,往往是利用了人们缺乏对多渠道解决问题的想象力。解决一个实际问题用一个办法就已足够,但在问题未解决之前却存在着几乎是无限的可能性。因此,对总是怀有逆反心理的人来说,努力培养起自己的想象力是十分必要的,它有助于我们开阔思路,从偏执的习惯中超脱出来。

（3）逆反心理是一种近乎病态的心理状态,家长应该对孩子的这种心理应该予以足够的重视,帮助孩子不断纠正这种不正常的心理状态。

青少年产生这种逆反心理在思想上表现为:青少年正处于"过渡期",其独立意识和自我意识日益增强,迫切希望摆脱成人的监护。他们反对成人把自己当"小孩",要求以成人自居。为了表现自己的"高明",就对周围的事物持批判态度。正是由于他们担心周围年长的人无视自己的独立存在,才产生了用各种手段、方法来确立"自我"与外界对立的情感。

客观方面,教育者的可信任度、教育手段、方法、地点的不适当,往往也会导致逆反心理。

逆反心理产生的原因有三种:

一是好奇心。例如,一些不适合青少年观看的电视剧,越是受到社会的批评,孩子们越是想看,千方百计找到光盘或通过网上下载,一睹为快。这些都是由于好奇心的缘故。

二是对立情绪。家长教育孩子时"苦口婆心",孩子却不理解父母,认为父母是故意挑毛病。

三是心理上的需要。孩子对于越是得不到的东西,越想得到;越是不能接触的东西,越想接触;越是不让知道的事情,越想知道。这是人们心理发展的一般规律,由于孩子理智程度较差,这种欲求也更强烈。

青少年逆反心理一方面是由于生理的变化而引起心理上的变化所产生的,另一方面是由于父母的管教方式所引起的。但为什么父母的一些管教方式会引起青少年孩子的反感呢? 这还需要从社会文化

的变迁来做一番理性的思考。

(1)社会文化的变迁,使父母不再是孩子心目中的绝对权威。中国传统文化认为家长是家庭中非常有尊严的,神圣不可侵犯的权威。"君为臣纲,父为子纲"等传统观念,在现代社会里,随着社会文化的变迁而动摇。青少年更崇尚家庭民主、自由。

(2)社会文化的变迁,带来两代人之间价值观上更加明显的差异。今日的父母一方面受到传统文化较深的影响,难免在处理亲子关系上有意无意地执行着旧有的价值标准;但另一方面又无法避免现代社会的冲击,价值观念也往往出现矛盾和分歧。

(3)核心家庭与青少年亚文化的出现,使青少年的社会化更多地受同辈群体的影响。现在的独生子女处于核心家庭中,缺少了兄弟姊妹这条斜向线的影响,在家庭中相对较少有情感上的支持,而相对较早地有精神上的独立,而这种精神上的独立使儿童多方寻求摆脱父母的影响。随着同辈群体的出现,乃至青少年亚文化的形成,青少年就更多地向同辈群体或组织中寻求情感上的认同与支撑,发展自己的独立性。

(4)社会文化的变迁使得亲子之间的角色扮演与角色期待之间发生冲突。对孩子而言,他们受到社会媒体与大众舆论的影响,对父母所扮演的角色有自己理想的标准。对于父母来说,他们望子成龙、望女成凤,希望孩子朝着自己预期的方向发展。

从以上分析我们可以看出,社会文化的变迁是造成青少年逆反心理、亲子关系不和谐乃至冲突的一个极其重要的原因。因此我们必须对过去已形成的认识和做法加以反思,对当前社会文化的变迁加以审视,对新的转折期的亲子关系进行思考。

作为家长,不妨改变一下考虑问题的角度和思维方式,站在青少年成长的立场、社会化过程的要求和人类社会进步的高度看,既看到青春期青少年心理发展及行为上的不足,更要看到他们的进步与主流以及发展方向,以积极的因素克服消极的因素,改善、和谐亲子关

系，促进孩子的健康成长。

　　刚刚念初中的孩子，显著的特点是"变"。生理上在变，孩子开始发育了；心理上也在变，家长会发现不知从什么时候起，孩子不听话了，甚至还可能与家长"对着干"。具有逆反心理的这个时期，心理学上称之为"心理断乳"期。

　　孩子逆反心理的产生，从小学进入中学对孩子来说是一个飞跃。他们认为自己已经长大了，他们一方面想摆脱父母，自作主张；另一方面又必须依赖家庭。这个时期的孩子，由于缺乏生活经验，不完全恰当地理解自尊，强烈要求别人把他们看做是成人。如果这时家长还把他们当小孩来看待，无微不至地"关怀"，口里啰啰唆唆地"叮咛"，他就会厌烦，就会觉得伤害了其自尊心，就会产生反抗的心理，就会萌发对立的情绪。如果父母在同伴和异性面前管教他们，那么，他们的"逆反心理"会更强烈。

　　难怪此时，许多家长常抱怨孩子越来越不听话了，整天不想回家，不愿与家长说心里话，交换想法，做事比较任性。而许多孩子却说，父母一天到晚唠唠叨叨，烦死人了！规定这不许，那不准，真讨厌！显然，家长和子女在"对着干"。

　　初中的孩子，随着接触范围的扩大，知识面的增加，内心世界丰富了，形成了自己的价值观，这种价值观有时与父母的价值观不同，得不到父母的理解。于是就在同龄孩子中寻找共鸣，父母也就变得不那么亲近了。此时，如果父母不了解子女的这种心理、生理变化，一味简单、生硬地管教，就会迫使子女产生反抗情绪和行为。这个时期的孩子，尽管自我意识发展了，但自我控制能力还很差，常会无意识地违反纪律。他们喜欢与人争论，但常论据不足；喜欢怀疑，却又缺乏科学依据；喜欢发表见解，但又判断不准；喜欢批评别人，却又容易片面。而父母管教子女往往有两种心理状态：一是把子女看成私有财产，对子女具有绝对权威；二是父母将子女看成自我理想的再现，希望子女能实现自己想实现、但没有实现的理想。因此，父母把自己的

生活经验灌输给孩子,企图让孩子按父母的设想去生活。

父母要管教,子女要独立。于是矛盾必然产生,子女的反抗行为在所难免。孩子的反抗形式多种多样,有的不与父母交谈,有的与父母阳奉阴违,有的离家出走,甚至走上犯罪道路。

为此,家长光满足于表面上了解孩子是不够的,家长必须学点儿童心理学知识。只有这样,才能更深入地了解孩子、理解孩子,积极地教育孩子。

2.犯错是孩子的权利

金无足赤,人无完人。即使圣人也可能会做错事,更何况少不更事的孩子。孩子处于人生的开端,对周围的一切都充满好奇,人的本性促使他不断探索,以求得到更多的认识。在这个探索的过程中一定会出现很多错误,所以说犯错是孩子的权利。一旦孩子做错事,作为家长不要担忧,也不要一味责怪孩子,而是应该给予正确的引导,帮助孩子纠正错误。吃一堑长一智,家长应有意识地协助孩子增加生活的经验,建立正确的人生观和价值观。

妈妈如何对待孩子的错误和失误,决定着孩子的成长速度。如果妈妈不给孩子犯错误的机会,那么孩子将永远也学不会新的知识。

当孩子做错事情的时候,他的心里是很难过的,他害怕妈妈因为生气而不疼爱自己。如果这个时候妈妈能够表明自己对孩子的疼爱将是对他最大的鼓励。妈妈会允许孩子犯错,能够宽容孩子的过失并鼓励孩子避免类似的错误发生。当孩子意识到妈妈并不会因为自己不小心把新衣服弄脏了或者因为贪玩考试不及格而不爱自己时,就不会把这些事情看成是灾难,可以减轻心理上的沉重负担,积极思考失败的原因,并研究可行的方法弥补过去的失误。

可在现实生活中存在着很多这样的情况：妈妈在得知孩子没有考好的消息后，对孩子又是责骂又是体罚，并逼着孩子去反思考试失利的具体原因。家长的这种做法只会让孩子认为没有考好就是无法弥补的大灾难，从而使孩子没有信心提高自己的成绩。

为了减少孩子在做事的过程中出现的错误，就应该重视孩子努力的过程，在做事的过程给予孩子更多的鼓励，这样才能有好的结果。一位儿童心理学家说过："孩子获得任何行为的改变，或者达成任何目标，都并非一件一蹴而就的事情，而是需要花费时间才能达成的。"

很多家长喜欢吹毛求疵地评论孩子做事所取得的结果，但很少关注孩子在做事的过程中所投注的努力和取得的进步，孰不知这样的教育方式会引起严重的后果，不仅会使孩子继续努力的欲望一点点消失，而且还可能引发孩子自卑的心理。所以，注重孩子努力的过程，允许孩子出现错误，不过分看重结果将有利于孩子的健康成长。

如果妈妈总能用积极乐观的态度去强调孩子积极的一面，而不是专门挑剔孩子的缺点，那孩子的潜能便能最大限度地被激发出来。只要妈妈用心，有时候，孩子的缺点也可能转化为优点。

孩子年龄小，还不会用客观的分析来判断自己的行为，妈妈怎样看待孩子，孩子就会怎样看待自己。如果妈妈用积极的态度看待孩子的缺点，肯定能够有效地与孩子沟通，并能协助孩子把缺点转化成优点。

允许孩子犯错误并不是对孩子的错误放手不管，而是鼓励孩子从错误中学习经验，找出错误的原因，从而改正错误。

刘蕊蕊在考试的时候遇到了难题，她很害怕自己不及格，于是就向坐在自己旁边的同学发出了求救信号，可是监考老师像是长着一双千里眼，从很远的讲台上就发现了她的小动作，于是没收了她的小纸条，并将这件事情通知了家长。蕊蕊的妈妈知道这件事情后并没有当着老师的面责怪蕊蕊，而是满口答应老师，回去一定好好教育她。

回到家里,蕊蕊担心地看着妈妈的脸色,等待狂风暴雨的到来。可是,直到吃过晚饭妈妈都没有提起老师所说的事情。当妈妈把家务收拾好了,就坐在蕊蕊的旁边,笑盈盈地对她说:"作弊是不对的,你知道吗?你考试的时候为什么要作弊呢?"蕊蕊看着妈妈小声说:"我知道作弊是不对的,可是我想考个好成绩让妈妈高兴。"妈妈抚摸着女儿的脑袋微笑着说:"你的想法是好的,但可以通过自己的努力学习来实现愿望啊,妈妈相信你只要平时用功,一定可以考出好成绩。"蕊蕊点点头。妈妈又说:"以后不要再作弊了,因为作弊是自己欺骗自己,就算考了高分也不是自己的真水平啊。只要你努力了,即使拿不到高分,妈妈也会高兴的。"蕊蕊看着妈妈的眼睛静静地听着,然后使劲点头,最后抱住妈妈的脖子说:"妈妈你真好!下次考试我一定要凭自己的努力考高分!"妈妈抱住蕊蕊亲亲她红扑扑的小脸蛋,欣慰地笑了。

果然,蕊蕊平时学习认真多了,在下一次考试的时候,蕊蕊没有再作弊,并且取得了好成绩,得到了老师的表扬,还获得了突出进步奖。开家长会的时候,老师又和蕊蕊的妈妈进行了一番谈话,这次是为了赞扬蕊蕊的妈妈教育有方。

由此看来,孩子犯错误并不可怕,可怕的是家长不会给予孩子正确的引导,更可怕的是孩子犯错后不知道从中吸取教训,及时改正自己的错误。为了使孩子健康快乐地成长起来,在孩子很小的时候就要鼓励孩子纠正错误,学会从错误中吸取经验,并形成知错就改的习惯。

有位教育专家曾这样说过:"犯错是孩子的权利。事实上,孩子正是通过不断犯错来得到成长的。当家长面对孩子的错误时请不要咬牙切齿、恨之入骨,甚至大动干戈进行惩罚。俗话说,孩子犯了错,上天都会原谅的。"作为孩子的父母,为什么不能正确对待孩子的犯错呢?

孩子所犯的错,常常具有普遍性,是同龄孩子都会出现的错误。

每个孩子都有成长的烦恼，每一个年龄阶段，孩子们或多或少都会出现一些相似的问题。面对孩子犯错，家长没必要大惊小怪。小错误是孩子成长的资源，孩子的特点就是"小错不断，大错不犯"。孩子通过犯错知道怎么做是对的，由此获得了犯错的免疫力。如果家长从源头上否定孩子犯错，不给孩子犯错的机会，那样对孩子来说是一种损失。

　　人类的孩子与哺乳动物小时候一样，要从小培养他的各种能力，才能获得生存的本事。孩子小时候犯一些错误，通过这些错误来探究与外界或他人的关系，也可以获得对错误的部分免疫。

　　大多数的孩子受父母溺爱，从而削弱了自己的探索能力，跳不出成人的束缚，从而"画地为牢"。而另一些自我意识较强的孩子，则萌生了叛逆的心理，与父母对着干了。所以对于父母来说，应该不怕孩子犯错，先让他们通过自己开拓，获取经验，发展创造力和思维能力。

　　当然，允许孩子犯错，并不是鼓励孩子犯错，而是应该顺应孩子的天性，让孩子在轻松、自由、快乐的状态下，在相对真实的环境中多感知、多体验、多操作、多活动，他们有权淘气一下，捣点小乱。教育专家认为，孩子经历得越多，他们心灵上的印痕也就越多。表面上看起来糟糕的错误，孩子却会从中获取许多益处。比如学会预见行为的后果，承受不愉快的处罚和社会压力，遭受羞愧、孤独与焦虑，开始权衡自己的利益与得失，等等。在不断的犯错之中，他们逐渐成长起来了。

3."逆子"逆行的心理分析

　　孩子喜欢说"不"，什么事都要自己做，凡事都要与父母对着干，这就是孩子逆反的主要表现。许多父母可能会有这样的疑问，孩子小时候挺乖的，为什么一懂事，就不再听话、变得逆反了呢？

如果仔细分析一下孩子的逆反行为就会发现，他们这种逆反是为了得到某种好处，也就是说"有利可图"，这里存在的"利"是促使他们与父母对着干的根本原因。

当孩子意识到自己与父母是不同的个体、自己是独立存在的时候，他开始为自己争取独立权。在孩子开始向父母说"不"的时候，就是他建立自尊和自我的第一步。孩子这样做的目的无非是为了要求取得和大人一样的平等地位。

其实成人也会有这样的感觉，如果跟一个人在一起，对方说什么你听什么，都点头称是，这时你有如对方的影子一样，不能充分体现出自己的独立性。当你说"不"时，就从对方的阴影中剥离出来，和对方划清了界限，这时就能充分体验到自我的存在。有的孩子之所以会说"不"，就是想争取自己的权利、想独立，所以家长教育孩子时要允许他们说"不"。

家长陪孩子买衣服的时候，爸爸喜欢买这件，妈妈喜欢买那件，而孩子偏偏喜欢另外一件带有卡通图画的。妈妈这时候可能会说，那件带有米老鼠的衣服不仅料子不好，而且价钱很高，孩子却不管这些，因为他喜欢的是衣服上那个精致可爱的米老鼠图像。这时候，妈妈不妨尊重孩子的意见，因为衣服是给孩子穿的，让他感觉满意是最重要的，只要布料对孩子的健康没有什么大影响，不要否定孩子的要求，这样做意味着肯定了孩子的独立意识，增强了孩子的自信。如果一味打压孩子，结果会使孩子更加逆反。

如果你的孩子从乖孩子变得开始说"不"了，你就要意识到，自己应该调整好心态，找好对策，来面对这个"小逆反"了。此时，你对孩子的行动不要轻易地加以干涉，要以平等的姿态来征询孩子的意见，给孩子留下选择的余地。这样做会让孩子觉得你尊重了他，维护了他的自尊，也就不会轻易跟你说反话了。

比如，孩子看动画片的时间很长了，你认为孩子应该休息一下，孩子却说等看完了这一集。这时，你应该等待，到了孩子所说的时间，

多数的孩子会实现许诺。如果孩子到时候不遵守诺言，你就过去把电视关掉，孩子便无话可说。

在很多情况下，当家长的意见跟孩子相悖时，家长应该允许孩子说"不"，听听孩子的心声。如果孩子不想做某事，父母千万不要强迫，否则容易激起孩子的逆反。比如家长为了让孩子平静心态，特意给他报了书法班。刚开始的时候，孩子还满怀兴趣地舞文弄墨，经过一段时间后，孩子的兴趣逐渐淡了，有时不愿意去书法班练习写大字。父母不妨暂时顺从孩子的心意。过一段时间之后，只要家长给予正确的引导，孩子还会对书法提起兴趣来。当他真正喜欢上这一项艺术后，没准能超常发挥自身的潜能呢。

孩子的内心都特别希望别人能够关注自己，若是被忽略了，就可能在力所能及的范围内，采取各种方式来引起周围人的注意。孩子通过观察和实践发现，当自己听话的时候，他只能获得一句"你真乖"，父母常常会将这样的"乖"孩子"晾"在一边，让孩子自己玩，而他们去忙自己的事了。当孩子不听话的时候，父母担心孩子捣乱、惹麻烦，就会加以注意，父母或许会提高嗓门训斥，或许给他讲好多道理，或许招来一顿揍，当然，有时也可能是安抚或者是物质上的满足，总之，他将获得父母更多的注意，这对于孩子来说是很重要的。孩子尚不懂得区分正面影响和负面影响，他只是需要非常多的关注。当他通过说"不"，通过和父母对着干能够达到这样的目的时，孩子的逆反行为得到了强化，他会乐此不疲。

还有一种情况就是孩子通过逆反行为来报复父母。当孩子在父母的强迫下做了不喜欢的事情的时候，他内心会产生对父母的怨气，一旦遇到合适的机会，就会自然展开报复行为：处处和父母唱反调，藐视父母的权威，甚至在人多的场合说一些令父母难堪的话，故意让父母下不了台。看着父母气得涨红的脸，以及失态地对他们或打或骂，他们心中充满了胜利的快感。

一旦孩子以逆反的手段来报复父母，父母与孩子便结下了"仇"，

这时的父母在耐心和智慧上都面临着很大的考验。为了"报复"，孩子会不断主动挑战父母的底线，有时会做出让父母忍无可忍的事情来。假如父母对孩子的身心特点不甚了解的话，采取简单粗暴的处理方式，会使两者之间的仇恨越积越深，结果会导致"三输"——父母产生挫败感，自信心受到打击；孩子的自我意识受到损害，影响个性发展；亲子关系不和，整个家庭产生不愉快的氛围。

所以说，应对孩子的叛逆，父母应该有自己的办法。若是孩子总是说不，在你明明为他着想，为他考虑时，他还是反对你，你这时就可以放弃自己的立场，按孩子说的去做。父母可能会担心，孩子说不，都是为了反对而反对。这时父母若按孩子说的去做，不是坑害了他们吗？比如天气很冷，妈妈让孩子戴上帽子外出，可孩子偏偏不听话，一个劲儿说"不"。这种情况下要听孩子的，冻坏了孩子怎么办呢？

其实，有时候应该适时地让孩子尝一些苦头。父母可以狠下心来，接受孩子的想法，让他光着头出去。不过可以拿着帽子跟在后面。如果外面太冷，他肯定会坚持不住的，他一旦冻得受不了了，就受到了自己的选择带来的自然惩罚，也怪不得父母。父母这时候把帽子拿出来给他戴上，他就不会再说不了。如果孩子就是不怕冷，那以后就可以让他这样出去，习惯后还会增强孩子的抵抗力。孩子没有父母想象中的那么娇弱，大教育家约翰·洛克就主张让孩子体验一下艰苦，他建议父母别让孩子穿得太暖，给孩子洗冷水澡。这些做法有些父母不忍心做，在他们看来，这样对待孩子的不是后爸后妈就是缺心眼的父母。

作为父母也应该明白，有时候孩子的观点可能会对孩子不利，但是如果父母按孩子说的去做，让他尝点苦头，却体现了对他的尊重，也能培养他面对自己的选择去承担自己选择的结果，从而吸取一些有益的经验教训。

4.心悦诚服,言听计从

父母要时刻清楚自己的身份,是在担负着对孩子的教育任务,把孩子培养成材才是自己的最终目的,所以若是孩子逆反,和父母对着干,父母一定要正确引导孩子,而不是和孩子较劲。孩子可以逆反,但父母不能跟孩子斗气。对待逆反的孩子不能采取强硬的方式而是要用恰当的方法引导孩子,令孩子明白你的一片苦心,心悦诚服地听从你的教导。要想做到这一点就应该掌握一些谈话和沟通的技巧。

(1)适当来点幽默

小幽默是生活的调料,也是解决孩子小脾气的妙方。有时父母让孩子做某件事,若是表情严肃地吩咐或是命令,孩子听了就觉得不舒服,非要与家长对着干,展示一下自己的小脾气。这时父母不妨来点小幽默,让气氛不再那么紧张严肃。比如有些孩子不爱洗澡,父母就应该从小培养孩子的卫生习惯,让孩子意识到洗澡的好处,并高高兴兴地主动洗澡。如果家长用命令的口气同孩子说话,孩子也许会装作没听见,或者小嘴一撅说:不洗! 弄得家长没辙,只好采取强硬措施。可是这个效果并不理想,孩子又踢又蹬,盆里的水都溅出来了,来了个水漫金山,弄得家长一肚子气,孩子满心不高兴,结果也没有洗干净,看来这种强硬的方法是不可取的。

如果父母面对不爱洗澡的小孩子能适当来点幽默,自言自语道:"小游泳池建造好了,小鸭子要抢着去凫水了,看谁跑得最快,别抢了我宝宝的位置哦!"对着孩子说"快告诉你的小屁屁,让它坐进澡盆里。"这些充满新鲜感和想象力的幽默语言会让孩子觉得你很理解他,他就愿意和你一起玩,玩着乐着就洗完澡了,次数多了,时间长了,就培养出了讲究卫生喜欢洗澡的好习惯。

事实证明,提高嗓门,恐吓或请求一般都很少能够改变孩子的意愿,让他从"不"变成"是"。实际上,愤怒的反应只会更加刺激孩子,将来甚至做出更加偏激的行为。所以,在对待逆反的孩子时,父母要避免激化他的情绪,有时你不妨发挥自己的想象来点幽默感,将僵化的氛围变得轻松快活。

(2)转移孩子的注意力

还有一种可行的方法就是转移孩子的注意力,让孩子放松警惕。逆反的孩子说话有一个特点就是经常说"不",不管父母说得对与错,好与赖,他就一个字"不",以示对父母的反抗。如果孩子对什么事情都说不,父母不妨给他一个特别可笑的选择,一直引导他不停地说不,这时候,他就会将注意力集中在那些可笑的问题上。父母可以趁他放松警惕之时,让他接受自己的建议,按自己的意思去做。

妈妈叫孩子:"儿子,过来把这杯牛奶喝了。"

儿子瞪了妈妈一眼:"不。"

"过来喝吧,牛奶对你的身体有好处,喝了能长大个。"

"不。"

"你不想长大个,像姚明那样去打篮球吗?"

"不。"

"那我知道了,你肯定是想长武大郎那么高,挑着担子卖炊饼。"

"不。"孩子突然笑了起来。

妈妈也笑了,亲切地说道:"那就快过来把牛奶喝了吧!"孩子过来喝掉了杯里的牛奶。

(3)适当地冷处理

对于孩子的逆反,适当采取冷处理会达到意想不到的效果。我们知道,有些时候,孩子逆反是想吸引父母的注意,因为他觉得做乖孩子,父母可能不会把他当回事,一旦逆反,父母会更加注意自己,有时还会满足自己的无理要求。所以,对于这样的孩子,父母首先在态度

上不要过于激烈，否则会正中孩子下怀，会强化孩子的逆反。如果父母一旦发现孩子和自己对着干就暴跳如雷，孩子却从父母的这种态度中感受到了自己的能量，认为自己能够控制父母的情绪。父母过分激烈的反应会给他一个错误的感觉，即当他说"不"的时候会得到父母更多的关注，因此，他会更多地使用这种方式来吸引父母的注意。除了在态度上不要过于激烈之外，也不要在物质上满足孩子的无理要求。以物质的满足"招安"逆反的孩子，这样的做法是不起作用的，越满足孩子越逆反，因为他们是以逆反作为物质满足的手段。

　　对待这样的孩子，比较有效的办法就是适当地冷处理，不搭理他，他因为难以得逞，就会"偃旗息鼓"了。当然这种冷处理的办法不是在任何情况下都适用的。要根据自己的判断来实施，它不适合用于太小的孩子，也不适合性格较为内向的孩子，因为这个时候孩子是非常依恋父母的，如果长期冷落孩子，会使他幼小的心灵紧张起来，而且这种负面影响可能会影响孩子以后的情绪、自信和身心健康发展。太小的孩子应该适当冷落，但是时间不能过长，等孩子平息下来，马上针对性地给予特别的关注。

　　瑞瑞是个 3 岁的孩子，在父母的"严加管教"之下，已经开始逆反了。妈妈告诉他要讲礼貌，不要讲脏话，可是他偏偏一遍一遍地说从外面学到的脏话。看见妈妈气得变了脸色之后，他在旁边开心地笑。如果妈妈真的动了怒，他就会软下来，当时会顺从妈妈，但过后还是继续和妈妈顶牛。

　　一天早上起床，妈妈给瑞瑞穿裤子，瑞瑞偏要光着小屁股，光着小脚丫，兴奋地在地砖上走来走去。爸爸怕他冻感冒了，对他吼，他不怕，还跟爸爸玩起赛跑来，后来被爸爸一把抓住，抱起来使劲打他的屁股。瑞瑞"哇"地大哭起来，一副委屈的样子。几天后，爸爸让他慢点吃饭，他偏要胡乱往嘴里塞饭，气得爸爸又揍他一顿。

　　教育专家认为，3 岁左右正是孩子心智发育的敏感期，自我意识开始明显强烈，他要吸引更多的关注以汲取成长的力量并证明自己。

通过多次实验,孩子发现,当他反抗的时候,当他和爸爸妈妈对着干的时候,爸爸妈妈的目光聚在自己身上的时间最长,因此,他通过这种逆反来获得关注,证明自己。

对此,可以适当地冷落他。比如孩子在爸爸说过要慢点吃的时候,偏要乱塞,这个时候,爸爸可以不去理睬他,因为你越是阻止他,就像跟他赛跑一样,他会越快地向自己逆反的目标奔进,你的阻止成为他叛逆的强劲动力。所以父母不要和孩子斗气,可以转而去谈别的话题,不去理睬孩子,孩子就没有了逆反的动力,开始回到正轨了。这时就应该及时夸赞孩子,让他体验到自己没有逆反、做得好的情况下,也受到了充分的关注,这样他就会渐渐改正自己的逆反行为。

(4)给孩子展示自己的机会

孩子的天性就是爱表现自己,作为家长要适当给孩子展示自己的机会,这样也可以纠正孩子逆反的性格。当父母给孩子提供显示他自己能耐的机会时,他通常会很配合,而且会很高兴地接受,因为在这个过程中,他充分体验到了自己的价值。

琳琳起床后,奶奶叫她去洗手,她很不高兴,说道:"不洗不洗。"奶奶苦口婆心地劝,也毫无效果。妈妈听见后就说道:"琳琳,你能帮妈妈洗手吗?"琳琳抬起头看着妈妈毫不犹豫地答应了。于是,妈妈领着琳琳来到水盆旁边,把手放进水里,然后说道:"琳琳先帮妈妈洗,然后妈妈帮琳琳洗。"

于是,母女俩高高兴兴地洗了手。

当然,父母在给孩子展示自己的机会、放手让孩子独立做一件事时,应该首先判断一下他能多大程度上完成这件事和可能遇到的问题,然后在没有人身危险的前提下,让孩子自己去做。父母要在旁边给予鼓励和支持,让孩子在享受到独立感的同时也享受到了父母对他的关爱,这样也会减少孩子的反抗情绪。

5.方法得当，逆子可教

很多时候，导致孩子逆反的原因，是父母侵权所致。父母以为，孩子是自己身上掉下来的肉，自己有权管他。殊不知"这块肉"掉下来之后，就是与你完全不同的个体，他有自己的主权意识，希望掌握自主权。父母将孩子的大事小事一手包办，以为这样才是爱孩子，但孩子却认为父母侵犯了自己的权利，进而会奋起反抗，家长与孩子之间的冲突就产生了。因此对待逆反孩子的前提就是归还孩子的权利，让孩子在自己的"地盘上"自己做主。

在家里，孩子也应该有完全属于自己的空间，父母要自觉规划出孩子的"地盘"，并且有着清晰的界限，父母绝对不要侵犯孩子的私人空间。

但是生活中却有很多这样的父母，他们对待孩子就像对待自己的私有物品那样，随自己的心愿任意摆布。早上孩子起床拿起自己喜欢的衣服正要穿，他却拿出另一件来，说道："今天不能穿那件衣服，要穿这件衣服"。"为什么？我不喜欢这件衣服，就喜欢这件衣服。""叫你穿，你就穿，哪来那么多事。"

孩子开始吃饭，他只吃自己喜欢吃的鸡肉块，你往他碗里不停地夹豆腐："不行，你必须得吃，这对补钙有好处。""可是我不想吃，就证明我身体不需要它。""需不需要你说了不算，必须吃。"

家里进行装修，孩子要求把自己的房间刷成蓝色，那他就可以体验到在天空里飞翔的感觉，或者沉在海底潜水的感觉。家长却说："别异想天开了，哪有把房间刷成蓝色的，一律刷成白色的。"孩子不服不忿地看着父母。"看什么看，你小屁孩懂得什么？家里我说了算。""可是那个房间是我的呀！"孩子据理力争。"装修是我出钱还是你出钱

啊？"孩子无言以对,因为这抓住了孩子的致命之处,他没有经济能力。

孩子要出去找小伙伴玩儿,你叫住他说道:"别再去找那个说话结巴的孩子玩,你会跟他学结巴的。""可是他唱歌很好听呢!而且,那个大个子欺负我时,他还帮我了呢!""看,说话结巴,还爱打架,你更得离他远点。""不,他是我的好朋友,我就要跟他玩儿。""你要是再找他玩,我就不让你出去了,把你关在家里。"孩子瞪了父母一眼,面无表情地走了。

如果你因为遇到一个爱管闲事的邻居而觉得倒霉的话,那么,孩子遇到你这样的父母,他会觉得更倒霉。你可以不跟邻居往来,可是孩子却不能选择和你断交,他们不能选择自己的父母,而且,他们没有经济没能力,只能听从父母,如果作为父母太霸道,孩子岂不是太可怜。

所以,你应该明白,邻居对你指手画脚时你的气愤,远远低于你这样管教孩子时,孩子心中的气愤。孩子心中的这股怨气积压时间一长,就会演变成逆反心理。有这种怨气在心中积压,孩子的行为难以与父母协调一致,他会有事没事跟父母对着干,以发泄积压的怨气,这就需要把孩子的"自治权"归还给他们,不让他们有受压制被侵犯的感觉。

当然,在"还权于孩子"的过程中,也不能对孩子撒手不管,放任自流,做甩手掌柜,要清楚孩子的"地盘"界限在哪里,哪些可以由他们做主?哪些必须由父母来协助他们"治理"。划出孩子的地盘,父母不要随意侵犯,让他们在自己的地盘上做主,就可以减少很多冲突,而他们在"自治"的过程中,还会主动来请教你。

父母可以根据孩子年龄的不同,来划出他们的地盘,可以让他们自己选择衣服、选择玩伴、选择自己房间的布置,干些力所能及的事情。家里在给孩子布置房间时,应该征求孩子的意见。虽然家长出钱装修,但是孩子是房间的使用者,他不是在租房子住,也不是寄宿,他

就是这个房间的小主人。儿童专家认为，孩子和家长在对房屋颜色的选择上，观点是不同的。家长可能考虑到怎么装修符合流行趋势，怎么装修更显得奢华等，但孩子却不是这样认为。可以说，颜色的喜好和生活经验有关。

为了避免孩子逆反，同时也为了培养他们的独立意识，父母应该在吃穿住玩等方面，适度地放权，要根据孩子的年龄划出他们的地盘，然后归还他们在地盘上的自治权，这样更有利于孩子的健康成长。有人这样说道：成长是一条快乐与烦恼交织成的人生之路，其中的快乐与痛楚成为孩子自己的秘密。有些孩子喜欢把秘密藏在心底，可是有时候连自己也会忘记，于是孩子们喜欢写日记。

日记是一个孩子内心的流露，是一个孩子的隐私"集装箱"。一幅漫画中有这样四句话："你翻看了孩子的书包""你偷看了孩子的日记""你拉开了孩子的抽屉""你也锁住了孩子的心，请尊重孩子的隐私权！"

如果父母为了解孩子而偷看孩子的隐私，这往往会得不偿失。事实证明，这样做只会伤害孩子的自尊，孩子会因为自己的隐私受到侵犯而采取更极端的措施将其保护起来，把自己的心紧紧锁闭。这样做进一步关闭了亲子之间沟通的渠道，失去了孩子的信任。父母想了解孩子就变得更加困难了，原本和谐的亲子关系就被破坏掉。

孩子不仅有自己的隐私，还有自己的私密空间，所以孩子懂事之后，不再愿意让父母过多地进到自己的房间，他们需要一个私密的、自己完全能掌控的、不被任何人侵犯的地方来释放自己，所以家长不要随便进入孩子的房间。

尊重孩子的隐私，一定要从日常生活的习惯中开始培养。当你需要进入孩子的房间时，应该敲门，并礼貌地问："我可以进来吗？"当孩子写日记或者写信时，如果你想看，必须得到孩子的允许。

有些父母担心，一旦自己不管孩子了，孩子的治理权归自己所有，如果他们不会管理自己，这不是父母失职吗？父母怎么能眼睁睁

地看着孩子着急而不理不睬呢?

其实,父母对于孩子,可以像俗话说的:扶上马,陪着走一程。父母在准备放权之前,就要有意识地培养孩子的自主能力和独立性,让他们自己的事情自己决定,自己的事情自己办,等孩子具备了相应的能力之后,再逐渐把"自治权"归还给他们。

有一则骆驼选择稻草的寓言故事,骆驼面临两捆同样的稻草不知道该吃哪一捆,最后饿死了,可以肯定地说,骆驼从小就没有受过选择的训练。现在一些成长起来的独生子女可能会面临选择的难题,从小父母都是一手包办,穿什么样的衣服都没有选择权,参加工作后,他可能就难以做出选择,甚至会有选择恐惧症,瞻前顾后,畏首畏尾。

在培养孩子的独立性时,父母一定要狠下心来,要知道孩子不经过"摔打",是难以具备一定能力的。这一点父母应该向老鹰学一学,老鹰在教雏鹰学飞的时候,一次又一次地将雏鹰向空中抛去,雏鹰一次又一次地摔到地上,最后才张开翅膀学会了飞翔。起初孩子在负责"治理"自己时,可能会非常吃力。有些父母,在情感上无法割断与孩子的紧密联系,如果自己举手之劳就可以帮助孩子避免痛苦与失望,但却要眼睁睁地看着自己的孩子面对挣扎与犯错,他们于心不忍。对于父母来说,你要是不忍心眼睁睁看着他在那里吃力费劲,你就闭上眼睛,千万不能因为心疼孩子而赶紧包办起来。当然,在这个过程中你可以给孩子适当的鼓励,并尊重他们的努力。

教育专家建议,在培养孩子的独立性、养成孩子自己的事自己做的习惯中,父母不要伸手代劳,但是应该给予指导和恰当的赞赏。在这个过程中,父母一定要注意,不要说错话。

有些父母在鼓励孩子时常常说:"试试看,很简单。"父母的初衷是想让孩子有勇气,敢于去做。但是父母却没有考虑到结果。如果孩子把这件事做成了,因为父母说其"很简单",孩子肯定会没有什么成就感;如果孩子没有做成功,挫败感会更强,会更加沮丧:"连简单的

事情我都没有做好，我怎么这么笨呢？"

当家长感觉到事情对于孩子来说难度有点大，就会提前对孩子说："这件事对你来说有点难"。孩子听到这样的话就会想："对我来说有点难?那对于别人来说是不是很简单，难道我很差吗?"所以父母可以说"这件事情不太容易""这可能会有点难"，这些话能激起孩子做事的积极性，如果他成功了，他的成就感会很强，如果失败了，他会觉得是因为这件事太难造成的，也不会过于沮丧，从而否定自己。

当父母看到孩子取得进步的时候就会说：比上一次好多了。父母这样说，一方面让孩子感觉到自己的成就，另一方面是在触及孩子过去的失误，甚至说是揭伤疤。孩子可能会想起那些不好的记忆，因而冲淡了这次成功的喜悦。所以父母可以说："做得真不错"，来代替"比上次好多了"。

教育专家认为，孩子的叛逆是被逼出来的。其实，他自己在生活中也很矛盾，孩子心里也渴望父母能与他和平相处，他也不愿意做"逆子"。所以，只要父母采取妥当的教育方法，逆子也可以被改变的。

6.适度惩罚，言之凿凿

孩子做错了事情会导致一些后果，应该让孩子承担相应的责任，而不能乱加惩罚。教育专家认为父母乱施惩罚是为了教训孩子，故意剥夺他们的时间或者追加他们的痛苦。父母在孩子做错事时，应该运用自然的惩罚，让孩子"自作自受"。承受自然的结果是让孩子承受自己的行为所产生的自然结果。否则，乱加惩罚会让孩子觉得你是一个暴君，他不但不会吸取经验教训，反而会产生逆反心理。

从下面这个故事中，我们能更好地体会到让孩子"自作自受"的效果，也可以借鉴妈妈教育孩子所采取的适当惩罚。

　　一个 10 岁的女孩子，非常喜欢妈妈收藏起来的一条纱巾。这条纱巾是当年爸爸追求妈妈时送给妈妈的，颜色很漂亮，款式很典雅，所以虽然过去很多年了，但并不过时。有一天，女儿参加同学的生日派对，就向妈妈借了这条纱巾。妈妈说道："借给你可以，但是不能弄坏弄脏。"女儿满口答应下来。可是女儿参加派对之后，就忘了及时归还纱巾。

　　这天，妈妈打算第二天带女儿到郊外旅游，就帮女儿整理东西，发现自己的纱巾与女儿的脏衣服堆在一起，上面沾满了生日蛋糕。妈妈一见非常生气，当时就想惩罚女儿，立即把她关在家里，取消明天的郊游。可她仔细一想，觉得自己这种惩罚不妥当，于是，第二天她仍旧带着孩子旅游去了。

　　下一次，女儿又要去参加同学的生日派对，又来借妈妈的纱巾。这次，妈妈觉得是教育的时候了，她直接反驳道："不借。"女儿不解地问："为什么"，妈妈反问她说："你说为什么呢？"女儿说道："我知道为什么了，是上次我把你的纱巾弄脏了。"妈妈点点头，不再搭理女儿，而是忙着自己的事了。"这次我保证不弄脏了！"女儿解释说。"可是上次你也保证过了，我还怎么能再相信你呢？"妈妈反问道。女儿不吭声了，走回了自己的房间。

　　又有一次，女儿班级组织春游，她又向妈妈借纱巾。妈妈这次没有说不行，而是说："我借过你一次，结果你却给弄脏了，这次你得给我写书面保证，让我相信你不会再弄脏，我才肯借给你。"

　　女儿回屋写道：亲爱的妈妈，如果你肯再次借给我纱巾，我保证会让它保持干净。在我吃饭的时候，我会把它摘下来放到包里；在爬山的时候我也会注意，不让树枝碰到它。

　　妈妈看到这份书面保证后，把纱巾借给了女儿。果然，女儿春游回来后，就将纱巾工工整整地还给了妈妈。

　　女儿把纱巾弄脏，如果承担的是不能和妈妈一起春游，这样就不是自己的行为带来的自然后果，而是妈妈在有意惩罚她。孩子如果认

为父母故意惩罚自己，不自觉地就产生了敌意，这也是逆反的前兆。然而，如果妈妈不再借给她纱巾，她则会无话可说，自己违背诺言把纱巾弄脏了，物主不愿再借，情有可原。她要做的不是埋怨妈妈而是改正自己的错误。

　　让孩子承担自然的结果，在这个过程中，父母也要"狠"下心来。有些父母溺爱孩子，有时连一点小小的惩罚都不愿让孩子接受，这种做法其实是纵容孩子犯错误。

　　有一位妈妈正在家里休息，女儿打来电话，说她把作业本落到家里了，让妈妈赶紧打车送到学校里，下节课老师就要检查作业了。妈妈听到女儿快急哭的声音，真想一口答应下来，赶紧把作业本给女儿送过去。可是她忍住了，一口回绝了女儿的请求。晚上放学回家后，女儿赶紧找到自己的作业本。写完当天的作业后，就立刻将作业本放到自己的书包里了。睡觉前还检查了一遍，直到确认无误，才安心地睡觉去了。妈妈知道女儿做事不太认真，丢三落四的，以前自己说她总是不听，忘带作业本，肯定遭到老师的批评，这是她自己的行为带来的自然后果，也是对她最好的教训。

　　有的家长认为如果孩子做错事就应该用"武力"解决。民间还有着"棍打出孝子，娇养无义郎""慈母多败儿"的说法，总而言之，大家一致认为好孩子是打出来的。调查显示，有将近五分之一的家长在教育孩子时，常常使用"打一顿"的方法。相信"打一顿"是管用的，农村高于城市，爸爸高于妈妈。在某小学三年级的一个班，全班43人，只有一个学生没有挨过打。

　　虽然家长打孩子的原因各有不同，但他们的目标是相同的，想借"打一顿"来惩罚孩子，使孩子改正缺点。但是结果又如何呢？

　　教育专家经研究发现，打骂只能让孩子更逆反。有专家认为：体罚会使孩子减轻他们对错误行为的内疚感，他们认为"惩罚"可以抵消他们的"罪行"，可以心安理得地重复自己的错误。

　　由此，我们可以理解，为什么父母打骂之后，孩子依然犯错，丝毫

没有悔改的意思。这就是打骂行为的第一个后果，孩子没有从内心里反省自己，也没有认识到自己的错误，更没有想过如何改正，他们认为自己已经为错误付出了代价——挨了一顿骂。孩子如果不怕打骂，会继续犯错，如果害怕打骂，就会提高犯错的手段，不让父母发现，或者被发现后赶紧找借口，推卸责任，做得"高明"一些。

蕊蕊刚刚4岁，喜欢到处"涂鸦"。妈妈给她买了画笔，告诉她要画在纸上，可是趁妈妈在厨房做饭时，她拿起画笔就开始往墙上画。往床上画，够得着的地方都画上。等妈妈做饭出来后，发现新换的床单上画得"五颜六色"。妈妈非常生气，不由分说，上去抢过孩子的画笔，狠狠地打了她的屁股一下，然后收走了她所有的画笔。

几天下来，蕊蕊再也没有四处乱画，妈妈觉得自己"打一顿"非常成功，说了八百遍，也比不上打一顿管用。这一天，她回到家里，发现卫生间的墙上有红笔画的画，心想那些画笔都收起来了，这是怎么回事呢？后来她偷偷地观察孩子，发现蕊蕊趁她不注意时，拿出桌子上的口红当画笔，专往她看不见的地方画。最后，没地方画了，就画到卫生间的墙壁上，这时才被妈妈发现。这一次，妈妈虽然非常生气，可是她意识到打骂已经不管用了。

她把女儿叫到卫生间，指着上面的画痕，缓声问道："蕊蕊，怎么又往墙上乱画了？是不是因为妈妈收走了你的画笔呢？"

蕊蕊有些害怕，点了点头。

妈妈说道："妈妈并不是不让蕊蕊画画，而是你总往墙上画，把墙弄脏了，妈妈要花很长时间才能把它们弄干净，所以妈妈很生气。"

说完，妈妈就进厨房做饭了。她做完饭上厕所时发现，蕊蕊正在擦卫生间墙壁上的口红印。她年纪小，也不会擦，越擦越脏。

妈妈一见很惊讶，但还是表扬了女儿，"乖女儿，谢谢你。你知道帮妈妈擦墙壁了，妈妈相信你，再也不会往墙上乱画了。"蕊蕊也点了点头。妈妈谢过女儿之后，给她的房间里放些纸，还了她的画笔，让她想画就画，后来，蕊蕊再也没有往墙上乱画了。

　　所以，父母在教育孩子的时候，不要采取打骂的方式，这种打骂往往会给孩子带来不良的影响，而且不利于问题的解决。孩子做错了事，父母可以先给孩子讲道理，如果孩子不听的话，再用其他的方式惩罚孩子。并且给孩子传达这样的信息：我不是不喜欢你，而是生气你所做的事。既然做错了事，就要想办法弥补，改正自己的错误。这样就给孩子留下了深刻的印象，当他长大以后，在做错事情的时候，就不会为此否定自己"真没用""自己毫无价值"，考虑应该怎样逃过惩罚，而是把注意力放在弥补自己的错误、解决问题之上，这对孩子的成长非常有益。

●三、妈妈最伤害孩子的6句话

什么是妈妈最不该对孩子说的话？什么样的指责对孩子伤害大？幼教心理学专家通过调查发现：孩子最害怕的就是父母说"傻瓜、无用的东西""早知道不生下你""你怎么那么不争气呢"之类的否定语。幼教专家指出，这些让孩子恐惧的词语对孩子身心的健康发展不利。做妈妈的，要清醒认识到"语言伤害"的严重程度，在思想上高度重视。要多鼓励孩子，采用积极性语言教育孩子，时时刻刻注意不对孩子说伤害他们的6句话。

1."你简直笨到家了"

从前，有一位美丽的公主，从小就被一位巫婆关在一座高塔上面，每天只能见到巫婆。巫婆每天都对她说："你的样子丑极了，见到你的人都会感到害怕。"公主相信了巫婆的话，怕被别人嘲笑，不敢逃走。直到有一天，一位王子经过塔下，看到了公主那如仙的美貌，惊为天人，救出了她。这位公主无意中在一个小河边，看到河水中自己的脸庞，才意识到自己原来如此的美丽。

我想，这个故事是充满童话意味的。引申到父母对子女的教育上，也值得深思。事实上，很多父母都可能在无意间充当了"巫婆"的角色，说孩子"真笨""笨到家了"这样一些口头禅。虽然有时父母说起

时甚至带着爱意。可是，孩子接受到的就是"笨"的信息。

那什么叫笨呢？学东西慢就叫笨吗？动作不灵巧、迟缓就叫笨吗？

如此说来，新生儿是最笨的，他什么都不会，连吃都不会，也不会说话，不会走路，为什么我们不说他笨呢？

原来笨是人为规定的概念，是同别人比出来的。别人都会走路了，而你还不会走，那是你笨手笨脚；别人都会说话了，而你还不会说，那是你笨嘴拙舌。为什么别的同学考试全对，而你总是做错题？还是你笨吧！

懂事的孩子最怕别人说他笨，他不明白自己为什么总是出错，学东西这么费劲。也许，多年之后他能证明自己不笨，可当时心里就像压了一块大石头。"你简直笨到家了！"当这三个字从自己的妈妈口中说出来，孩子心里别提会有多么难受！他想说："实在对不起，我怎么这么笨呢？"

佳佳的妈妈来幼儿园接她，佳佳刚要把本子交给老师，妈妈就拉住了她："给妈妈看看，你写得怎么样。"妈妈一翻开本子就吼了起来："你这写的什么呀？乱七八糟的！重写！"说着拿起橡皮把所有的字都擦掉了。佳佳撅着小嘴，又拿起了笔，小心翼翼地开始写起来。妈妈在一边不停地指导着，稍有差错就擦掉重写。写到 5 的时候，佳佳总是写不好弯勾，妈妈又在一旁吼起来："你怎么这么笨啊！你看人家都会写了，你一点都不认真！"孩子委屈地继续写着，时不时抬起头看看妈妈眼中是否流露出满意的眼神，生怕得不到认可。"弯过来的时候要碰到右边的线！你看看书上是怎么写的！简直笨到家了。"说着，妈妈又拿起了橡皮，孩子终于忍不住了，"哇"地哭了出来："妈妈，我不会写。"当妈妈再要求她写的时候，她再也不肯拿起笔，只是哭着说："我不会，我不会！"

如果妈妈总说自己的孩子笨，孩子就会逐渐相信家长的说法，形成自己就是"笨"的自我形象，并按照笨的模式去塑造自己、约束自己、解释自己的某些行为。经过多次强化，这种不良的模式就会固定

下来,孩子也就真的变笨了。

教育学家介绍,每个孩子从相信自己笨的那一刻开始,眼睛就会失去神采。行为举动也会慢慢变得"笨拙"。当他面对学习生活中的困难时,他首先就会在心里有阴影:"我很笨,不一定能做好。"孩子产生退缩和逃避的心理与行为,要追根溯源的话,妈妈的"你简直笨到家了"这样的评价难辞其咎。

好妈妈应该知道:孩子的心理和意志都还很脆弱,他们最希望得到理解和支持。因此,每一句激励的话语都将会成为孩子精神上的阳光;相反,每一句粗暴的呵斥,都足以将他脆弱的尊严击得粉碎、无地自容。

好妈妈要多表扬孩子,因为每一个好孩子其实都是"夸"出来的。历史上的许多伟人故事足以说明这点。

爱因斯坦小的时候,并不是一个天资聪颖的孩子。相反,当别人家的孩子都开始学说话的时候,已经3岁的爱因斯坦才"牙牙"学语。当比他小2岁的妹妹玛伽都已经能和邻居交谈了,爱因斯坦说起话来却还是支支吾吾、前言不搭后语,被一些邻居笑话是"笨孩子"。

无比幸运,爱因斯坦有一个好妈妈。爱因斯坦的妈妈贤惠能干,文化修养极高,她对自己的儿子百般呵护和鼓励。爱因斯坦小时候常常爱提出一些怪问题。如指南针为什么总是指向南方? 什么是时间? 什么是空间? 别人都以为他是个傻孩子。可是,爱因斯坦的妈妈却十分自信地认为:"我的小爱因斯坦并不傻,他将来一定是位了不起的大学教授! "

爱因斯坦长到6岁的时候,语言能力仍然很差,一天到晚也说不了几句话。7岁的时候,父母把他送到学校,学校死板的教学让他提不起精神,常常不能按时完成作业,老师们都认为这个学生是一个傻瓜。但是,妈妈却鼓励爱因斯坦:"我觉得你并不笨,别人会做的,你虽然做得一般,却并不比他们差多少。但是,你会做的事情,他们却一点都不会做。你表现得没有他们好,是因为你的思维和他们不一样,我

相信你一定会在某一方面比任何人都做得好。"妈妈的鼓励,使爱因斯坦振作起来。

就这样,在妈妈的鼓励和爱护下,爱因斯坦的智力迅速发展,对科学产生了强烈的爱好,并开始走向科学研究的巅峰之路。

如果你不想孩子变笨(当然,没有妈妈希望自己的孩子是笨的)——就必须让他体验成功的喜悦。当孩子获得成功,体验到快乐时,大脑里会释放出"脑内吗啡",这种化学物质会驱使孩子想重复这一经验。所以,从这个角度,我们可以说"成功是成功之母"。

在做游戏、玩玩具、做手工、参加竞赛及做家务等活动中,鼓励孩子大胆尝试,适当引导,让孩子可以通过一定努力品尝到胜利的喜悦。比如,当孩子跃跃欲试想帮妈妈洗碗时,不要嫌麻烦,或是怕他打碎碗而拒绝他,不妨为他搬个高度适中的凳子,为他戴上围裙、套袖,告诉他怎样轻拿轻放,怎样冲洗干净。当孩子洗好一只碗时,大声夸赞他干得真棒,孩子会很快乐,对自己的能力充满自信! 当某次考试成绩公布后,孩子成绩不好,在分析原因时,妈妈要保持一种理智的心态,不要一味地指责孩子不好好学习,说孩子脑子笨。妈妈可以对孩子说:"孩子,你不是能力不行,也不是不学习,更不是不如别人,考得不好是因为你太粗心了,没有看清楚题目意思,如果你可以细心一点,凭你的聪明是可以考得更好的。"这种鼓励的话语,自然会在孩子的内心树立信心,同时妈妈也维护了孩子的自尊。

2."看我怎么收拾你"

吃完晚饭,丹丹一个人在沙发上玩,看见妈妈正从饭桌上把一盘盘菜端进厨房,她也来到饭桌前,晃晃悠悠地端起了一个盘子。妈妈从厨房走出来的时候,看见丹丹手里的盘子,大喝一声:"你在干什

205

么？"

丹丹被吓了一跳，盘子于是被摔到地上打碎了。妈妈看见盘子碎了，更加生气。"你一个人在沙发上玩，干嘛跑过来捣乱，把盘子也给打碎了，先一边站着，看我一会怎么收拾你！"妈妈生气地怒喝道。

丹丹哭起来了，其实妈妈哪里知道，丹丹只是想要帮一帮她。懂事的丹丹在幼儿园里听老师说，"小朋友，回家要多帮助妈妈做些事，看妈妈多辛苦啊！"而妈妈并没有理解丹丹的行为，只认为她是在捣乱，打碎了盘子，还把地板弄得很脏。妈妈的一句"看我怎么收拾你"让丹丹好委屈。

可以注意到，在生活里，不少妈妈喜欢用惩罚的方法来约束孩子的行为。孩子偶然犯了错误，做妈妈的没有弄清原因，先甩出一句，"看我怎么收拾你"；孩子考试考砸了，妈妈同样甩出一句，"看我怎么收拾你"；孩子没有完成当天的作业，妈妈依然会说，"看我怎么收拾你"。如此种种"收拾"，不要说落实到行动，即使是让孩子听听，也会不寒而栗。孩子纯真的心灵，在妈妈的这句"看我怎么收拾你"下，变得战战兢兢。而最厉害的就是那预留下的丰富的想象至少让孩子们内心充满恐惧，心理承受沉重的压力。

如果常常被这样训导，孩子就会养成一种怯懦的性格，影响孩子的一生。

俊科是一个比较调皮的孩子，经常不听从老师的要求。一次，妈妈又接到幼儿园老师打来的电话，说俊科在幼儿园里又犯错误了。妈妈说了句"看回来我怎么收拾他"就挂了电话。在俊科回家后，妈妈黑着脸说："你今天又不听老师的话了，我在家是怎么跟你说的，你再不听话，下学期就把你送到全托班去，不要回家了。"俊科马上抱着妈妈的腿哭着说："不要，我不要去全托班。我要听话了，我不要去全托班。"小俊科哭得像个泪人似的，妈妈的话就像炸弹，在俊科幼小的心灵里炸开了花。

我们说，孩子是有人格的。这点，很多父母可能会忽略，不懂得维

护孩子的自尊心。惩罚不能用类似这样的恐吓语言。对孩子实施惩罚要关心孩子的心理健康，惩罚的目的应该是帮助孩子改正错误，而不是让孩子内心充满恐惧，打击孩子的自信心。而"看我怎么收拾你"这样的语句无疑就是一枚制造恐惧的烟幕弹，是心理虐待的一种方式。在这句话中没有尊重孩子的意味，让孩子感到的是纯粹的威胁，对孩子的心理而言是极大的伤害。对孩子可以适当地惩罚，所谓小惩大戒，只要让孩子对自己的过失承担能力之内的责任即可，而没必要让孩子的心灵受到高压的创伤，打击孩子的自尊心和自信心。

8岁的约翰上学时常常忘记带午饭，每当这时，他就打电话要求妈妈到学校给自己送饭。约翰的妈妈是一位会计师，工作很繁忙，约翰的坏习惯使得她深受其害，经常被打断工作不说，也极为耽误时间。

为此，妈妈多次找约翰谈话，但无论是苦口婆心说道理，还是气极了打骂，收效都微乎其微，约翰照旧记不住带饭。

很偶然的一次机会，约翰妈妈去听教育专家的讲课，了解了"自然惩罚法则"这一新的教育理念，其具体含义为：当孩子在行为上犯了错误时，父母应该让孩子自己承担错误造成的直接后果，给孩子以心理惩罚，使他能够正确认识自己的错误，进而自觉改正错误。

约翰妈妈决定试试这个方法，让孩子自己尝尝犯错的后果。于是，妈妈找来约翰，很认真地告诉他："约翰，妈妈觉得你已经长大了，有能力为自己的事情负责。妈妈工作很忙，不能总是给你送饭到学校。如果你下次还是忘记带饭，你应该自己对此负责。"

约翰答应得很痛快。但是第二天，约翰还是忘记了带饭，他习惯性地又给妈妈打电话："妈妈，我忘记带饭了。您给我送来好吗？要不我就得饿肚子了。"

妈妈说："我们已经说过了，约翰。你应该为自己的行为负责。妈妈很忙，没空给你送饭。"

约翰继续跟妈妈磨，但是这次妈妈很坚定。她很和蔼但坚决地拒

绝了约翰的要求。

约翰没办法,只好饿着肚子。整整一下午,约翰都在忍受饥饿的折磨。

晚上回到家的约翰很生气,妈妈决定不安慰他,让他自己好好想想,体味因自己不带午饭而饥肠辘辘的滋味。约翰虽然不是很开心,但自此以后,妈妈发现,约翰真的很少再忘记带午饭了。

孩子做错了事情需要惩罚,但是不能肆意地对孩子说"看我回家怎么收拾你"之类的话。经常对孩子说这些话对孩子来说大多会起到两个作用:一是感到恐惧,产生离家出走的想法,想要逃避惩罚;二是感到无所谓,对妈妈失去信任。

对孩子的惩罚应该适度,给孩子的惩罚,要因人因事而定。有些孩子性格比较内向、敏感,也许瞪他一眼,或者冷落他一会儿他就会受不了。而有些孩子则比较调皮捣蛋,即使妈妈打他的屁股他也无所谓。所以,妈妈一定要了解自己的孩子,以免惩罚过度。另外,还要明事理,不要事事都责罚孩子,不要放大孩子的过失。

试着做一个优秀的妈妈,不要总是说"看我怎么收拾你"。好妈妈要懂得尊重孩子的人格,要能给孩子营造轻松的心情,即使当孩子不小心犯了错误,妈妈也能耐心地引导,帮孩子认识到错误,而不是采用类似吓唬的手段。

3.“这孩子长大没出息”

常言说"好话三春暖,恶语三九寒"。这对大人来说是这样,对孩子来说就不仅如此,可能"话"的影响更深,还可能是影响孩子一生的大事,因为他们的心灵脆弱,辨别不了大人话的对错时,就会被动地忍受,而导致性格的扭曲和怪癖。

　　无论是从哪个角度讲，家长都不应该对孩子讲"长大了没出息"这样的话，因为这否定了孩子做事情的能力，是对孩子的一种极大的不尊重。

　　一般来说，妈妈预言孩子没出息只有两种后果。一你越说他没出息，他就越没出息，完全丧失斗志和学习能力，最终"实现"你的预言！另一种孩子，你越说他没出息，他越要证明自己有出息，但一辈子活在"证明"中，失去自我，也丧失生活智慧，让自己幸福智慧，孩子岂不是太累。

　　有一个农村女孩子，她有个哥哥。从小父母就偏爱哥哥，认定哥哥比她有出息。她心里很委屈、很不服气。所以自我砥砺，一定要争口气给父母看看，让爸妈知道她行，把哥哥比下去。后来她果然比哥哥成绩还好，考上了大学，有了好工作，成家立业。但因大量时间精力去证明给娘家看，久而久之令她丈夫忍无可忍，要和她离婚。

　　这样要强的个性，是有点畸形了。其实父母不希望孩子能证明什么。但是有的时候，无形中说出的话，可能会给孩子带来一生的伤害。

　　文莉出生在一个没有什么文化的家庭里，从小父母经常吵架，对文莉的关注也不多，她就生活在这样一个动荡的家庭中。文莉5岁多父母离婚了，她被判给了妈妈。6岁时在家附近一所小学上了学。由于文莉从小很少有人管，妈妈也没什么文化，没有进行一些早期教育，虽然文莉还算乖巧，但学习一直跟不上。妈妈希望这个孩子今后有出息，不要像自己一样没文化，只能靠打零工生活，于是妈妈就不断地督促孩子学习，成绩不好就打就骂，妈妈最常说的一句话就是"你就是个没出息的东西"。现在文莉已经15岁了，自从上了初中以来，逃学、离家出走已经成了家常便饭，不要说考普通高中，就是连一个职业高中，文莉的成绩也是远远不够的，她真正成了一个"没出息"的人。

　　文莉之所以成为今天这个样子，除了社会因素外，家庭因素是一个不容忽视的重要原因。文莉从小是在父母的争吵中长大的，父母更

多关注的是他们自己的情感、矛盾，没有在孩子的成长中给予必要的引导和教育。当父母离婚、孩子上学后，母亲把全部希望和全部注意力放在了孩子身上。孩子本身承受了过大的压力，一是家庭的变故，二是学习环境的变化，三是妈妈所给予的过高期望。这一切对于一个孩子来说需要慢慢适应和调整，此时孩子最需要的是妈妈的鼓励、支持和信任，而妈妈却总是在说"你就是个没出息的东西"，最终孩子验证了妈妈这句话。

当孩子真得很笨，学东西很慢，作为一个妈妈而言，不应该说"这孩子长大没出息"这样的话来打击孩子。做一个好妈妈，更应该学学强强妈妈的做法。

强强9岁了，但他并不像他的名字那样很强，而是个相当脆弱的孩子。因为他长得丑，个子又小，在学校里免不了受到小伙伴们的歧视。他学习不怎么好，也没有什么朋友。好几年了，他一直这么落落寡合。

他成了"没出息"的代名词。

每过几天，他都会对妈妈说："妈妈，我不上学了。"

"为什么呀，强强？"

"我笨，我长大后没出息。"

妈妈愣了一下说，"孩子，你非常出色，你是最聪明的孩子，你长大会有出息的。"

妈妈的话只能管几天用，几天一过，强强就又像霜打叶子一样蔫了。于是妈妈又重新开始跟他讲道理，重复上次的那些话，直到强强露出微笑为止。

为了强强，妈妈一直非常苦恼，多少天她都夜不能寐。她试了许多办法，都毫无起色。

最近，强强的情绪不对劲了，他唉声叹气，一遍遍重复着那些说了无数遍的丧气话。

这一次妈妈还是像过去那样不厌其烦地鼓励他，跟平时不同的是，妈妈最后加了这么一句："就连仙女都承认你是天底下最聪明的

孩子！"

　　孩子都有爱听故事的天性，那神奇的神话世界最容易把他们吸引住，特别是当这些神奇的事情跟自己联系起来的时候。

　　强强更是这样，一听说仙女，他的眼睛瞪得大大的。

　　"妈妈，世界上真的有仙女吗？"

　　"当然有啦，昨天我还见到仙女了呢，她对我说，强强是天底下所有小朋友中最聪明的一个。"

　　"那我能见到仙女吗？"

　　"等你长大以后就能见到仙女了。"

　　"可是……可是……"

　　强强失望地叹了一口气。

　　"没关系的，"妈妈说，"我已经请求过仙女了，她答应要送你一件礼物，这件礼物非常神奇，有了它，你会变得更聪明！"

　　"什么礼物？"

　　"神秘礼物，等中秋节那一天你就可以收到这份礼物了。但是你得答应我，以后要好好努力，再不要说自己没出息之类的丧气话。"

　　"嗯。"

　　此后，强强完全变了个样儿，他变得自信而活泼，虽然有时候他会反复，但是很快他就可以在妈妈的帮助下调整过来，他的学习成绩也直线上升。

　　中秋节这天，邮递员送来一个包裹，是寄给强强的。捧着包裹，强强的心都要跳到嗓子眼了，因为那是仙女寄给他的神秘礼物！他打开那个包裹，里面是一个精美的盒子，盒子里装着十六个红艳艳的苹果。

　　最让他感到惊奇的是，每个苹果上面都有一个字，他拼了半天才把这些字拼成了一句话："仙女相信强强，强强是个最聪明的孩子！"

　　他简直不敢相信自己的眼睛，那些字不是写在上面的，而是长在上面的！真的有仙女，仙女真的喜欢我！强强的兴奋无以复加。

　　从此以后，强强再也没有自卑和消沉过。

　　直到十多年以后，强强才知道了苹果的秘密：那个给他送苹果的

"仙女",其实就是妈妈。为了鼓励他,妈妈想了许多办法,最后她找到果农,专门为强强培育了这些带字的苹果。在苹果还没成熟之前,用胶水把字写在上面,胶水形成一个厚厚的隔离层,把这些字跟太阳隔开,等苹果全都变红之后,再把胶水层洗掉,那些字就留在苹果上了,像是自然长出来的一样。

用这种巧妙的办法,这位伟大的母亲把那些鼓励的话语写在了苹果上面,也永远地写在了孩子的心里!所以,好妈妈们,永远不要对自己的孩子说"你长大没出息"这句话,孩子的心需要鼓励,更需要妈妈的肯定,妈妈的爱。

4."你看隔壁家的 XX,就是比你强"

在聊这个话题之前,先来读一段作家秦文君在《表哥驾到》中的文字:

"我懒洋洋地应付着。换上那种体面的衣服,我就变得不像我,像个乖乖兔。妈却为此满意,她说:'这样,跟你表哥站在一起,反差能小一点。'她每次在夸奖表哥时,总是带点嫌弃我的口吻。有什么办法?表哥虽然我没见过,可早从妈那儿知道他是个世界少有的人。他只比我大一个月,可优点大大小小合起来至少有一百条,什么孝顺,整洁,聪明,会弹钢琴,参加过模型小组,打电脑快如飞,写作文得过奖,等等,包括吃饭很文雅,呷汤没声音……总之,妈出差去过表哥家,回来后就如数家珍。与那样的表哥见面,让人提心吊胆。表哥果然相貌堂堂,但太 fat。他一见面就对我问好:'Good afternoon.'妈欣喜地推推我:'用英文回答呀,听见表哥的话了吗?他英语很标准!'其实在班里我也是个英语尖子,甩几句不成问题,可万一对方再滔滔不绝地出来长篇英语怎么办,所以我果断地对妈说:'又不是举行英文比赛!'然

后对表哥说：'你好！'表哥的妈妈，我的大姨拍拍我的肩。妈恨铁不成钢地白了我一眼。真扫兴！我回小房间做飞机模型去了，心里想着，有这样高档次的表哥真让人觉得自己矮了一截。"

这样一段精彩的文字描写，作为孩子的妈妈一定可以感觉到些什么。接着，再来看一个实例：

乐乐放学回家，放下了书包就打开电视，因为待会有他最喜欢看的动画片。正在准备晚餐的妈妈见孩子回来就顾着看电视，有点生气，忍不住数落起来："你就知道看电视！作业做了没有啊？你看隔壁叔叔家的小华，人家多听话，一回来就做功课，做完了还帮他妈妈打扫卫生。你跟他比比，还给人家做哥哥呢！""是啊，是啊，什么都是人家小华好，当初你干吗要生我？"乐乐生气地喊起来。他就是不明白，为什么妈妈总是喜欢拿别人和自己比较，数落自己不如别的小孩。难道自己就真的一无是处，妈妈不疼爱自己吗？想到这里，乐乐感觉好伤心。

这只是很多例子中的一个，如果你是一位妈妈，你能理解孩子遭到这种数落时的心情吗？

很多妈妈都有这么一个习惯，喜欢拿自己的孩子与他人比较，总觉得自己的孩子没有人家的孩子优秀，不知不觉地会用其他孩子的优点来比自己孩子的缺点。"你看你的同学××多好，回回都考第一名。""你瞧××多听话，从来不让爸爸妈妈操心。""你看跟你一般大的××，人家怎么那么懂事呢？"这些话说得多了，孩子的内心就会受到伤害，使得他认识不到自己的优点和长处，树立不了自信心，而且对妈妈表扬过的同学产生憎恨，无形中，孩子的心灵被扭曲了，这样的后果是惨重的。

毋庸置疑，妈妈都是希望孩子好。每个妈妈都希望自己的孩子能比别人的孩子强，如果能高人一等，做妈妈的也感到脸上有光。于是，在生活中，也就会经常出现了妈妈拿孩子攀比的现象。妈妈经常拿别人家的孩子与自己的孩子相比，也是出于善心，希望孩子能以他人为

榜样,学习别人的优点,超越别人,为父母争光争气。

但是,有时候善心也会做坏事,爱孩子,就不要拿自己的孩子与他人做比较。拿自己的孩子和大人物的童年做比较,拿自己的孩子和别人的孩子去比,希望自己的孩子能像大人物童年时或别人家的孩子那样刻苦、那样聪明。用心虽好,但往往由于对孩子要求过高,而教育的效果并不理想,有时还会引起孩子的反感。

有一句老话说得好:"人比人,气死人。"这样直白的话语,却传达了深刻的道理。孩子的内心是脆弱的,妈妈若经常在孩子面前说,自己的孩子哪里不如别的小孩,无疑会伤害孩子的自尊心。美国学者戴维·刘易斯在他的《教育孩子四十条》中,有这样一条:"从来不对孩子说,他比别的孩子差。"当然在孩子成长过程中,妈妈发自于内心,让孩子以出类拔萃的人物为榜样,向他学习,这对孩子的发展自然是十分有益的。但用挖苦的口气,拿他人的长处来贬低自己孩子的做法却是完全不对的。孩子尽心了,切不可一味地苛求他们。因为,任何比较都是有害的。每一个孩子都有他自己的个性,每一个孩子也都应该从他自己实际的基础上发展,而不是做别的孩子的复制品。

红红与文文是同班同学,两个孩子从小一起长大,学习成绩都比较出色。两位妈妈经常暗地里"攀比女儿"。6月底,学校举行期末考试,红红考了年级第一,文文却成绩平平。文文妈妈感到心里极不平衡,整天给女儿脸色看,还趁着放假给文文报了英语、数学、物理补习班,督促女儿提前学习初三的课程。其间她不断告诫女儿:"文文,你必须努力学习,一定要超过她们家的红红!"

从那以后,文文苦不堪言,三天两头就要被妈妈劈头盖脸骂一顿。有时候妈妈还不让她吃晚饭,把她关在小卧室里"闭门思过"。然而,文文的成绩并没有如妈妈所愿,反倒和红红越拉越远,个性越来越压抑,甚至有了轻生的念头。

妈妈应该知道,其实每个孩子都是一块需要雕琢的璞玉。妈妈不要总是用羡慕的眼光看别人孩子的优点、长处,用不满的神情盯着自

己孩子的短处和不足；总觉得别人的孩子是天才，自己的孩子是庸才；别人的孩子是金子，自己的孩子是沙子。总希望通过比较来提醒孩子，想借此激发孩子的上进心。

可怜天下父母心啊！在这个世界上没有完全相同的两片树叶，更没有两个完全相同的人。妈妈应该了解自己孩子的独特个性，如果让他完全像另外一个孩子，他就不是他了。

做一个好妈妈，重在鼓励和支持孩子。在教育孩子时千万要慎用言语，千万不要把一个孩子作为衡量另一个孩子的标准。你的孩子可能在某方面比不上别的孩子，但在其他方面可能远远强于别人的孩子。妈妈要让孩子感觉到，你知道他的优点和长处，你相信孩子有自己的优势。

5."你给我滚出去"

"你滚吧！想去哪里就去哪里！"妈妈对痴迷网络、屡教不改的孩子宁宁骂道。宁宁于是头也不回，摔门而走。

不少任性要强的孩子，实在无法忍受妈妈的嘲讽被迫离家出走……其实，做妈妈的下最后通牒，只是想逼迫孩子就范。妈妈的本意并不是当真如此，并不真的狠心让自己的孩子出去流浪。但是孩子没法应对，他当然不想离家出走，可一旦就此低头，便会显出自己的软弱，难道就这样屈辱地留在家里？那还有什么自尊可言？干脆把心一横，走就走！结果"英雄"就这样产生了。

孩子一旦离家出走，不但荒废学业；而且让家人担惊受怕，为寻找他们花费大量钱财，遭受心理、经济上的双重损失。当这些离家出走的孩子在身无分文、吃住无着落时，结伙壮胆，为生活铤而走险，参加偷盗、打架、抢劫等犯罪活动也时有发生。同时，孩子作为弱势群

体,势单力薄而极易处于被欺负、被侵害的对象,夜深人静遇到坏人时难以求救,往往成为抢劫、敲诈、伤害的对象。女孩子更不用说了,离家出走,游荡在外,安全感更无从谈起。

因此在任何情况下,妈妈都不应该用类似"你给我滚出去"的话来要挟子女,逼迫其改过。孩子有错,应该明确指出,即使在批评孩子的时候,也应该让他感受到你的慈爱和深情的关切,从而产生自强、自信、向上的力量。否则,即使孩子一时屈服了,也于事无补。

有一个小笑话:妈妈叫小明去市场买醋。小明带了 3 元钱就出发了,走着走着,小明看见一个乞丐,乞丐在唱:"起来,不愿做奴隶的人们。"小明见他可怜,就给他 1 元钱。走着走着,又看见个小乞丐,小乞丐在唱"这是我的家,我不愿离开它"。小明又给他 1 元钱。快到市场时候,又来个乞丐,乞丐在唱:"日本鬼子夹着尾巴逃跑了。"小明把剩下的 1 元钱也给了那个看起来更可怜的乞丐。

回到家,妈妈问,"醋呢?"小明两手空空,没醋。妈妈说:"你给我跪下。"小明唱:"起来,不愿做奴隶的……",妈妈:"说你给我滚出去。"小明说:"这是我的家,我不愿离开它。"妈妈说:"你不走我走。"小明说:"日本鬼子夹着尾巴逃跑了。"

虽是个笑话,却也能看出点教子失败的端倪。作为妈妈动不动就让孩子滚出去,实在不是什么高明之策。大作家雨果说过:"世界上最宽阔的是海洋,比海洋更宽阔的是天空,比天空更宽阔的是人的心灵。"天下最大的心灵就是父母的心灵,父母的心灵要包容世界、包容一切,当孩子犯了错误,妈妈不要说"你给我滚出去",如果他滚出去,他就真的成了罪犯,因为你是他的妈妈,他即使犯了罪,永远是你的孩子。在孩子的心中,家是心灵永远的港湾。

大部分孩子其实都会有一种失去父母就不能生存的不安,在心理学上,这叫做"基础不安"。如果孩子认为自己为妈妈所讨厌,或者不为妈妈所爱,在精神上便不容易稳定。假如这时恰好有其他的导火线,常常一发即不可收拾,即使不致如此,也会使孩子无法集中精力

读书,性格也不开朗。因此,做妈妈的绝对不能向孩子说威胁的话。

曾有报道河北巨鹿县王虎寨镇有个上初中的男孩,因为考试成绩差和父母闹翻,又因妈妈的一句气话"你再也别回来了"而离家出走,结果因为找工作而被骗到一个"地下血库",天天被逼着去抽血。在这个"地下血库"还不止他一个孩子。幸好后来其中一个孩子逃了出来,并向当地派出所报了案,那些孩子才得救。

也许有些孩子犯了大错,也许有些孩子的所作所为确实令人感到难堪,但是作为孩子的妈妈,就有义务帮助孩子渡过难关。在孩子犯了错的时候,应该帮助他们认清事实,找到错误的源头,引导他们改正错误。如果孩子陷入了危机,就更需要妈妈的搭救和支持,而不是"落井下石"地把孩子赶出家门。妈妈要多和孩子沟通,应避免脱口而出这样伤人的话语,并及早与孩子建立融洽的互动。

6. "翅膀长硬了,管不了了"

孩子放学回家晚了点,妈妈生气地对他说:"你翅膀硬了,想飞了是吗?我们管不了你了是吗?"孩子很气愤地说:"是的,我不用你管!"

这样的对话场面,在生活里不会少见。对妈妈而言,要舍得放权,不要给孩子太多的管束,放手让孩子自由快乐地成长。

有时候,做一件事情的时候,孩子会随口说,"我自己知道怎么做,你不要管。"做妈妈的听到这句话,心中会不是滋味,会认为,"孩子你长大了,翅膀硬了,妈妈管不了了。"

其实不是妈妈管不了了,当孩子一天天长大的时候,他的心底也在渴望着更多的自由,希望自己可以做自己的事情,可以证明自己。而此时,妈妈若抓紧孩子,不愿放手,束缚孩子的发展,常常会让他们感到不快乐。那些乖孩子也许会服从,但是他不会快乐,会闷闷不乐,

因为他不能自由地去做自己喜欢的事情；而那些比较叛逆的孩子则会在第一时间和妈妈大吵一架，孩子的心情也会大受影响。

妈妈"不愿放手"，不但让孩子失去快乐，还会让孩子失去自主生活的能力。可以见到很多这方面的新闻报道。有的孩子上了大学，生活却还不能自理，简单的穿衣服、叠被子都不会。其实这和孩子从小的家庭教育是分不开的。可以想象，当这些孩子想做一些家务或力所能及的事时，妈妈曾在旁边说，"学习去，你的目标就是学习，其他的事情都不用你操心。"孩子如果在这样的家庭环境里成长，怎么能养成独立自主的习惯呢？

在西方有一个流传很广的寓言：在一个古老的森林里，生活着狐狸一家。一天，狐狸妈妈生下4只小狐狸。狐狸妈妈对它们精心照顾，呵护有加，4只小狐狸健康、茁壮地成长起来。妈妈除了照顾它们的生活，还每天带它们一起捕猎，训练它们奔跑、躲避虎狼以及教它们识别陷阱的技能。它们生活得很快乐、很幸福。

谁知突然有一天，妈妈做了一个让它们震惊的决定：妈妈把4只小狐狸赶出了洞穴，让它们去自生自灭。

对于妈妈的残酷决定，小狐狸们坚决抵制，纷纷返回洞穴。但是，它们返回来，妈妈就把它们推出去。如此几番之后，狐狸妈妈终于愤怒了，开始毫不留情地撕咬它们，无奈之下，它们只好依依不舍地离开妈妈，各自踏入茫茫的森林中去。

不久之后，一只小狐狸被猎人捕杀了，另一只小狐狸被狼咬成重伤，而另两只小狐狸却很好地活了下来，并长成了健壮、优秀的丛林之狐。

狐狸妈妈教给小狐狸生存的方法后，就放手让它们去独立面对生存的考验，这样做看似无情，实际上正是对小狐狸大爱的表现。

曾有一位母亲为即将远行的孩子写过一首诗，其中有这样两句：

孩子，如果你对天空向往，渴望一双翱翔的翅，我会放手让你飞翔。我不会做你的翅膀，而是你翅下鼓荡的和风，托着你飞向遥远的

天际。

孩子，如果你渴望去远方，想有一双健壮的腿，我会放手让你奔跑。我不会做你的拐杖，而是你脚下坚实的大地，陪伴你跑到世界的尽头。

在人生路上，没有谁能够替代谁的一生，所以，父母应该学会"放手"，让孩子学会为自己的行为承担后果，学会在风雨中成长强大，学会忍耐和解决问题的方法，而不是遇到什么都先躲到父母的翅膀底下。

真的爱孩子，就做那个站在他身后的人，让他心中时刻都有依靠，而不是依赖；让他回过头去，总能看到你鼓励的温暖的笑容，而不是一张总是紧张兮兮的面孔；让他在风雨中变得坚强茁壮，而不是脆弱不堪。

所以，在某种程度上说，当孩子说"我自己可以做，不用你管"这句话的时候，妈妈不要就痛斥孩子长硬翅膀想飞走，相反，妈妈要仔细听孩子的想法，给予孩子适当的建议和参考。

一位妈妈是这样从小培养她的孩子的独立能力的：

早晨，和孩子一起买早餐。在和小贩讨价还价的过程中，就影响到孩子。回家时，可以向孩子提出，帮妈妈提早点。下班时，偶尔也会说，今天妈妈很累，想休息一下，帮妈妈拿拖鞋什么的。孩子就会感受到父母的辛苦，懂事地为你做一些事情。

读小学时，就给他属于自己的空间，培养他为了有一个干净温馨的个人环境，经常打扫卫生，养成保持清洁，不乱扔纸屑的习惯。带孩子参观独立性很强、会收拾自己房间的同学家，肯定内务做得好的同学，指出自己孩子的差距，鞭策孩子继续努力，做得更好。

孩子青春期的时候，性格比较叛逆，尊重他的隐私，多和孩子沟通。不让孩子有事在心里闷着。

我们再来看下面的一个案例：

10岁的小女孩成成要求妈妈给她买一条新裙子，但妈妈却以她

裙子很多为理由，拒绝了她的要求。成成很生气，于是她这样对妈妈说："妈妈很讨厌，你总是不满足我的要求，我恨你！"

听到这样的话，妈妈很生气地对她说："你这个死丫头，翅膀长硬了是吧？竟敢这样跟我说话，你找打是吗？"

遇到这样的情况，妈妈对孩子的行为都会很反感，从而会这样气愤地反击孩子，以使孩子服从自己。但事实上，妈妈这样做并不会使孩子合作，相反，妈妈的这种语言和态度会使孩子受到很大的伤害，从而滋生更多的亲子冲突。

其实，在这种情况下，妈妈接纳孩子的情绪，并引导孩子认识、改变自己的情绪，才是最根本的解决措施。例如，听到孩子说"我恨你"后，妈妈可以这样对孩子说："妈妈知道你很生气，觉得妈妈对你要求太严厉了，其实妈妈只是觉得我们都需要节俭一些。"

妈妈这样说，既能表现自己对孩子的关怀，又能向孩子表明自己友善的立场，这将十分有利于孩子认识自己的情绪，从而意识到自己的错误。当然，当孩子意识到自己的错误时，妈妈也不要忘记给孩子以鼓励。妈妈可以这样对孩子说："我知道，刚才我们都生气了，根本不知道自己曾说了些什么，那就从现在开始，让我们忘记刚才所发生的事情吧！"

妈妈可以管孩子一时，但是不能管孩子一世。放手让孩子自由飞翔，不仅成就了孩子，也让自己可以做一个轻松的好妈妈。

如果妈妈能让孩子在学业上多一份自信，多一份自我管理的能力，给孩子一个良好的习惯和自学的心态，给孩子的成长以良好的指导，做妈妈的也因此会多一分轻松，少一分烦恼，孩子做孩子的事，妈妈做妈妈的事。孩子从妈妈的怀抱中挣脱，学会了自学、自理，妈妈又拥有了往日的轻松和快乐！做这样的好妈妈，何乐而不为呢？

●四、正确应对孩子的负面情绪

> 妈妈应该明白，和所有人一样，孩子的情绪也都是有原因的。对孩子来说，那些原因都很重要。尝试换到孩子的角度，你会更容易接受孩子的情绪。无论孩子怎样回应你，你都应该让孩子知道，你尊重并完全接受他的感受。

1.尊重孩子的情绪

乐乐从外面跑回来，气呼呼地像个胀气的皮球。妈妈正在厨房忙着做饭，见乐乐生气地进来，很吃惊。

"怎么啦？我的乐乐。"

"强强可气死我了！"乐乐撅着小嘴说道。

"你呀，就是爱生气！有什么大不了的呢！"妈妈没好气地说。

乐乐看了妈妈一眼，气上加气，"咣"地摔门而去。

不一会儿，乐乐哭着跑了回来。妈妈没好气地问了一句："我的小祖宗，咋又哭了，这又是咋的了？"乐乐哭得稀里哗啦，抽抽搭搭地说道："强强……踢我……一脚！""你呀，真是爱哭，踢一脚值得这么哭么？"乐乐一看妈妈的态度，哭得就更热闹了。

从这样的小事情中可以看出，妈妈在教育孩子的过程中，只有爱是不够的。还需要了解和分享孩子的看法和感受，帮助他处理负面的

情绪,譬如愤怒、悲哀及恐惧。这样,妈妈才能在自己与孩子之间建立信任和爱的桥梁,使孩子成长为更成功、更快乐的人。

来自全国妇联儿童部、中国家庭教育学会、《中国妇女》杂志等开展的一份"你对孩子了解多少"千名母亲问卷调查结果显示,很多母亲在某些方面对孩子的了解存在明显的不足。

本次调查的对象是 11 岁至 17 岁孩子的妈妈。调查结果显示,很多妈妈对孩子的心理关注不够。51.24%的妈妈不清楚孩子最大的压力是什么;58.09%的妈妈"常常忽略"和无法及时觉察孩子情绪上的变化。而在发现孩子有不良情绪时,32.88%的妈妈会"先劝慰,没效果就责骂",21.23%的妈妈的做法是"随他(她)去",10.85%的妈妈则会"直接责骂",35.06%的妈妈则会"想办法了解孩子产生情绪的原因,并帮助孩子面对和解决它"。

调查还显示,妈妈们对孩子的生理变化也关注不够。女孩的初潮和男孩的遗精是孩子走向成熟的标志,身体的成熟会带来一系列心理变化,这一阶段的孩子,更需要得到关心和正确的引导。但是,57.3%的母亲不知道孩子的第一次月经或遗精是什么时候,这其中又以男孩的妈妈居多,占 65%。调查结果还显示,48.5%的母亲从未给孩子进行过有关性方面的教育,12.67%的母亲给孩子买过有关的书籍,而真正给孩子教过有关性知识的只占 39.4%。

其实,一个妈妈与生俱来就具有读懂自己孩子的能力,这不需要学习的,只是在成长的过程中,接触了很多不利于自己的外来信息,导致了这种本领被压抑和混乱,如果能消除这些伤害,与生俱来的能力就会被修复。

孩子有时候的脾气风暴就像是一场夏天的太阳雨,很快就过去。妈妈首先要了解孩子、尊重孩子。了解孩子是要明白孩子的语言方式、孩子的想法、孩子需要什么、孩子的生理和心理处于什么样的阶段。也可以通过网络和阅读一些书籍的,来积累知识。

其次要尊重孩子。这一点很多妈妈难以做到,但这也是儿童教育的关键之处。孩子首先是一个独立的个体,他们会有自己的思维和想

法，尽管是处在一个不断学习、成长、成熟的过程。当你把孩子当成一个独立思维个体的时候，恭喜你，你和孩子的幸福生活就开始了。因为尊重他，所以你和他所有的沟通都是平等的，你就会走进他的内心世界，你的心，孩子是能够感觉到的。

生活中，我们经常可以看到这样的场景：

有的妈妈会粗暴地终止孩子的哭闹，一手叉腰，用另一只手的食指指着孩子，愤怒地大声吼叫："不许哭！"

有的妈妈会威胁孩子："再哭我就不要你啦！""再哭我就打死你！""哭吧！哭吧！我不理你了，让你哭个够！"

有的妈妈会恐吓孩子："哭，哭，就会哭，再哭我就让大怪兽把你抓走！"

无疑这些行为在孩子的幼年期都是对孩子心灵的最大伤害。有的妈妈也会用交换的方式终止孩子的哭闹："好啦！不哭啦，妈妈给你买雪糕！""不哭、不哭！宝贝乖，妈妈明天带你去动物园。"有的妈妈还会否定孩子的情绪："好啦、好啦，别哭啦，这有什么好哭的呢？"

这一切做法都是妈妈不接纳孩子情绪的表现，妈妈的这些做法，在向孩子示范一个事实——你不可以有情绪，你的情绪是不好的！必须收回你的情绪，怎么收，那是你的事。妈妈的这种做法，显然是不科学的。孩子情绪被否定时，他势必在心里不服气，甚至会和妈妈发生冲突。

妈妈应该学会接纳孩子的负面情绪。妈妈不要抱怨自己的孩子脾气太大。孩子发脾气不是不听话，只是妈妈没有掌握孩子情绪变化的规律，或者是从来没有试着去接纳孩子的负面情绪。

2.正确对待孩子的负面情绪

孩子的语言常常很直接地表达自己的情绪。他们总是将内心的

感受直接挂在脸上，我们可以从孩子的言行举止情态表现中清楚地了解到孩子的内心。孩子哭泣的时候，可能是因为身体或心理受到了伤害，而表达出来的失望、不高兴、生气等情绪。孩子微笑的时候可能意味着高兴、愉悦，也可能是对内心紧张的故意掩饰，也可能是蔑视他人的一种表现。孩子摔东西说明在发泄生气、失望、不满、受挫情绪。摇头表示孩子内心的无奈或对某事的否认。打哈欠表示孩子感觉很无聊，也表示对某事不感兴趣。孩子精神恍惚、逃避接触，表示焦虑不安、缺乏兴趣，或者是害羞的一种表现。

细心的妈妈会发现孩子说话的音调和速度也是他们情绪的一种体现。说话结巴可能是紧张、害怕、悲哀情绪的表现。不说话，可能意味着正在思考，也可能是悲伤、沮丧、郁闷的表现。说话速度很快，可能是指心里很兴奋，也可能是紧张情绪的一种表现。

妈妈应该了解，孩子的非语言行为的表现是多种多样的，每个人情绪表达的方式也不一样，也许有些孩子高兴时喜欢多说话，也许有些孩子高兴时喜欢独自享受。但总的来说，每个人都拥有自己独特的非语言行为的表现，妈妈只有先读懂孩子的这些独特的非语言形式的表达，才能把握孩子的情绪。

在现实生活中有的妈妈好像总是在否定孩子的情绪，她更看不惯孩子发脾气的行为。她通过各种方式暗示孩子：负面情绪是不被接受的，发脾气更不能被接受。所以孩子表现出有负面情绪的倾向时，妈妈不是否认他的感觉，就是试图将他这种负面情绪扼杀在摇篮之中。但妈妈却没有考虑到当孩子的情绪被否定时，他又会有什么样的反应呢？感觉和情绪并非完全一回事，准确地说，感觉是情绪的前身，孩子之所以会产生各种情绪就是因为有各种感觉。

每个人的感觉都有被别人否定的时候，有专家曾说过：否认了别人的感觉，就等于加速了别人的坏情绪，同时也加速了别人不合作的行为。

例如在医院的诊室里，一个小男孩对妈妈说："妈妈，妈妈，我不

见医生,打针会很疼的。"妈妈对孩子说:"好孩子,医生只会给你打一小针,一点都不疼的。"在妈妈的哄骗下,孩子才肯去见医生。但当他感觉到疼痛时,就大声地边哭边喊:"妈妈,好痛啊,你骗我!"此时,孩子一定在心里暗暗发誓:以后再也不肯见医生了。

对于孩子来说,打针确实很疼,家长们为什么不接受他们的感觉呢,当孩子的感觉遭到否定后,孩子肯定会想,妈妈和医生一块儿来骗我。于是,他只会用最大限度的反抗来拒绝妈妈和医生。

由此看来,否认孩子的感觉带来的后果是不理想的,所以,当孩子告诉你打针很疼的时候,你与其用大人的谎言来哄骗天真而稚嫩的心灵,不如认同孩子的感觉,用客观的语言来争取孩子的合作。

这样,当孩子的感觉被妈妈认可后,他就会认为妈妈是站在他这边的,当妈妈告诉他会陪伴着他一起渡过这个小难关时,孩子就会因为情感依赖的需要得到满足,而愿意配合医生进行打针治疗。

谈到接纳孩子的感觉,有些妈妈会有这样的顾虑:"当孩子的感觉真的错误时,家长也要接纳他那种错误的感觉吗?"

正确的答案是应该接纳,因为只有接纳了孩子的感觉,妈妈接下来对他的教育才有继续下去的可能。其实,孩子虽然顽皮淘气,但也明白事理,当妈妈接纳了孩子的感觉时,孩子常常也会意识到自己的感觉有误。

例如,一个小男孩生气地对妈妈说:"我讨厌妹妹,她总是乱动我的玩具!"妈妈很理解地说:"是啊,自己的玩具被别人弄得乱糟糟的就是很烦",孩子沉思片刻又很懂事地说:"不过妹妹还小,我就原谅她吧!"妈妈拍拍儿子的小脑瓜亲切地说:"你真是一个懂事的孩子。"孩子高兴,妈妈也高兴。

如果妈妈否认孩子的感觉,试图说服他让着妹妹时,孩子会极力为自己的感觉辩护。如果这种语言游戏继续下去,一场亲子冲突便不可避免了。但如果妈妈能够认同孩子的感觉,孩子很快就会改变自己的想法,从而认识到自己的错误。如果妈妈接纳了孩子错误的感觉,

孩子仍没有认识到自己的错误，妈妈还可以试着与他继续沟通，直到孩子认识到错误并真正接纳为止。事实证明只有接纳了孩子的感觉，孩子才会给妈妈机会，才会使亲子之间的沟通成为可能。

当孩子的负面情绪被否认的时候，就会产生极大的反感情绪，无论妈妈怎样讲道理，孩子都不会认真接纳。遇到这种情况，妈妈应该学会角色换位。作为一个成人，我们的情绪也常常被别人否认。当你被坏情绪笼罩的时候，听到你的朋友给你讲的一些大道理只能让你的心情更差。如果你的朋友认为你的这种情绪是毫无道理的，他们极力否认你的这种负面情绪，你的情绪会越来越糟糕，甚至会冲着你的朋友大发脾气。这都是人的正常反应。孩子也同样存在这样的心理，当孩子的感受被否定后，孩子不但不会听妈妈的话，他的负面情绪还会越来越强烈。当孩子有负面情绪时，妈妈越给他讲大道理，孩子越感到厌烦。妈妈不接纳孩子的情绪，即使给他提出再好的建议，他都不会接受。当孩子表现出负面情绪时，妈妈再问他很多问题，他会因为思维混乱而使负面情绪加重。当孩子与他人发生矛盾时，如果妈妈不接纳孩子的情绪，甚至替对方辩解，即使说的再有道理，孩子也不会接受。

正确应对孩子的负面情绪也需要一定的技巧。首先，当孩子表达负面情绪时，妈妈倾听的姿态对孩子的情绪会造成一定的影响。如果妈妈全神贯注地倾听孩子的倾诉，就会令孩子感到极大的认同感，从而使负面情绪得以消减，问题也会迎刃而解，在这种情况下即使妈妈不给孩子提任何建议，孩子也知道应该怎样去做。如果妈妈倾听的时候心不在焉，就会令孩子丧失说的欲望，而且会加重他的负面情绪。但如果妈妈对孩子的话表现出很大的兴趣，并很认真地聆听孩子说话，孩子就会因得到妈妈的重视而使自己的负面情绪越来越少，也许当孩子说完之后，他的负面情绪就完全消失了。

作为成年人，妈妈应该同情孩子的感受，当你认为这是芝麻大小的事情时，在孩子的眼里并不是这样，因为孩子没有那么丰富的生活

阅历,也不可能明白那么多的大道理,但他们不高兴的时候就要放声大哭,当他们感觉难受的时候就会变得很淘气,这符合他们的成长规律。但是很多妈妈在面对孩子表达消极情绪的时候,总是试图让孩子尽量摆脱这种不好的情绪,可是往往事与愿违,孩子的负面情绪越来越强烈,孩子表达负面情绪的频率在逐渐升高。

如果妈妈同情孩子的感受,就会无意中向孩子传达这样的信息:你的感受是正当的,这能够使孩子激动的情绪很快平息下来。妈妈总是想安慰孩子,让孩子摆脱负面情绪的干扰,但她却不了解,只有孩子的情绪得到认可之后,他才会听进所有安慰的话。

同情就像一把充满魔力的钥匙,它能打开孩子的心扉,使孩子容易接受安慰和指导。所以在孩子出现坏情绪时,在你试图安慰他,或给他提出摆脱坏情绪的建议之前,请先认同他的情绪,并对他的遭遇表示同情。

当孩子向妈妈表达负面情绪时, 有些妈妈只顾忙着说话安慰孩子,岂不知语言上停顿一会儿会起到更好的效果,这一会儿的工夫既留给自己,也留给孩子。这里所说的"停顿"只是语言上的停顿,并不是面部表情和思维上的停顿。

当妈妈马上对孩子的负面情绪做出反应, 孩子通常会极力为自己的情绪和行为进行辩解。而如果妈妈不再试图说服孩子,而是用面部表情或简单的语言,如"哦……""嗯……""这样呀……"来告诉孩子:我在用心听你讲话,孩子可以用几秒钟的时间来整理自己的感受,这样孩子才有可能做好接受你建议的准备。

当孩子要求那些不可能做到的事情时, 妈妈应该接受孩子的情绪并用想象力帮助孩子圆一个不可能的梦。

比如外面正在下雨,孩子对妈妈说:"妈妈,我想出去玩。"妈妈说:"下雨天一直待在家里很烦人,对不对？"孩子说:"是呀,我和楼下的小伙伴约好了要到花园玩。"妈妈可以说:"是呀,要是现在是晴天的话,在小花园玩一定很有意思。"孩子接着说:"那里有秋千,还有

滑梯,还能找到很多小虫子呢!"妈妈回应说:"妈妈真希望能够让雨赶紧停,然后把太阳公公请出来,这样你就可以和小伙伴们在小花园里痛痛快快地玩了!"孩子兴奋地说:"太好了,妈妈,要不你先陪我下棋吧!"妈妈笑眯眯地回答:"好呀。"

妈妈接纳了孩子的情绪,并为孩子展现了天晴后,和小伙伴快乐玩耍的情景,这样,孩子很快就接受了"下雨天不能出去玩"这个事实。

由于小孩子有很强的被认可的心理需求,当孩子的这种心理需求得不到满足的时候是不会听取任何道理和建议的。如果这个时候妈妈一直在说服他,或者对他施加暴力,他的这种心理需求就会越来越强烈,表现在行为上就是不听妈妈的任何话,越来越任性。所以说在很多情况下,孩子的任性是由父母不认同他的感受引起的。